NO.1

中国新就业形态劳动关系研究

A STUDY OF LABOR RELATIONS IN CHINA'S NEW FORMS OF EMPLOYMENT

主　　编 / 闫宇平
副 主 编 / 关　明
执行主编 / 汪　雁

中国工人出版社

《中国职工权益与劳动关系研究丛书》

总　序

职工权益是职工所享有的各种合法权益，包括经济、政治、文化、社会等权益，重点是劳动经济权益。劳动关系是生产关系的重要组成部分，是最基本的社会关系之一。职工权益的实现和保障，主要是在劳动关系的建立、运行、监督、调处的过程中体现出来的。职工权益是否得到充分保障，劳动关系是否和谐，事关职工和企业切身利益，事关经济发展与社会和谐。习近平总书记指出，保障职工权益是我国社会主义制度的根本要求，是党和国家的神圣职责，也是发挥广大职工群众积极性、主动性、创造性最重要最基础的工作；强调要健全党政主导的维权服务机制，完善政府、工会、企业共同参与的协商协调机制，健全劳动法律法规体系，为维护工人阶级和广大劳动群众合法权益提供法律和制度保障。这为我们依法维护职工权益、构建和谐劳动关系提供了根本遵循。

当前，我国劳动关系总体和谐稳定，职工群众获得感、幸福感、安全感大幅提升，但职工权益和劳动关系领域仍然面临一些突出问题。随着我国社会的主要矛盾已经转化为人民日益增长的美好生活需要和不平衡不充分的发展之间的矛盾，人民美好生活需要日益广泛，不仅对物质文化生活提出了更高要求，在民主、法治、公平、正义、安全、环境等方面的要求也日益增长。同样，广大职工群众对维护自身权益、实现全面发展的需求更加迫切、愿望更加强烈，期盼实现更高质量的就业、更公平合理的收入、更充分的社会保障、更安全友好优美的工作环境、更切实的民主权利、更丰富的精神文化生活。与此同时，随着移动互联网、大数据、云计算、人工智能等信息技术迅猛发展、迭代更新、相互融合，职工的组织方式、就业方式、生活方式发生了深刻变化。新的社会阶层不断产生，新生代农民工已经成为职工队伍新生力量，新就业形态群体、灵活就业群体规模日趋增大，特别是共享经济、平台经济等新技术新业态新模式和新的企业组织形式涌现，劳动关系日趋复杂，劳动关系的主体及其利益诉求趋向多元，呈现多样化、差异化的新特征。因此，在实现发展的过程中，切实保障和发展职工权益、构建和谐劳动关系十分重要而紧迫。

问题是理论创新的起点，也是理论创新的动力。只有立足现实问题认真研究并加以解决，才能更好地发挥理论指导实践的作用。职工权益和劳动关系理论研究，必须坚持问题导向，坚持理论联系实际，始终聚焦职工群众最关心最直接最现实的利益问题和最困难最操心最忧虑的实际问题，聚焦职工权益和劳动关系领域的基础性、整体性、前瞻性问题，深入基层，深入实际，开展经常性调查研究，把问题分析透彻，把对策建议提得精准，这样才能为相关决策提供科学有力的支撑，推动劳动领域理论创新、实践创新、制度创新。

中国工运研究所（中华全国总工会劳动关系研究中心）多年来致力于职工权益和劳动关系理论研究，取得了一系列成果。为进一步聚合推动全国工会职工权益和劳动关系理论研究，更好服务工会工作，中国工运研究所联合有关机构和众多专家学者，从2020年起正式启动《中国职工权益与劳动关系研究丛书》编辑出版工作，定期汇集工会系统和社会各界相关代表性研究成果，这对于保障职工群众权益、构建和谐劳动关系具有积极的理论和实践意义。编辑出版丛书，是一项基础性和长期性的工作，需要加强总体规划和组织引导，持续开展系统阐述和深度研究，特别是要发挥好工会院校、研究机构的牵头带动作用，注重与高校、科研部门的结合，形成整体合力。希望以《中国职工权益与劳动关系研究丛书》2021年首部图书出版为起点，努力将丛书打造成有高度、有深度、有力度的中国职工权益和劳动关系研究领域精品文库。

丛书编委会

目录

第一部分　总体研究篇

第二部分　典型地区篇

第三部分　重点群体篇

第一部分

总体研究篇

新就业形态总论

汪　雁*

摘　要： 随着数字经济的迅猛发展，以网约工为代表的新型就业者已经发展成为一支规模巨大的新就业群体，且展现出鲜明的新就业形态，主要表现为用工主体的平台性、轻资产化，就业主体的原子性、重资产化，用工方式的高弹性、社会化，就业方式的网约性、非标准化，用工管理上的“重绩效轻责任”非均衡性，以及就业关系的去劳动关系化等。新就业形态既对促进就业产生了一定的积极贡献，也对相关劳动权益实现带来了冲击和挑战，这就要求相关部门、行业协会和工会组织等携手共进，建立一套行之有效的新就业形态劳动者权益保障机制，促进其更加充分地发挥作用。

关键词： 新就业形态　网约工

近年来，在全球新一轮科技革命和产业变革的驱动下，平台经济、共享经济等互联网经济浪潮正席卷全球。在我国，得益于互联网、E 支付、大数据、云计算、物联网等新技术的广泛应用，供给侧结构性改革持续推进，资本市场看好，人们对便捷文化的拥抱，尤其是党政的大力支持等，新技术、新产业、新模式带动下的经济新业态异军突起，平台企业持续涌现，共享领域不断拓展，对促进大众创业万众创新、推动产业升级、拓展消费市场、增强发展新动能具有重要作用，对就业的吸纳作用持续显现，

* 汪雁，中国工运研究所职工权益研究室主任，研究员，主要从事就业、职工权益、劳动关系及工会理论等领域的相关研究。

并展现出新就业形态，对我国就业产生巨大而深远的影响，同时也为相关劳动者权益维护带来挑战。2020 年“两会”期间，习近平总书记强调：对新就业形态要顺势而为，补齐短板。当前最突出的短板就是新就业形态劳动者的法律保障问题、保护好消费者合法权益问题等。要及时跟上研究，把法律短板及时补齐，在变化中不断完善。为了更好地保障新就业形态群体劳动权益、推动平台经济持续健康发展，全国各级工会组织近年来持续对新就业形态及相关群体劳动权益实现状况开展理论探讨、调查研究和实践探索。本研究主要聚焦新就业形态的概念、发展趋势、主要特征、就业影响等方面。

一、概念界定、研究对象及研究方法

新就业形态是在新一轮技术革命和产业革命的结合下，劳动力市场中新型就业群体规模性出现，就业模式、工作模式发生巨变的产物。在我国，新就业形态首次出现在 2015 年党的十八届五中全会公报中，公报提出要“加强对灵活就业、新就业形态的支持”。2016—2019 年，连续四年的政府工作报告中都提出要积极发展新就业形态，从“加强对灵活就业、新就业形态的扶持”，到“运用‘互联网 +’发展新就业形态”。2019 年，国务院印发《关于进一步做好稳就业工作的意见》，强调“支持灵活就业和新就业形态”，研究“明确灵活就业、新就业形态人员劳动用工、就业服务、权益保障办法，启动新就业形态人员职业伤害保障试点”。2020 年“两会”期间，习近平总书记提出发展新就业形态“要顺势而为，要补齐短板”。2020 年 7 月，13 个部门联合印发《关于支持新业态新模式健康发展激活消费市场带动扩大就业的意见》，提出要“推动‘互联网 +’和大数据、平台经济等迈向新阶段，以重大项目为抓手创造新的需求，培育新的就业形态”。党政的高度重视，为新就业形态的发展提供了强力支持，也指明了方向。但是，由于新就业形态是一个新生事物，截至目前，该词仍是一个政策性概念，无论是学界、业界还是政府部门对其均没有统一界定，仍处于宽泛和笼统的热议状态。有学者认为，新就业形态从生产力的角度描述了新一轮工业革命带动的生产资料智能化、数字化、信息化条件下，通过劳动者与生产资料互动，实现虚拟与实体生产体系灵活协作的工作模式；从生产关系的角度来看，是伴随着互联网技术进步与大众消费升级出现的、去雇主化的就业模式以及偏离传统正规就业并借助信息技术升级的灵活就业模式（张成刚，2016）。有学者认为，新就业形态是传统产业在互联网条件下延伸产生的、尚未完全转化成独立新形态的就业形态。它主要包括创客、威客、对客、圈客、兼客五种模式，表现为电商平台就业、共享平台就业、创客空间就业、网红、主播等就业形式（朱松岭，2018）。中国就业促进会（2017）认为，新就业形态是指与建立在工业化和现代工厂制度基础上的与传统就业方式相区别的就业形态，主要包括伴随着互联网技术进步与大众消费升级而出现的去雇主化就业模式及借助信息技术升级的灵活就业模式。综观学界、政界的观点，尽管概念外延有宽有窄，但是各方存在一些共同点：第一，新就业形态是信息化时代主要依托于互联网及其衍生数字技术，与传统产业结合形成的新型就业模式；第二，这种新就业模式不同于传统的灵活就业模式；第三，这种新就业模式也迥异于传统正规就业，还不完全具备我国现行法律规定的劳动关系的全部典型要素特征；第四，它已经渗透到各个行业，在新兴的电商经济、共享经济、微经济等不同形式平台经济均有所表现，但主要集中在共享经济领域，表现为共享经济网约工群体的就业形态。

本研究中，新就业形态是指主要基于互联网平台经济产生的、与传统工厂制下实体性企业就业形态迥异的、以网络平台性和高度灵活性为典型特征的新就业形态。新就业形态的“新”既表现为核心生产资料新——互联网及其衍生数字技术；又表现为就业形式新——平台密切关联性就业；还表现为就业关系新——因“网约性”而不同于传统线下非全日制灵活就业，因高度灵活性而不完全具备传统工厂制下的典型劳动关系。考虑到新就业形态群体主要由共享经济平台网约工组成，不同类型平台的就业形态存在巨大差异，以及各自与传统实体性就业在就业形式、就业关系上存在实质性差异，尤其是为了进一步增强对策建议的针对性和可行性，本研究将研究对象聚焦于共享经济平台新就业形态。

共享经济早在20世纪七八十年代就出现了，在2008年国际金融危机之后被广泛传播和接受，有时也被称为点对点经济、按需经济、使用权经济等。在我国相关文献中，有的称其为分享经济，有的称其为共享经济。在中央部委以上正式文件中，党的十九大之前使用分享经济，之后使用共享经济。本报告和中央提法保持一致，除了部分引文之外，均使用共享经济一词，本报告对共享经济的界定采用国家相关部委印发的《关于促进分享经济发展的指导性意见》中分享经济的概念，是指“利用网络信息技术，通过互联网平台将分散资源进行优化配置，提高利用效率的新型经济形态”。它有两个明显特征：一是技术特征，以互联网为主要的技术平台。互联网（尤其是移动互联网）、AI、云计算、大数据、物联网、移动支付、定位技术等现代信息技术的广泛应用，是其迅猛发展的技术基础。该特征使其明显区别于传统实体型为主的经济模式。二是权属特征，强调所有权与使用权的相对分离，倡导不求拥有但求所用。该特征使其显著不同于电商经济、社群经济等其他数字经济模式。共享经济平台就业人员主要包含两类：一类是共享经济平台企业员工，有时又被称作平台员工，与共享经济平台企业基本上属于传统标准雇佣关系，签订书面劳动合同，在固定办公场所全日制工作，劳动报酬采用月工资或年薪制等。与传统实体型为主的企业相比，其就业形态基本没有区别，不属于本研究所述的新就业形态，因此平台员工也不是本研究的主要分析对象。另一类是共享经济平台“网约工”，其因就业方式、所受劳动管理方式、劳动报酬获取方式、就业关系等迥然不同于传统标准就业形态，而成为本研究的分析对象，其就业形态也被称为共享经济新就业形态。

本研究在相关文献研究、对典型共享经济平台企业实地调研、个案访谈、会议研讨，以及对第八次中国职工状况调查数据和部分地方工会专项调查数据统计分析基础上形成。

二、新就业形态群体的发展及构成

（一）新就业形态群体的规模和发展趋势

伴随新业态新模式的迅猛发展，新就业形态劳动者在我国已经成为一个规模巨大的新生就业群体。在第十三届全国人民大会第三次会议记者会上，李克强总理指出，现在新业态蓬勃发展，大概有1亿人就业。而在这近1亿人的就业规模中，以共享经济平台网约工为代表的新就业形态群体占八成以上。2015年中国共享经济市场规模约为19560亿元，2019年共享经济市场交易额为32828亿元，年均增速高达13.8%。伴随共享经济在我国快速发展，其就业吸纳规模越来越大。按照国家相关统计数据估算，2019年，我国有共享经济网约工近7800万人，占城镇就业人口的18%，占全国数字经济就业人口的四成以上，占全国各类新业态劳动者的八成以上，已经并越来越成为一支规模巨大的新就业形态劳动者大军[①]。据国家信息中心公布的数据推测，2015年至2019年，我国参与提供共享经济服务的服务者（即网约工）已经从5000万人发展到7800万人，增速先高后低，最近两年趋向平稳，年均增长约700万人，年均增长率高达11.8%，数倍于同期我国城镇就业人员增速（见图1）。未来五年，如果按照年均增长300万人的增速保守估计，到2024年我国共享经济新就业形态人员将达到1亿人左右。鉴于在经济新常态下，新技术、新业态、新模式对我国经济发展的巨大拉动作用，新就业形态对我国城镇就业的明显“蓄水池”和“稳定器”作用，新就业形态劳动者已经并越来越成为我国劳动力市场不容忽视的就业群体，这也是我国未来劳动力市场发展的重要趋势之一。

① 网约工和数字经济就业人口参照国家信息中心公布的相关数据，城镇就业人口参照国家统计局网站。

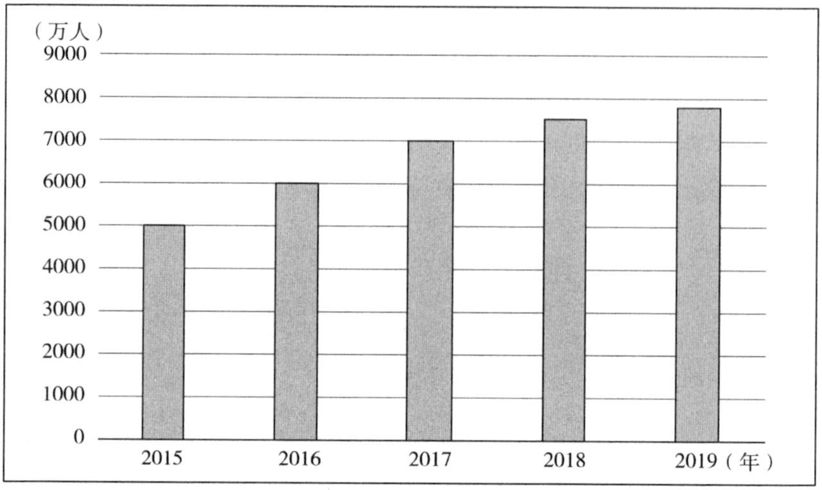

图 1　2015 年至 2019 年我国参与提供共享经济服务者规模（万人）

数据来源：国家信息中心发布的 2016 年至 2020 年共享经济发展年度报告。

（二）新就业形态群体的构成

从行业构成看，共享经济新就业形态群体主要集中于劳动密集型服务业。与共享经济发展初级阶段相一致，目前我国网约工主要就业于劳动密集型服务业。2017 年，我国共享经济网约工主要集中在生活服务、交通出行、知识技能、住宿餐饮、医疗服务和生产能力等领域。其中，包括配送、外卖、家政、美业、汽车后市场等在内的生活服务业从业者有 2200 多万人，包括网约乘用车和共享单车行业在内的交通出行业从业者有 2100 多万人，仅此两项就占网约工总数的近 70%；如果再加上生产加工、住宿餐饮等行业的网约工，劳动密集型行业网约工将占网约工总体的近八成。同时，在教育、医疗和知识付费等知识技能密集型行业，网约工也开始出现并日渐扩大。

从人口构成来看，共享经济新就业形态群体主要由文化水平相对较高的青年男性农民工组成，另有相当一部分本地户籍人口从事网约工工作。从性别上看，北京市总工会、上海市总工会、广东省总工会近年的调查均显示，在当地就业网约工中，除了网约家政服务员、网约美甲师以女性为主以外，其他如网约车驾驶员、网约快递员、网约搬家员、网约维修员等均以男性为主。从文化程度上看，网约工以高中及中专文化程度为主，广东省总工会2019年的调查显示，在粤就业网约工中高中及中专学历者占57.1%；上海市总工会2017年的调查显示，在沪就业网约工中高中及中专学历者占54.2%。从年龄上看，网约工以青年人为主且尤其集中在外卖和快递行业，上海市总工会2017年的调查显示，在沪就业网约工中35岁及以下青年人占73.5%；江苏省总工会2019年的调查显示，在苏就业网约工中35岁及以下青年人占59.1%，网约驾驶员、家政服务员和知识医疗服务行业网约工以中青年为主。从户籍上看，以农业户口为主，广东省总工会2019年的调查显示，在粤就业网约工中农业户口占57.1%；江苏省总工会2019年的调查显示，在苏就业网约工中农业户口占48.5%（高出非农业户口21.5个百分点，高出统一居民户口24个百分点）；上海市总工会2017年的调查显示，在沪就业网约工中农业户口占71%。从地域上看，相当一部分地区网约工以本地人为主，如江苏省总工会2019年的调查显示，在苏就业网约工中本省户籍占61%；广东省总工会2019年的调查显示，在粤就业网约工中本省户籍人员占52.57%；北京市总工会2017年的调查显示，北京市网约驾驶员受"京人京牌"限制，本地户籍人员占60.36%。

三、新就业形态的主要特质

新就业形态迥异于传统工业经济下的标准就业，也不同于传统灵活就业，其特质引起社会广泛关注和热议。党的十八届五中全会公报和近年的国务院政府工作报告均对灵活就业和新就业形态进行区分，提出要"加强对灵活就业、新就业形态的支持"。有学者认为，新就业形态的主要特点是"雇佣关系灵活化、工作内容碎片化、工作方式弹性化、创业机会互联网化"（谢雨、吕莉等，2018）；也有学者指出，中国劳动力市场中的新就业形态主要表现为就业领域新、技术手段新、组织方式新、就业观念新（张成刚，2016）。有学者指出，新就业形态具有雇佣关系弹性化、虚拟化、多重化，组织方式平台化、无组织化，就业边界扩大化、全球化等特征（王娟，2019）。有学者认为，新就业形态的主要特点包括：（1）传统就业形态的延伸；（2）虚拟与现实相结合的工作模式；（3）私人订制式的雇佣模式，一般不固定，没有长期劳动合同关系；（4）互联网延伸下的就业，征兆不明显，一般不需要政府的核准或许可；（5）具有创新驱动，在互联网下经常延伸出新的形态，具有共享的特征（朱松岭，2018）。本研究认为，任何就业形态均是社会发展到一定阶段后生产力水平及其相应生产关系的外在表现，共享经济作为数字经济的典型模式之一也不例外。因此，从生产要素及其配置组合，以及由此产生的劳动关系的角度出发，对共享经济新就业形态的主要特点进行梳理，根据用工主体和就业主体、用工方式和就业方式、用工管理、就业关系等分析要素，可以将其概括为“五性五化”。

（一）用工主体的平台性和轻资产化，就业主体的原子性和重资产化

1. 从用工主体角度来看，平台性和轻资产化是共享经济平台企业的突出特征

用工主体的平台性是指，互联网信息平台是共享经济平台企业组织生产经营、实现主体社会功能最关键、最核心、最不可替代的生产要素及依赖手段。其不可或缺的作用主要表现为：第一，信息平台是共享经济平台企业不可替代的生产要素。对于一个共享经济平台企业来说，尽管其生产经营所需其他基本生产要素——人、财、地、物（生产厂房、设备和原材料）等均缺一不可，但是，这些要素均具有可替代性，只有信息平台本身是不可替代的。第二，信息平台是共享经济平台企业生产运营不可缺少的基本手段。传统实体型为主的企业生产经营以线下为主，而共享经济平台企业无一不采用线上线下深度融合、协作支持，企业组织、运营、管理均

需经济平台，离不开平台的支撑。甚至可以说，平台即共享经济平台企业的生命。离开了广为市场认可的互联网信息平台，任何共享经济平台企业都难以生存。

用工主体的轻资产化由信息平台在共享企业资产中的核心地位决定，这也是相对于传统实体型为主的重资产企业而言的。其有几点突出表现：一是投入资产“轻”。对于占用资金较大的有形固定资产，如办公楼、厂房、生产线、机械设备等，共享经济平台企业很少直接投入，企业的投入重点是若干无形、占据资金相对较少、用于满足不同类型客户的互联网信息软件及其相关技术支持系统。据调研，滴滴出行、饿了么、美团点评、首汽约车、摩拜等典型共享经济平台企业，尽管有的企业仅总部员工就高达数万人，但仍然依靠租赁办公楼解决需求。交通出行行业必需的网约车，在滴滴出行平台主要由网约驾驶员自备。共享民宿行业必需的房源，在 Airbnb 由全球 450 多万个房东提供。外卖送餐行业必需的送餐车和送餐箱，要么由送餐员自备，要么由第三方公司提供。二是运营模式“轻”。满足其生产运营功能所须承担的高成本、高风险大多采用外包、众包、分包等形式剥离给了各相关合作方，包括就业者个人，企业自身则集中于软件研发、市场推广、平台管理等投入小、科技含量高、风险低的核心业务。饿了么旗下的蜂鸟配送平台官网显示，餐饮供应服务由 100 多万家合作商户提供，餐饮配送服务则由数千家建立了合作关系的第三方配送公司和大规模零散众包骑手提供；首汽约车的网约运营服务，在北京地区全部外包给了首汽集团下属的四家出租车运营公司。三是经营风险“轻”。共享企业力求扮演的“信息服务中介”角色，使其生产运营链条中供需两端的市场风险均以不同形式剥离给了服务提供方和需求方，自身所需承担的市场风险自然处于最小化状态。

平台性是共享经济平台企业新就业形态的技术特质，也是共享经济平台企业声称其业务性质为供需双方信息服务“中介”的主要原因。轻资产化是由经济平台企业总体经营战略主导的，是其用工方略的决定因素之一。用工主体的平台性和轻资产化在很大程度上决定了共享经济平台企业新就业形态的其他特质。

2. 从就业主体来看，网约工展现出鲜明的原子性和重资产化特色

网约工的原子性，是相对实体型为主的企业内员工相互协作、密切互动的紧密型同事关系而言的，其在工作任务完成上变成了一个个相互独立的“单体”。即使在同一个平台、穿着同样的工服、使用同样的生产工具、服从同样的劳动管理和工资分配规则，甚至在同一服务站点天天见面，他们也不再是相互依赖、密切协作的亲密同事，而成了一个个互不依靠、独自运行的松散原子。对此，有研究称，“分享经济将重塑社会组织，‘公司 + 员工’将在越来越多的领域被‘平台 + 个人’所替代”（国家信息中心分享经济研究中心，2017）。

网约工的重资产化是用工主体轻资产化的转换物。在任何经济社会发展阶段，商品和服务均离不开厂房、生产工具和原材料等物质基础，不管这些资产由谁承担。在实体型为主的企业，这些资产主要由用工企业承担。但是，在共享经济下，企业对平台之外的资产实行最大化剥离，转移对象主要是提供商品和服务的相关方。网约工尤其是众包网约工自然难以幸免。比如，在传统出行行业，出租车及其各种保险、税费是由出租车公司提供和缴纳的，而网约平台上的网约车司机则要自备乘用车、自己购买相关保险、缴纳相关运营费用等；在传统物流行业，送货车辆主要由物流快递企业配备，而众包网约骑手则要按照平台要求自备送货车辆、智能手机和相关装备等，并自担风险。

（二）用工方式的高弹性和社会化，就业方式的网约性和非标准化

1. 高弹性和社会化是共享经济平台企业用工方式区别于传统实体型为主的企业用工方式的主要特色

在轻资产运营模式导向下，共享经济平台企业满足生产经营所需劳动力的方式，不再像传统实体型为主企业那样主要通过全日制、自雇方式解决，而是倡导“不求所有，但求所用”，依靠更为灵活的弹性、社会化方

式解决。具体表现为，共享经济平台企业通常将所需劳动力分为两类并采用不同方式进行满足。一类为直接用于平台研发、运营、维护和产品销售、管理等可剥离性、可替代性较低的核心人员。对于这类劳动者，平台企业依然采用传统的标准就业形态，与之建立雇佣劳动合同关系，采用全日制用工、固定办公场所、标准化管理，并被企业称为平台员工。另一类为满足其社会功能的大规模网约工，如滴滴出行平台的网约车司机、饿了么平台的网约送餐员、新达达平台的网约快递员、回家吃饭平台的网约厨师、VIPKID 平台的网约教师、名医主刀平台的网约大夫、58 到家平台的网约保洁员和美甲师等。网约工尽管是共享经济平台企业用工主体，但由于可剥离性、可替代性较高，企业通常采用更为柔性的方式解决，一般分为三种方式：一是直营，即由企业直接雇佣、直接管理并签订劳动合同。这种方式主要由早期共享经济平台企业初创时使用，目前占比小到几乎可忽略不计，且正被淘汰。二是与第三方合作，或者通过劳务派遣公司使用劳务派遣工，或者通过与第三方公司签订相关协议，将平台部分业务连同所需人力外包给第三方公司承担。第三方合作是共享经济平台企业用工的主要方式，第三方网约工基本上为全职。三是众包，即平台企业通过网络协议把业务外包给满足其要求、自愿加入的非特定社会大众。众包人员大部分干兼职，也有相当一部分做全职，是网约工的重要组成部分，构成了平台用工的重要蓄水池。共享经济平台企业人力使用的高弹性、社会化，既通过各类合作关系的无形之手延伸了自己的手臂，解决了“削峰填谷”式的弹性人力需求问题，又通过合作方的有形组织边界划清了用工责任界限，降低了劳动成本，达到了“提效降本”的目的。

王某，男，30 岁，高中学历，某物流配送公司员工，该公司员工专职服务于某大型餐饮外卖平台。

平台要求公司对骑手进行严格绩效管理。平台将骑手分为新骑手、老骑手、优秀骑手三个级别，每个级别单价相差 0.5 元。同一级别下，全职比兼职每单多 0.5 元。全职每月完成 500 单以下，8 元/单；500—900 单，9 元/单；900 单以上，10 元/单。平台规定：从顾客下单开始到送至顾客手中不得超时，超时罚款；任何时候不得点提前送达，一经发现，第一次罚款500元，第二次直接拉黑；任何人不得以任何理由与顾客发生争吵，并严禁评论和辱骂顾客，一经发现，第一次罚款200元、警告、扣50分绩效分，第二次当月工资为零并开除；每个人每月绩效满分为100分，两个月绩效分低于60分作清退处理等。绩效分决定等级分，等级分决定接单量。2015年，服务平台平均配送时长为41分钟，2020年是28分钟。平台对配送时间的要求越来越高，骑手经常在高峰时段同时被平台派好多“顺路”单，这些单都必须在规定时间内送达，不管是由于商家出餐慢，还是天气、交通、送货地址不清、联系不上客户等原因造成的超时，都要罚款。总之，管理就靠积分和罚款。

2. 网约性、非标准化是网约工就业最显而易见的特色

网约性也是网约工之所以被称为网约工的主要原因，它既表现在求职环节，又表现在工作完成环节。在求职环节，一个人要想成为某共享平台网约工，必须在相应平台上注册、通过网络审核；在工作环节，网约工要想获得劳动报酬，必须在平台上接单并按照相关规定履约。

网约工就业非标准化是指，不同于传统大工业福特制生产中劳动者就业的单一雇主、固定工作场所、最低工作时长要求、固定工薪制等标准形态，网约工就业形态变得更为灵活、多样。其主要表现为：网约工一般是上门服务，没有固定工作场所；企业通常对其进行接单量化管理，较少直接规定工作时长；在接单方式上，有的平台采用抢单模式，有的采用派单模式，有的两者兼有，网约工具有一定的自主性；众包型网约工可干全职或兼职，也可在多个平台接单；劳动报酬的给付标准中，碎片型按单取酬较为流行；劳动报酬结算方式多样，有的按单结，有的按时间段结，有的按固定额结；服务费的收取，有的企业规定只能在线收取，有的规定可以由网约工线下收费再转交平台，有的规定网约工可以先收费、扣除个人部分后再转交平台等。

（三）用工管理上突出“重绩效轻责任”非均衡性

轻资产的经营思路，加上社会化用工模式等，导致共享经济平台企业在用工管理上普遍暴露出“只重绩效”的短视行为，突出表现为对绩效的严苛管理和对其他岗位需求和应尽责任的忽视。

1. 对于劳动绩效，企业运用各种新技术手段和激励约束机制进行最大限度的严苛监管

“效率即生命”，这句话在共享经济领域更为流行。为了能够迅速抢占市场，共享经济平台企业无一例外均在最大限度利用各种管理机制和新技术手段上下功夫，以提高效率、提升质量、增加消费者黏性。在用工管理上具体表现为：对劳动定额、劳动报酬、劳动支付模式进行大数据测算，实现劳动成本最小化；对订单调配和规划执行进行AI深度学习、计算机迭代运算和系统智能化调度，实现劳动效率最大化；对订单履行实行线上线下、平台和服务对象交互协同式监管，提升服务体验感；对整体劳动过程实行积分制、末位淘汰制和以罚代管式自动化监管，弥补非“面对面”监管的不足等。

2. 对网约工其他岗位需求普遍被“无视”、疏于管理

严格的绩效管理并不意味着完善的科学管理，在绩效管理之外，网约工接受的岗位管理和服务基本处于空白状态。这不仅表现为入职门槛低、把关不严，还表现为对岗位素质不重视、对劳动安全等基本岗位需求缺少保障等。例如，据武汉某公司发布的一知名平台网约驾驶员招募信息，司机符合以下条件即可轻松创业：“18—55周岁”“没有犯罪记录”“有驾驶证3年以上（最少1年以上）”。而原建设部规定除了年龄要求外，还要求满足“初中毕业以上文化程度”“身体健康”“有机动车驾驶证并有3年以上驾龄，安全行车，无重大交通事故责任记录”“经培训考试合格”以及“被吊销客运资格的驾驶员，从吊销之日起已经满5年”等指标，且审核通过后获取“客运驾驶员资格证”等才能上岗。显然，按照该公司要求，不仅驾龄降低了，文化程度和健康状况无要求，甚至对实际驾驶技能也没有实质要求。事实上，访谈时多数网约司机反映，“干这行”门槛很低，只要驾龄1年以上就行，针对平台的其他要求，随便开个证明就能蒙混过关，网上审核不严；没人（平台）管你会不会开车，没人（平台）管你有没有犯罪记录，出了事也没人（平台）管；相当一部分网约驾驶员晚上十点半之后就收工了，因为怕遇上“坏人”。再看共享配送行业网上骑手招募信息，入职条件基本相同：“会用智能手机”“会骑电动车”“会使用导航”，以及“年龄18—45周岁，身体健康”，换言之，只要年轻、跑得快、会网上接单就行，至于劳动安全、商品安全、投诉合理性等岗位基本需求和社会责任，企业一概要求网约工自理。

（四）就业契约去劳动关系化

轻资产运营模式及社会化用工方式，直接导致共享经济领域突出的去劳动关系化现象，并表现为以下几点。

第一，直接表现为共享经济平台企业很少且越来越规避与网约工建立劳动合同关系。这在各典型共享经济行业均表现突出。原来几大龙头外卖平台均有部分签订劳动合同的自营骑手，截至目前均基本结束自营送餐业务。在目前几大龙头网约车平台中，除了曹操专车、神州专车有部分劳动合同制网约司机外，其他多数网约车平台声称网约车司机与其无劳动关系，而是其宝贵的人力资源合作伙伴。第二，间接表现为平台企业去劳动关系化行为带来的羊群效应——外包企业去劳动关系化现象。共享经济平台企业大肆采用社会化方式用工，给平台企业自身降低了劳动成本，将用工风险转嫁给了关联方，这也引发众多企业尤其是第三方外包企业纷纷效仿。为了“提效降本”，相当一部分平台外包企业也开始在生产运营上采用“加盟”“合作”等方式，将劳动用工层层外包出去。最终造成网约工大多不签订劳动合同关系的结果。中国国防邮电工会组织2016年关于非公快递企业的近万份问卷调查显示，在顺丰、“四通一达”（汇通、申通、中通、圆通、韵达）、宅急送7家民营快递企业中，全部采用“直营”（直接雇佣）模式的只有两家（顺丰和宅急送），其他均以“加盟”为主，包括转包、分包、委托、承包、承揽等多种形式，7家企业共使用快递员98.4万人，其中，直营占37.71%，加盟占62.29%；加盟网点直接用工少、中间环节多，加盟商只与少数管理人员签订劳动合同，一线快递员与快递公司不签订劳动合同已成为“潜规则”。网约餐饮外卖行业也是如此。北京市总工会2017年的调查显示，北京的网约工中与第三方（劳务派遣公司或外包公司）签订劳动合同只占6.13%；上海市总工会2017年的调查显示，上海的网约工中与第三方签订了劳动合同的只占11.72%。第三，更糟糕的是共享经济领域去劳动关系化行为，可能给其他领域带来传导和示范效应。在实地调研中，有国企反映，共享平台大规模使用众包、外包、劳务派遣等用工方式，扰乱了正常市场竞争秩序，可能诱使其他企业跟风学习。

四、新就业形态对我国就业的影响

新就业形态，因迥然不同于传统工业经济实体型为主的标准就业形态，给我国带来了“重塑就业”式巨大影响。全面客观地对新就业形态进行分析，其无论对于促进共享经济持续健康发展，还是对于推动就业和劳动保障事业均具有重要意义。

（一）积极贡献

1. 为我国创造了大量灵活就业机会，在经济下行压力下，发挥了重要的就业缓冲器作用

近年来，在新常态下，我国经济增速下滑、“三去一降”对过剩产能产生冲击，尤其受新冠肺炎疫情的影响，我国就业矛盾更为突出。但是，新就业形态不仅催生了一些新就业需求，还提供了大规模灵活就业机会和兼职就业机会，发挥了重要的就业缓冲器和蓄水池作用。2019年，我国共享经济提供服务者人数约为7800万人，比上年增加300多万人。这些网约工，尽管大部分是灵活就业人员和兼职人员，但是很多人来自传统产能过剩行业、失业和就业不充分群体。阿里巴巴达摩研究院（2020）发布的《2020年饿了么蓝骑士调研报告》显示，在其调查的数万名骑手中，56%的蓝骑士为斜杠青年，其中26%为小微创业者；新冠疫情暴发以来，阿里

本地生活服务公司共吸纳数10万人注册成为骑手，他们中的很多人来自受疫情影响严重的领域，如在疫情期间转行做骑手的人中，餐饮从业者、工厂工人、销售人员、网约车司机、理发师依次位列前五名。美团点评研究院（2019）发布的《2018年外卖骑手群体研究报告》显示：31%的骑手在送外卖前是去产能产业工人、1%是退伍军人；在兼职骑手中，纺织、电子等轻工业工厂人员，个体工商户，保安，钢铁煤炭等传统重工业工厂工人位列第二至第五名。在共享住宿领域，每增加一个房东就带动2个灵活就业机会。尽管共享经济吸纳就业人员中，劳动合同制员工不足1/10，网约工中，很大一部分是兼职人员和非全日制灵活就业人员，但是，在经济下行压力下，共享经济对于缓解就业困难群体和就业不充分群体的生活压力仍具有重要意义。

2. 有利于增强劳动力资源配置效率，提高劳动生产率

网络平台在资源配置上的即时性、动态性、扁平性等使其在劳动力资源效率上优势明显。国家信息中心分享经济研究中心的研究（2018）显示：2017年，运满满将中国公路物流此前高达37%的空驶率降低10%以上，平台上的司机平均找货时间从2.27天降为0.38天，月行驶里程数由9000公里提高到12000公里，承运次数由9次/月提升到11次/月；美团点评的智能实时调度系统，使人均日配送单量增长46%，单均配送成本下降20%，准时率超过98%；名医主刀借助平台上沉淀的大量医患数据显示，当患者发起手术预约请求后，平台会根据患者描述，在病例库、术式库和专家库中进行自动匹配，简单病例1分钟、复杂病例半小时就能为患者找到最合适专家。

3. 为大量非正规就业者、自由职业者进入正规劳动力市场提供了便利条件

平台企业提供的平台就业载体，为传统上统计难、管理难、服务难的灰色就业、隐形就业和自由职业者等进入正规劳动力市场，提供了机会和便利。调研发现，大量网约车司机是原“黑车”司机，大量共享单车运维员是地铁站“摩的师傅”“三轮车师傅”、路边支摊的“修自行车师傅”等，大量网约家政员是非正规小中介的家政服务员等。尽管现阶段如雨后春笋般涌现的大量共享经济平台，仍处于“跑马圈地”的野蛮原始初创阶段，包括企业用工在内的诸多方面存在大量非法性和争议性，但是有了依法注册的“平台”，就为工商、税务、社保、统计、网信、党建、工会等各类党政相关部门将这些劳动者纳入监管、服务范围，使其从“不好找”“找不到”的“暗就业”转变为可依法管理服务的“明就业”提供了载体。对此，有人称新就业形态是“新生行业对旧行业的良性替代”，就像支付宝微信导致了“小偷失业”，共享单车“消灭了”黑摩的（任娇，2018）。

4. 在选人用人上的平台性、灵活性，一定程度上有利于减少就业歧视、促进弱势群体就业

相对传统实体型企业，平台企业在人力资源招录和使用上，具有明显的非面对面“招聘”、软件审核选人，以及高度灵活、非标准的特点，这就为降低就业歧视、促进弱势群体就业创造了条件。对于多数共享经济平台企业而言，只要符合网络平台审核条件，只要能够履约提供“网约”服务，不论体貌、学历、户籍、年龄、性别、婚姻、家庭负担、工作与否等状况，均可为其所用，这就为残疾人、高龄劳动力、农民工、下岗失业人员、家庭妇女等传统就业弱势群体和不充分就业群体提供了更多、更公正的就业机会。据全总第八次职工队伍状况调查数据显示：在网约工中，有过下岗、待岗、安置转岗经历的比相关人群在全体职工中的占比高出 7 个百分点，这说明共享经济平台为就业弱势群体提供了更为便利的就业条件。滴滴政策研究院（2017）的研究显示：2016 年 6 月至 2017 年 6 月，共有 2108 万人（不含出租车司机）在滴滴平台获得收入；其中 393 万人是去产能行业职工，133 万人是失业人员，还有 137 万人来自零就业家庭。2017 年，有 22 万人女性在美团外卖获得收入，其中 5% 的女骑手是单亲妈妈（美团研究院，2018）。中国优步的报告指出，在该平台工作的司机中，55% 在其他岗位中曾因学历低、年龄偏大、户籍等问题遭受过歧视，46.67% 受到歧视的专车司机将开专车作为唯一就业机会（张成刚，2016）。

5. 一定程度上有利于增强劳动者就业自主性

企业用工方式的灵活性和高弹性，在某种程度上为不适合坐班和全日制工作者、工作时间充裕者、部分专业技术人员等适合兼职和多点执业的劳动者提供了更加便捷地进入、退出工作岗位的机会，有利于推动就业自主性提升。在共享经济下，网约工，尤其是那些众包网约工和专业性较强的网约工，在是否接单、接单方式，以及提供服务的业务模式、劳动报酬支付方式等方面具有一定的自主性。比如，滴滴平台注册司机可以选择做“快车”“顺风车”司机或“代驾”，也可以达到相关规定的要求后做“专车”司机；如果其选择了做“快车”司机，可以选择“抢单”模式也可选择“派单”模式等。众志好活上的注册护士，可以在业余时间提供上门打针、护理服务等，这就使其在一定程度上可以兼顾工作和其他事务，具有相对自主性。尽管网约工的自主性仍局限在非工作时段，一旦选择“接单”模式，便很少有自主性可言。但是，这对于劳动者来说，仍意味着一定程度的自由和解放。

（二）新的挑战

新就业形态在促进就业的同时，也给相关劳动者就业和权益实现带来新挑战。

1. 用工方式过度弹性带来的就业和收入不稳定问题

用工的高弹性、高灵活性，一方面，使平台企业用工更为便捷、高效，尤其是应对大规模潮汐性用工需求和调配专业性较强的高技能需求时，能够运转自如；另一方面，单纯对灵活弹性用工的过度强调，也使网约工，尤其是“全职”网约工处于就业和收入严重不稳定状态。这是因为，劳动任务是“碎片型”、劳动报酬是“按单取酬”，也就是说，“干一单”有“一单”的收入，不管出于什么原因不能“接单”，都意味着没有劳动收入。为了能够多劳多得，他们不得不接受“派单模式”，并小心翼翼地维护等级分，而这些评分由于平台“重绩效轻人力”式严苛管理而具有较高的不确定性。劳动者一旦不小心违反了平台规定，被“封禁”或

“拉黑”（即禁入），对平台来说只是“触屏”之劳。同时，网约工进入的“低门槛”和所谓的“高自由”标签，又诱使越来越多的人加入该行列，使得“服务费”不断降低。这均使网约工不得不承受就业、收入不稳定的风险。据北京市总工会调查，“收入不稳定”和“客户不稳定”是目前网约工从事该工作最担心的前两个问题。

个案访谈：

谢某，男，36 岁，高中毕业，从工厂离职后在上海某餐饮外卖平台做众包骑手，每天在线时长 12 个小时，已做骑手 2 个月。

我也遇到过一些问题。一次是送餐时一直联系不到人，等联系到后，对方还很不配合，地址写得不清楚、说得也不清楚，让我找了半天，最后超时，被罚 100 元。还有一次，我抢到一个上海松江白云小区的单子，找了半天找不到，打电话联系时客户说他在杭州白云路。我让他取消订单，但是商家不干，说饭已做出来了，一来二去订单超时，罚我 100 元，三天禁止接单。后来尽管我通过申诉获“平反”，罚款要回来了，也可以接单了，但是时间浪费了。

社会上都流传着送外卖收入高的说法，我的体验是兼职干干，挣个零花钱和外快还是可以的，做全职就不太划算了。那些月薪上万元的牛人，每天都要送五六十单，基本上是在玩命跑，要多抢单、胆子大、敢骑车冒险、经验丰富，还能够迅速处理各种突发情况、快速调整情绪。多数全职送外卖的人，收入其实不见得比“血汗工厂”高，而且没有社保、公积金，食宿自理，时不时会被罚款，出了事也没人管。

2. 去劳动关系化带来的劳动权益无保障问题

去劳动关系化直接带来了网约工劳动权益无保障问题。共享经济平台企业一再强调其“信息服务中介”属性，为了规避与网约工扯上劳动关系，往往要求众包网约工与其签订信息交易关系或合作关系协议，甚至在协议上明确注明与其“无劳动合同关系”，无须为其缴纳养老、医疗、工伤等社会保险和住房公积金，也不受最低工资的约束。外包企业也大肆跟风。这使得网约工实现劳动权益成为问题，其主要表现为：首先，对于所有众包网约工来说，不论兼职与否，不论平台怎么撇清关系，都可能在“接单”期间遇到工伤事故，而后处于无人管的状态；其次，对于全职众包网约工，尤其是与实体型为主企业上门服务员工干同样工作的那些人来说，包括工资、社会保险、加班费、带薪休假、集体协商等在内的劳动权益基本处于空白保障状态；最后，第三方外包企业纷纷效仿共享经济平台企业，要么层层转包，要么不与一线“网约工”签订劳动合同，致使大部分外包型“网约工”劳动权益难以得到保障。共享经济平台企业刻意规避建立雇佣关系、第三方外包企业违规不签订劳动合同等带来的劳动纠纷，已经成为目前影响劳动关系和谐的突出新问题之一。

3. 就业主体的重资产化、原子性带来的劳动者高风险、无组织和边缘化问题

共享经济平台企业的轻资产化及其一再强调的信息服务“中介”属性，使网约工处于进入工业化时代以来史无前例的重资产、原子化时代。这些网约工虽然干着与传统出租车公司的哥、货物运输公司司机、商场搬运工、外卖送餐员同样的工作，但是，平台组织不承认与其有任何雇佣关系，他们变成了需要自备生产工具，甚至自备厂房，一切生产和劳动风险自己承担的“个体业主”。而且，他们都穿着同样的工服、接受同样的劳动管理、服务于同一家平台，但是不再是相互协作、互帮互助的同事，变成了一个个毫无关系、自行运转的原子。传统上以企业或组织为基本单位组建的基层党组织，以及行业协会、工会、共青团、妇联等群体组织，对于他们来说变得更加遥不可及。北京市总工会2017年的调查显示，在全部网约工中只有26.5%是工会会员，在专职网约工中只有20.8%是工会会员，这其中还包含在从事网约工以前就加入工会的人员。原本可以通过所在组织获得的参政议政、民主参与、集体协商等权利，在“个体业主”的外衣下化为乌有。总之，重资产化和原子性使网约工从事与普通职工同样的劳动，却要付出更多成本、承担更大风险、获得更少组织支持，在劳动力市场中处于更加边缘的弱势地位。

4. 用工管理上的突出“重绩效轻人力”非均衡性，带来网约工体面就业和职业可持续发展问题

尽管“重绩效轻人力”“见物不见人”是资本逐利的通性，但是，纵观工业社会发展史，其主要发生在经济粗放式发展的初级阶段，对于我国现阶段多数大中型企业而言，它们已经意识到过于“重利忘义”给职工稳定、企业长期发展带来的负面影响，并开始向追求职工与企业共命运的更高阶段转型。然而，由于共享经济在我国仍处于蛮荒式发展的原始阶段，在轻资产经营模式主导下，在信息社会“一夜成名”的“造富”幻象催发下，共享经济平台企业对“提效降本”的过于偏执，使其凭借信息平台等新技术优势，在用工管理上刻意追求超额劳动效率、规避用工责任和社会责任，其结果就是传统的泰罗制管理效用在网络信息时代发挥到了史无前例的极致水平的背后，是广大共享经济新就业形态群体的体面就业和职业发展可持续问题。其具体表现为：第一，以罚代管式绩效管理带来的“非人”压力。个案访谈时，一些网约工反映，餐饮外卖平台不断提高配送时效要求，规定了五花八门的罚款规定，为了送餐“不超时”、不被客户“投诉”、不被消费者给“差评”，他们只能“拼命赶时间”、被迫“闯红灯”；为了不被平台“拉黑”，网约司机“即使远在几公里之外，也要接一分钱不挣的单子”。一些网约工甚至认为平台管理就是在“想办法坑人”，甚至是不顾网约工的“生死”。第二，用工管理中对网约工需求的忽视，带来了较低职业认同感。调研发现，由于缺少组织归属、劳动安全和职业上升通道，相当一部分网约工尤其是年轻网约工认为，干网约工只能是个“过渡”，空闲时挣个“外快”还行，不能当“正经职业”干，是没有前途的。第三，入职门槛过低和疏于素质监管，带来的社会认可度和职业可持续问题。由于仅仅重视“绩效”，轻视其他监管，使得诸如“郑州空姐滴滴遇害事件”“乐清女孩滴滴被害事件”“合资股东滴滴遭打事件”、外卖骑手乱闯红灯问题等在网络上频频曝光并引起社会广泛质疑，严重影响社会对网约工的认可度，并进而影响该职业的可持续发展问题。

5. 就业方式的网约性和非标准化给劳动者权益实现带来的制度适用性难题

共享经济新就业形态的网约性和非标准化，使传统建立在“单位制”基础上的劳动保障制度体系难以适用，客观上造成了网约工劳动权益难以保障。在实地调研时，有共享经济平台企业反映，企业并非不重视网约工的劳动安全问题，也想尽办法提高他们的安全生产性，毕竟一旦出事，对员工、对企业都不好；但是，没办法给他们上工伤保险，因为网约众包“骑手”干的都是“一单一单”的碎片活儿，又是兼职，今天在这个平台干，明天在那个平台干，没办法按照传统的全日制、雇佣式缴纳保险，充其量只能鼓励他们自愿购买“一单单”的碎片性商业保险。例如，滴滴平台为网约司机提供了自愿选择的0.1元/单“小桔医疗保险”，加入计划的车主每接一单扣除0.1元，10单保额为1000元，最高保障50万元，保险费用全部由司机缴纳，保期为当天接单的24小时内。饿了么平台自动从骑手配送服务费中扣除购买人身意外险和第三方责任险的费用，保险形式为一旦骑手接单，从每天第一单中扣除2元，保额为自身80万元、他人40万元，保障期为当天接单的24小时内。司法部门的相关工作人员也反映，现有的劳动法律法规主要适用于传统全日制、单位制职工，其劳动管理、报酬模式等方面的相关规定，很难适用于共享经济平台企业的网约性、非标准化用工模式，导致在司法实践中法律判定出现难题、网约工劳动权益保障也成为难题。据北京市朝阳区人民法院（2018）的研究，自2015年以来，朝阳区人民法院共审理互联网平台劳动争议诉讼案件180余件，当事人提出的诉讼请求主要是劳动关系确认、解除劳动关系的经济补偿或赔偿金、工资、加班费等项目，其中以平台数量统计，被确认与从业者直接建立劳动关系的平台占45%，被确认与从业者不建立劳动关系的平台占33%，被确认与从业者建立劳务派遣关系的平台占22%。在所有审结的案件中，双方当事人对于是否建立劳动关系存在争议的案件占84%。

五、思考与建议

新就业形态作为新生事物，对我国就业和劳动权益带来了前所未有的巨大影响，对相关劳动法律带来巨大挑战，本研究从促进经济发展、保障职工权益的角度出发，提出几个亟待思考的基本问题。

（一）如何客观、全面地认识新就业形态

客观预测共享经济新就业形态发展趋势，全面认识其对就业的影响，深刻分析其成因，是解决相关问题的基础。

笔者认为，在新技术革命和新产业革命的催生下，共享经济呈现如火如荼的发展态势，其在缓解就业压力、提高劳动效率、降低就业歧视、促进就业市场阳光化、提高就业自主性等方面的积极作用，使得共享经济下新就业形态的劳动者越来越多，这必将成为未来劳动力市场不可阻挡的趋势。但是，其对相关劳动法律法规带来的巨大冲击、对劳动权益实现带来的巨大挑战、对劳动关系和谐和社会稳定带来的新要求，也不容忽视，且由于新就业形态不可阻挡的发展趋势，其发展更应引起相关部门和社会各界的高度重视。

同时，要认识到共享经济和新就业形态的发展，既有数字经济、互联网信息平台为主的新技术因素，又有经济发展到一定阶段专业细化、产业转型、资本运作的市场因素，更有企业轻资产运营模式的主观推动因素，是经济社会发展到一定阶段的历史性产物。这就要求面对新生事物提出的新要求、新挑战，应站得高、看得远，有新思维、新角度，采用适应生产力发展的新规制、新方式来对待新生事物，如果一味按照传统思维方式来对待共享经济新就业形态，必然处处碰壁、难以行得通。同时，我们也绝不应该忽视这一新生事物背后资本运作的主观力量，及共享经济领域劳动力市场中更加失衡的资强劳弱状态，以及由此给社会稳定和劳动关系和谐带来的新的巨大挑战。

（二）如何“让子弹多飞一会儿”的同时保证“不伤人”

作为新生事物，新就业形态的新特色——用工主体平台性、就业主体重资产化、用工方式高度灵活性、就业方式非标准化等，都使其就业关系带有相当的模糊性、交叉性、变异性，使得传统基于单位制基础上产生的相关法律法规难以适用，以至于无论劳资双方，还是学界、政府部门和司法部门；无论在国内，还是在国外，都尚无相对成熟、稳定、统一的定论。在这种情况下，相当一些地区、相关部门和工作人员持有“让子弹多飞一会儿”的观念。

笔者认为，为了将这种新生事物及其影响看得更清楚、更全面，也让新的相关规定更具适应性和可行性，“让子弹多飞一会儿”是不无道理的。但是，“让子弹多飞一会儿”绝不意味着“让子弹乱飞”，更不能让其成为相关企业规避社会责任的挡箭牌，也绝不能让本就在劳动力市场中处于边缘地位、家庭抗风险能力较弱的网约工的相关劳动权益成为牺牲品。如果是这样，就与党中央提出的“高质量发展”的要求和“实现更高质量和更充分就业”的要求背道而驰。

（三）如何建立和完善共享经济平台网约工劳动权益保障机制

平台经济模式的新生性，新就业形态的初级性和不稳定性等，均决定了相关治理机制的完善不是一件一蹴而就的事情。但是，网约工劳动权益保障又是一个亟待解决的问题。这就要求相关部门在建立和健全网约工劳动权益保障机制时要处理好探索与稳定、长与短、合与分之间的关系。首先，要未雨绸缪，抓紧研究：研究新就业形态的性质和内核，研究相关职能部门管理和服务的主要障碍，研究相关劳动法律法规如何进一步完善，为最终建立完善的治理机制夯实理论基础；其次，在成熟的法律法规出台之前，应有行之有效的解决问题的过渡性、阶段性办法，不能“等”也不能“放”，应保障网约工的基本劳动权益不受侵害，要有底线保障机制；最后，要按照《关于促进分享经济发展的指导性意见》关于“探索建立政府、平台企业、行业协会以及资源提供者和消费者共同参与的分享经济多方协同治理机制”的要求，相关部门应积极履行监管和服务职责，相关行业协会应健全组织、引导和督促相关企业切实承担应尽的社会责任，工会组织应代表相关职工积极参与维权和服务。

参考文献

[1] 张成刚. 就业发展的未来趋势，新就业形态的概念及影响分析 [J]. 中国人力资源开发，2016 (19).

[2] 朱松岭. 新就业形态：概念、模式与前景 [J]. 中国青年社会科学，2018 (3).

[3] 中国就业促进会. 就业新概念·新就业形态 [J]. 中国就业，2017 (11).

[4] 谢雨、吕莉、邵玉姿、郑海鸥等. 互联网 + 激活新就业形态 [N]. 人民日报，2018 年 3 月 17 日.

[5] 张成刚. 新就业形态新在哪里 [J]. 中国人力资源开发，2016 (16).

[6] 王娟. 高质量发展背景下的新就业形态内涵、影响及发展对策 [J]. 社会学研究，2019 (3).

[7] 国家信息中心分享经济研究中心. 中国分享经济发展年度报告 (2017) [OL]. http：//www. sic. gov. cn，2017 年.

[8] 阿里巴巴达摩研究院. 2020 年饿了么蓝骑士调研报告 [OL]. https：//www. vzkoo. com/doc/11311. html.

[9] 任娇. 10 个月后，共享单车运维老周回去开摩的了 [OL]. 新京报电子版，2018 年 6 月 14 日.

[10] 滴滴政策研究院. 2017 年滴滴出行平台就业研究报告 [EB]. 滴滴政策研究院微信公众号.

[11] 美团研究院. 新时代新青年，2018 年外卖骑手群体研究报告 [OL]. https：//wenku. baidu. com/view/1be466af9c3143323968011ca300a6c3022f1be. html.

[12] 北京市朝阳区人民法院. 互联网平台用工劳动争议审判白皮书 [R]，2018.

新就业形态群体劳动权益实现状况及面临的突出问题

汪　雁*

摘　要： 新就业形态群体主要表现出核心生产工具新、就业形式新、与服务平台之间的就业关系新的特征。网约工作为新就业形态的主体，主要由直营工、众包工和第三方用工组成，其劳动权益实现出现明显分层。新就业形态、群体劳动权益面临五大突出问题：安全风险高、保障低是亟待解决的首要问题；劳动收入不稳定、没保障是网约工最担心的问题；社会保险保障差是网约工普遍担忧的长期性问题；劳动合同签订率低是全职网约工面临的根本性问题；缺少有效话语权是网约工面临的不容忽视的深层次、隐蔽性问题。制约新就业形态群体劳动权益的因素复杂，既有法律法规滞后性因素，又有有法不依、执法不严的因素，还有新技术、新业态、新模式带来的新问题等。笔者建议：相关部门应进一步稳妥处理"包容"与"审慎"之间的关系，加大执法检查和监督，制定完善相关法律法规和规章制度，强化平台企业的法律责任，工会组织应将相关新就业形态劳动者组织起来、切实维权服务。

关键词： 新就业形态　网约工　劳动权益保障

* 汪雁，中国工运研究所职工权益研究室主任，研究员，主要从事就业、职工权益、劳动关系及工会理论等领域研究。

随着互联网、大数据、人工智能等新兴技术与实体经济的深度融合，以共享经济平台网约工为主体的新就业形态劳动者已经成为一个规模巨大的新生就业群体。他们的就业方式、就业关系、职业风险等与传统经济模式迥然不同。他们的就业质量、劳动权益实现水平，不仅直接影响到劳动关系和谐和社会稳定，也关涉新业态新模式本身的持续健康发展和作用发挥，加强对其研究具有重要意义。为此，中国工运研究所成立专项课题组开展了“新就业形态群体（网约工）劳动权益保障研究”。本报告是在文献研究、实地调研，尤其是对滴滴出行、美团点评、饿了么、首汽约车、摩拜单车、永安行等数十家典型数字经济平台及其关联企业走访座谈，并对第八次中国职工状况调查数据和部分地方工会专项调查数据进行统计分析的基础上形成的。

网约工是人们对那些借助“网络预约方式”向消费者提供服务并获取相应劳动报酬的劳动者的俗称，政府和业界对该概念并无明确界定，但因其在劳动机会获取、就业形式、就业关系等方面迥异于传统就业形态的鲜明特色，被各界公认为新就业形态的主体。本研究中所称新就业形态群体，即共享经济平台网约工群体。共享经济（Sharing Economy）也被译作分享经济，本报告使用共享经济提法，内涵与国家相关部委印发的《关于促进分享经济发展的指导性意见》中界定一致，是指“利用网络信息技术，通过互联网平台将分散资源进行优化配置，提高利用效率的新型经济形态”。共享经济平台网约工（以下简称“网约工”），是指依靠共享经济平台企业网络信息平台获取消费者订单，并依约取得劳动报酬的个体劳动者，是对共享经济平台上的网约驾驶员、送餐员、快递员、家政服务员、医护和教师等的统称。网约工不同于平台企业员工，其最大差别在于后者直接服务于平台企业本身，而网约工则直接服务于在平台上预约订单的消费者。

一、新就业形态网约工群体的就业概貌

网约工劳动机会获取网约性、就业形式非标准性、就业关系灵活性等

方面的鲜明特色，使其不同于传统就业形态，成为新时代最具代表性的新就业形态主要群体。在第十三届全国人民代表大会第二次会议记者会上，李克强总理曾说，现在新业态蓬勃发展，大概有 1 亿人就业。而在这近 1 亿人的就业规模中，以共享经济平台网约工为代表的新就业形态群体占八成以上。网约工之所以被认为是新就业形态的典型代表，主要基于其就业中表现出的核心新形态：核心生产工具新、就业形式新、与服务平台之间的就业关系新。

（一）核心生产工具新

互联网信息平台代替传统实体工具，成为网约工获取劳动机会、接受劳动管理、获取劳动报酬的最关键、最不可替代的核心生产工具。具体而言，尽管网约工完成工作仍然需要其他实体性基本生产工具，如网约司机的乘用车、网约送餐配送员的送货车、网约保洁员的清理工具、网约护工的医疗用具等，但是，仅有这些实体工具还不能从事网约工作，只有获得了共享经济平台企业的信息平台使用权，网约工才有机会从事网约工作，才能够在平台上完成从订单确认、依规履约、劳动监管、订单完成等一系列程序，最终取得劳动报酬。

（二）就业形式新

新就业形态的就业形式新突出表现在四个方面。

第一，工作任务的独立性。网约工的一次工作任务就是依照平台预约完成一个独立的订单项目，一个项目干完则完，不像传统企业岗位大多具有工序的接续性。网约工的单次工作内容、工作地点、工作时间、劳动报酬均因订单而异。工作任务的独立性使得传统固定工作场所、固定工作时点、固定劳动报酬下的劳动管理和保障制度对网约工适用性大大降低。

第二，工作形式以个性化上门服务为主。多数网约订单项目要求“上门服务”，比如，送货（餐）上门、上门取件、到家保洁、到家美容、上门打针、上门家教等。个性化的上门服务需求使得网约工在劳动过程中更多地暴露在户外和复杂多变的不确定环境中，职业风险增大。

第三，工作项目的低团体依赖性。共享经济平台企业的多数网约订单项目，个人有能力独立完成，对他人和团体的依赖性较低，如网约送货、网约保洁、上门做饭、网约出行等。即使是完成难度稍大的“录制节目”，只要接单者提前布置好录制场景，基本上可以独立完成。工作项目低团体依赖性使网约工变成了一个个相互独立的“单体”，即使他们服务于同一个平台、穿着同样的工服、使用同样的生产工具、服从同样的劳动管理，也不再是相互依赖、密切协作的亲密同事，而成了一个个独自运行的松散原子。对此，有研究称，“分享经济将重塑社会组织，‘公司 + 员工’将在越来越多的领域被‘平台 + 个人’所替代”（国家信息中心分享经济研究中心，2017）。这种低团体依赖性使其规范化组织程度更低，在劳动力市场中的地位更加边缘。

第四，劳动管理以订单管理和平台智能化管理为主。项目式工作任务使得订单管理在共享经济领域大行其道，订单完成情况成为平台企业劳动管理最关心的对象，对一些企业来说，甚至是唯一对象。而个性化上门服务订单又使得传统固定工作场所劳动监管成为难题，移动网络平台智能化管理成为共享经济平台企业劳动管理的主要手段。智能化管理在带来对变化式工作场景监管便利的同时，也带来了管理非人性化、刻板化和不公平等新问题。

（三）与服务平台之间的就业关系新

不同于传统用人单位与劳动者之间相对简单、直接的雇佣关系，共享经济平台企业用工模式更为灵活，使得网约工与平台之间的就业关系也更为复杂、多样，其主要表现为以下几类。

第一类是直营类雇佣关系，即由平台企业直接雇佣劳动力并对其直接管理，与传统标准用工模式下的劳动合同关系没有本质区别。例如，在共享单车第一股“永安行”，包括运维人员在内，使用劳动力数千人，均由其直接雇佣、签订劳动合同关系并进行劳动管理。直营类网约工劳动效率较高、劳动质量较好，但由于劳动力成本相对更大，使得众多共享经济平台企业纷纷避之，目前占比相对较小。

第二类是与第三方合作类间接用工关系。主要通过两种方式：一是通过劳务派遣公司使用劳务派遣工；二是通过与第三方公司签订相关协议，将平台部分业务连同所需人力外包给第三方（外包企业或加盟商）。不论是劳务派遣形式还是劳务外包形式，网约工的雇主均是第三方企业或其关联企业。例如，首汽约车北京地区网约司机基本来自首汽集团下属四家出租车运营公司，其他地区网约司机主要来自相关劳务派遣公司。基于“专业人做专业事”的经营思想和减少用工成本的考虑，第三方合作网约工目前是共享经济平台用工的主要力量，他们基本上是全职网约工。第三方合作型用工关系尽管减少了平台用工成本，但是，由于与劳动者之间的关系相对间接、松散，导致层层外包（承揽、派遣、加盟）成为常态，使平台上的用工关系更为复杂，最终使劳动效率、劳动供给和服务质量等均难以较好保障。2016 年以来，共享单车行业大起大落，那些最终被市场抛弃的共享单车平台，通病之一就在于完全依赖第三方解决用工需求，最终使得运维质量难以满足社会需求。

第三类是共享经济平台企业盛行的众包类复杂用工关系，即平台企业把传统由企业员工执行的工作任务，利用网络平台外包给满足其要求、自愿加入的非特定社会大众。众包人员可以“兼职”，也可以“全职”；可以在一个平台接单，也可以在多个平台接单。这类人员是网约工的重要组成部分，构成了平台用工的重要蓄水池，也是平台企业应对波峰波谷式弹性用工需求的主要方式。由于平台企业对外包对象主要关注的是能否依约履职，不希望甚至有意规避与其建立紧密型劳动关系，所以平台企业与众包网约工建立的基本上是劳务合作关系。但是，平台企业单独使用众包网约工无法保障稳定的基本运营需求，同时，由于该用工模式处于相关劳动法律法规规范的边缘，势必遭到网约工群体、司法部门和社会各界对平台企业是否应与全职网约工建立雇佣关系的质疑，目前涉及全职众包网约工的劳动纠纷已经成为共享经济领域劳动争议的焦点所在。

事实上，面对共享平台全天候、无边界、开放式经营带来的波峰波谷式人力需求问题，目前多数平台企业采用混合用工方式来解决人力供给难题，这使平台企业与网约工的就业关系更为复杂。例如，饿了么上海总部所用十多万网约工分三种类型：一是与饿了么公司签订劳动合同的自营骑手，占比很小；二是第三方配送公司骑手，骑手与第三方配送公司签订劳动合同或实行劳务派遣，都是专职网约送餐员，占活跃骑手的主体；三是众包配送骑手，上海地区注册人数数万人，其中日活跃人数数千人，与饿了么签订配送合作协议，一般为兼职人员。

网约工展现出的新就业形态，使其明显区别于传统标准就业形态下的单位制职工，也迥然不同于传统自由职业者、非全日制雇佣等灵活就业人员。其在就业形式、就业关系上的新特点，使得目前相关劳动权益衡量、实现、保障等法律制度体系难以适用，进而影响其劳动权益实现的状况和水平。

二、新就业形态网约工群体劳动权益实现状况及面临的突出问题

网约工就业类型的多样性和就业关系的复杂性，使得其劳动权益实现水平呈现出明显差异，面临的主要问题及其形成症结不同，有共性也有差异。

（一）不同类型新就业形态网约工劳动权益实现水平分层明显

整体上看，平台自营类网约工劳动权益实现状况较好，与第三方合作类次之，众包型较低，众包型全职网约工实现水平最低。自营类网约工劳动权益实现水平较高，是因为多数平台企业与其签订了劳动合同，用工相对规范，工资、社会保险等劳动权益基本能够得到保障。但是，这部分人越来越少。与第三方合作的劳务派遣类和外包类网约工，因劳动成本支付链条由原来的“企业—职工”伸长为“平台—企业—职工”或“平台—

企业（企业—企业—……）—职工”而逐级递减，且共享平台不加干预，最终使网约工应得劳动权益大打折扣。众包型网约工，由于平台企业基本上与其签订的是劳务合作类或居间服务类协议，实际支付的是“服务费”而非包括工资、社会保险、劳动保护、岗位培训等在内的综合劳动成本，这就使其劳动所得处于“地板价”状态。

（二）新就业形态网约工劳动权益实现面临的突出问题

尽管不同类型网约工劳动权益实现水平存在分层，因其网约工的共同身份，也面临一些普遍存在的共性问题。

1. 劳动安全风险高、保障低，是亟待解决的首要问题

劳动安全风险高又缺少保障，是所有网约工，不分直营、外包、劳务派遣与众包，不分全职与兼职，都面临的首要紧迫性问题。对于多数网约工来说，上门服务是工作常态。上门服务相对室内定点工作环境，存在更大不确定劳动风险。而各大共享平台为了占领市场先机，采用各种手段不断迫使网约工提速增效。美团外卖以“美团外卖，送啥都快”作为宣传语，不断提升智能配送水平，实现单均配送时长从2015年的41分钟缩短到目前的28分钟。饿了么的蜂鸟配送平台以“准时必达、超时秒赔”向消费者作保证。各平台对效率的不断迭代升级和过度追求，迫使广大奔波在户外的网约工处于更大的劳动安全风险之中。北京市总工会的调查发现，在北京，为了在规定时间内送达订单，多数外卖员存在逆行、抢行、骑车打电话、骑车看手机等违反交通规则的行为，28%的人表示自己送餐过程中有过交通事故经历。在上海，2017年上半年平均2—5天有1名送餐员伤亡，外卖骑手的交通违法行为是事故发生的重要原因之一（罗筱晓，2018）。在深圳，仅2017年9月1日至10日，共查处外卖送餐行业各类交通违法行为1781宗，其中美团外卖245宗、饿了么125宗、达达外卖60宗，位列前三位（陈文才，2017）。在南京，全市2017年上半年共发生涉外卖送餐电动车各类交通事故3242起，其中美团外卖占近50%、饿了么占近30%、百度外卖占10%，三家企业共占89.57%；日均发生事故18起，其中美团外卖日均9起、饿了么日均5.4起，百度日均1.82起（郭一鹏，2017）。网约工面临更大的劳动风险，得到的却是更少的安全保障。据第八次职工队伍状况调查显示，在网约工中，认为自己工作岗位或工作环境存在隐患且“防护措施不够”和“没有防护措施”的占7.2%，高出全国职工0.8个百分点；反映“治疗职业病或工伤”“难以负担，为治病欠下很多债”的高达33.3%，其中专职工作者的选择比例更高达39.2%，这一比例是全国平均水平的数倍。这种高风险、低保障的职业安全环境，正成为广大网约工的担忧。据北京市总工会对网约工“您从事网约工作最担心的问题是什么”的调查，“交通、治安、工伤或其他意外事故”仅次于“收入不稳定”和“客户不稳定”，成为网约工第三位“担心的问题”。考虑到多数网约工已经成为家庭的顶梁柱，每一次网约工作的“意外”事故，不仅意味着个人的健康、财物和经济损失，更可能使其家庭陷入经济塌陷式危机。显然，劳动安全无保障问题已经成为网约工劳动权益维护需要解决的首要问题。

2. 劳动收入不稳定、没保障是网约工最担心的问题

如果仅仅从各大共享平台的宣传或招募广告来看，好像网约工作是轻松自由、有保障的工作，但事实并非如此。网约工的劳动收入主要以计件或项目收入为主，虽然部分专职人员有底薪，底薪也基本为当地最低工资水平，劳动报酬主要取决于接单量、单价和奖惩制度等。订单量受市场波动影响较大，高峰期订单多、低峰期少，人员密集区多、稀疏区少，竞争平台少时订单多，反之少，受突发事件影响较大等，这些均造成网约工接单机会不稳定；订单价格基本由平台根据市场竞争情况单方决定，既受平台补贴力度的影响，也受网约工数量的影响，一般平台在初建期有补贴，之后逐渐取消，网约工越好招募则单价越低；奖惩制度主要表现为等级补贴式和以罚代管式劳动管理，平台和第三方企业通常会按照接单量、好评率、上岗时间、准时送达率等指标进行综合评定，等级（积分水平）不同奖励补贴不同，补贴不同单价不同，直接挂钩收入；平台制定诸如“超时罚款”、“投诉罚款”、末位淘汰、违规“拉黑”等各种惩罚制度，致使网约工“一单单积累的辛苦钱”很可能因一个不合理的投诉、他因导致的

“超时”而化为乌有，更有甚者被“封禁”或“拉黑”。为了提高劳动报酬，网约工不得不选择超时工作。据调研，2017 年，北京市全职网约工每周工作 6 天以上者占 86.81%，上海市网约工每天工作 9 小时以上者占 51.64%。近年来，随着越来越多的人加入网约工行列，平台系统管理技术不断迭代升级，以及各大共享平台“补贴”力度不断下降，网约工的实际劳动收入不断下降，就劳动付出而言，其与普通职工整体水平相比已无优势。据美团点评提交给港交所的招股书显示，该平台企业正通过先进的大数据和人工智能来降低单均配送成本、提升配送效率，每单骑手成本已由 2016 年的 8.3 元降至 2017 年的 7.89 元（陈晓平，2018）。

另外，当前共享经济平台企业“烧钱”“圈地”式创业模式，以及平台技术的局限性，也使网约工劳动报酬保障大打折扣。近两年来，因共享单车平台倒闭拖欠运维人员工资、因餐饮外卖平台系统技术问题导致骑手劳动报酬难以领取等事件时有出现。上海市总工会的调查显示，2017 年，14.75% 的上海就业网约工不能按时领取工资。

总之，上述种种因素导致收入不稳定、缺少保障成为网约工普遍担心的问题。北京市总工会的调查显示，订单不稳定、客流不稳定是网约工担心的首位问题。据全总权益保障部调查显示，各类新就业形态从业者中认为自己收入不稳定的比例均超过半数。

3. 社会保险保障差是网约工普遍担忧的长期性问题

社会保险保障差是网约工，尤其全职网约工普遍担忧的长期性问题。据 2018 年全总权益保障部对网约驾驶员、送餐员和快递员三类从业者的调查显示，网约工参保情况较差：由平台缴纳社会保险的占 9%，由其他企业缴纳的占 24%，两者合计占三分之一；另有三分之一的从业者由自己通过城乡居民养老医疗保险、灵活就业人员社会保险等渠道缴纳；还有三分之一完全没有参保。考虑到兼职网约工中相当一部分在本职单位参保，如果去除这一情况，共享经济平台企业全职网约工的参保情况更差。2017 年北京市总工会的调查显示，在专职人员中，由平台和第三方企业缴纳社会保险的仅占五分之一，全部由个人缴纳的占四成，另有超过三分之一的人没有参保。笔者调研发现，并非如一些企业所说的多数网约工“目光短浅”“更看重当前利益”，事实上大多数网约工重视社会保险，希望企业能够为他们缴纳社会保险，只是不懂或者不敢“奢望”而已。据北京市总工会2017年调查显示，关于“从事平台就业最担心的问题”，45.49%的专职人员选择“没有缴纳社保，存在后顾之忧”，成为排在“收入客流不稳定”“交通治安工伤意外事故”之后的第三位问题。

4. 劳动合同签订率低是全职网约工面临的根本性问题

劳动合同是职工劳动权益保障的“护身符”。为了降低劳动成本、规避用人风险，相当一部分共享平台及其第三方企业刻意规避劳动合同，不与全职网约工签订劳动合同或者仅签订劳务合作协议等非劳动合同，致使其劳动安全、劳动报酬、社会保险、教育培训及休息休假等相关权益难以保障。据北京市总工会的调查，2017年，北京全职网约工中，“与平台签订劳动合同”的只占23%，“与第三方企业签订劳动合同”的仅有4%，两项合计只有四分之一；而与平台签订合作协议的占34%，“什么也没签”的占30%，两项合计超过64%，这意味着大多数全职网约工的劳动权益保障程度较低。

5. 缺少有效话语权是网约工面临的不容忽视的深层次、隐蔽性问题

有效话语权，是表达诉求、主张权益的重要手段，而严重缺少有效话语权，则是制约网约工权益水平实现的深层次、隐蔽性问题。调研发现，无论是在平台和第三方企业制定相关劳动管理规定的环节，还是在相关规定调适环节，网约工均缺少有效话语权。在制定相关制度环节，包括劳动报酬的构成、劳动标准的制定、平台费用的提取比例、单项订单的价格、劳动监管中奖惩制度等，不论合情合理合法与否，均主要由各共享经济平台主导，较少征求网约工意见。在工作中的意见反馈环节，尽管网约工普遍对于平台提成比例过高、不加核实随意罚款、派单不公平、收入不及时兑现、信息不公开、随意改变规则、出现问题难以投诉、劳动中的职业安全和财物安全没保障等问题普遍不满，也通过投诉、向客服反映问题等方式表达不满，但是个体声音较弱、反馈意见很难引起平台重视，也难以及时解决。据北京市总工会2017年的调查，对于“平台在制定各项规章制度时会征求您的意见吗?”这一问题，超过六成的网约工反映“不会”。缺少有效话语权像一只幕后黑手，使网约工在劳动权益博弈之初已处于被动地位，更使其权益实现处于“地板”水平。

三、制约新就业形态网约工劳动权益实现的因素分析

共享经济作为经济社会发展到一定阶段的新生事物，网约工劳动权益保障面临的问题，既具有历史延续性，又具有新生阶段性；既有法律法规滞后带来的劳动关系难以认定的制度适用性难题，又有有法不依、执法不严的老问题，还有新技术、新业态、新模式带来的新问题。总体上看，第三方企业合作类网约工遇到的主要问题是雇主有法不依，众包型网约工可分为“全职”和“兼职”两类，“全职”遇到的主要是“有法难依”问题，“兼职”遇到的主要是新型灵活用工带来的劳动收入、职业安全等劳动权益无保障问题。

（一）制度性因素：相关法律法规滞后于经济和用工方式的发展

目前我国相关劳动法律法规和企业管理制度滞后于生产力和生产关系的发展，造成共享经济模式下部分就业关系性质难以确认、部分劳动权益无法可依等问题。从发展生产力和生产关系的角度，共享经济新就业形态是社会发展到信息时代，新技术、新产业、新模式下生产关系的新表现形态，在生产力上突出表现为网络软件平台成为核心的、不可替代生产工具；在用工模式上由固定工作场所、标准工作时间、固定工作岗位的劳动定额等标准性就业转变为工作地点弹性、工作时间弹性、项目制劳动定额、跨区域跨行业用工等非标准就业；在生产关系上突出表现为由传统实体单位制下的“企业+职工”的简单紧密型雇佣合同关系，因共享平台的出现转化为“平台+个人/职工”或“平台+企业（集团公司或第三方公

司）+分公司（第四方公司）……+个人/职工”等更为松散、利益相关方更多、用工链条更长的复杂劳动关系。但是，目前我国的劳动法律法规和相关企业管理制度仍旧建立在传统单位制生产关系之上：社会保障和劳动基准保护均以劳动关系为前提，建立劳动关系则可以享受全部劳动和社会保障，不建立则无权享受劳动和社会保障；在劳动法框架下的灵活就业仅有非全日制、劳务派遣等用工模式；劳动管理制度不适应跨行业、跨区域、流动性强等复杂用工模式。这给共享经济平台上的众包型网约工、就业地与签约地不一致网约工、层层外包网约工等的权益实现带来了一系列制度适用难题，其导致平台企业不规范用工，以及规避建立劳动合同关系、规避用工责任以可乘之机，既造成网约工劳动合同关系应签未签、签订率较低、劳动权益水平整体低下，又造成其劳动权益在直接受损时，劳动监察、劳动仲裁、法律援助等救济渠道难以适用、难以有效发挥作用等问题。

（二）主观性因素：相当多的用工主体刻意规避用工责任

相当一部分共享平台及其第三方企业借助非标准用工模式的法律适用难题，刻意规避用工责任，避免建立劳动合同关系。这些平台和企业普遍通过“服务协议”“合作协议”“劳务协议”等格式条款与从业者约定双方不属于劳动关系，只属于劳务合作关系或居间服务关系。一些企业甚至在协议上明文规定其与网约工的关系不适用劳动法律法规，让网约工“事先”放弃潜在的相关劳动权益追索。例如，某出行平台在与北京驾驶员签订的服务合作协议“特殊约定”里规定：“我司与所有提供网约车服务的司机仅存在挂靠合作关系，不存在任何直接或间接的劳动关系，不适用《劳动法》《劳动合同法》《社会保险法》《住房公积金管理条例》等法律法规。”一些外包、加盟、劳务派遣等第三方企业有法不依，“跟风效仿”平台企业用工模式，明知应与网约工签订劳动合同，却以挂靠、租赁、承揽、劳务合作等方式层层外包、层层加盟，故意不与专职网约工签订劳动合同或者仅仅签订劳务合作协议。与某知名外卖平台建立配送合作关系的

××人才服务有限公司与众包员签署的《劳务协议》规定，“您知悉并充分理解与××人才服务有限公司通过本协议建立的劳务关系，适用《合同法》《民法通则》和其他民事法律法规，不适用《劳动合同法》”。北京市总工会的调查显示，2017年，北京网约工中与第三方签订劳动合同的只占6.13%。上海市总工会2017年的调查显示，上海网约工中与第三方签订了劳动合同的只占11.72%。显然，外包型网约工签订劳动合同的比例与其在网约工中占比相比，存在较大差距。

（三）主体性因素：一些网约工劳动权利意识淡漠、重眼前利益轻长远利益

一些网约工劳动权益意识淡漠，对劳动协议及其类型认识不够，对眼前短期利益和个人自由更为看重，对长远利益和职业风险认识不足，也是其劳动权益难以很好实现的原因之一。由于共享经济平台就业门槛相对较低、灵活性强、有一定的自主性，加上平台企业对“高自由”“高收入”的夸张性宣传，吸引大量年轻农民工和青年加入平台。他们中一些人不关心劳动协议，一些人在入驻平台时不认真阅读要求签署的书面协议，怀抱侥幸心理，认为劳动安全风险和养老是遥远的事情，给一些不良企业故意降低其劳动权益以借口和可乘之机。2017年北京市总工会的调查显示，在北京就业的网约工中“不清楚签的是什么合同”的占4.63%，“什么也没签”的高达29.6%；2017年上海市总工会的调查显示，在上海就业的网约工中，“不清楚”平台是否缴纳社会保险的高达24.64%。在实地调研中，一些企业反映，不是企业不愿给网约工缴纳社会保险，是他们自己嫌扣钱多，不愿缴纳。一些网约工认为，签什么协议、签不签劳动合同“无所谓”“不是自己能决定的事”“没多想”等。

（四）组织缺失性因素：代表性组织滞后，作用发挥不足

在资强劳弱的劳动力市场格局中，通过代表性组织主张权益、表达诉求、集体协商是劳动者参与相关利益决策、维护权益的重要途径，这

在劳动者离散度高时更是如此。目前，由于职工传统依赖的党群和经济社会组织，基本上依托于企业或单位进行组建，对于共享经济“平台+个人”模式下具有网约性、低团体依赖性、高流动性的新就业形态劳动者如何组织、联系、服务，仍处于探索阶段，导致共享经济平台网约工的组织化程度较低。以网约工加入工会情况为例，据全总权益保障部调查显示，2018 年受访网约工中加入工会组织的只有 29%，其中还包含兼职网约工中在主业单位加入工会的成员。共享经济平台网约工本身就具有高离散性、高流动性、低团体依赖性等不利于个体主张权益、表达诉求的工作特征，再加上代表性组织的缺失，无疑使其权益维护处于更加弱势的地位。

（五）新技术、新模式的不稳定、复杂性因素：给网约工劳动权益实现带来不确定风险

共享经济作为一种以互联网信息平台为中心的新经济模式，与初级发展阶段相伴，表现出不稳定、较复杂、难控制等状态，均给网约工劳动权益的实现带来较大不确定风险。笔者实地调研发现，2018 年，上海市的某平台拖欠 300 余名网约工工资和社保费案，以及“×牛网”的群体性欠薪事件，均由“融资补贴”模式下融资未到位、资金链断裂引发；无论是某平台在发现部分配送员恶意刷单后冻结所有配送费结算致使配送员聚集上访，还是“××汽车”由于系统发生问题无法结算驾驶员费用引发群体性事件，均与平台系统本身的技术性漏洞有关。另外，共享经济说到底是一种以互联网平台为中心搭建的新的复杂生产关系模式，这种模式与传统服务供给者和服务需求者直接关联的机制存在实质性差异，与传统居间服务范式也存在差异，多层分包、层层加盟、异地外包等复杂经营业态出现，并产生多元复杂的法律关系结构和用工模式，用工模式的复杂化使得网约工权益更加难以保障。笔者实地调研发现，某外卖平台所属公司——北京某供应链管理有限公司，将上海市送餐服务承包给上海某互联网科技有限公司等 8 家公司，这 8 家公司又将业务

分包给河南省某人力资源咨询服务有限公司等其他公司，由这些公司招聘“骑手”提供劳务，发生纠纷后，配送员的劳动关系地以及用工地难以确定，难以依法保障权益。

四、对策与建议

鉴于新技术革命和新产业革命下，新业态新模式如火如荼的发展态势，新就业形态在便捷生活、缓解就业压力、提高用工灵活性等方面的明显优势等，以网约用工为代表的新就业形态将成为未来劳动力市场上一种越来越常见的用工模式。但是，正如习近平总书记指出的，新就业形态要顺势而为，要补齐短板，当前最突出的短板就是新就业形态劳动者法律保障等问题（张晓松、邹伟，2020）。为了促进新业态新模式健康、持续发展，保障新就业形态群体合法劳动权益，笔者建议：要以习近平新时代中国特色社会主义思想为指导，解放思想、实事求是，兼顾改革、发展与稳定，统筹研究、分类实施、精准施策，妥善解决好新技术、新业态、新模式下以网约工为代表的新就业形态劳动者权益保障问题。

（一）在思想上进一步认识“包容”与“审慎”之间的关系，推动“顺势而为，补齐短板”

各级党政和相关社会组织应进一步领会和贯彻落实党中央的相关精神，深刻认识促进共享经济等新业态新模式发展的“包容”和“审慎”之间的关系，妥善处理好“促进新就业形态发展”与“促进劳动关系和谐”之间的平衡。在2020年全国政协经济界联组会上，听完有关委员关于“新就业形态”的发言，习近平总书记指出，新冠肺炎疫情突如其来，“新就业形态”脱颖而出，要顺势而为；这个领域存在法律法规一时跟不上的问题，当前最突出的就是“新就业形态”劳动者法律保障问题、保护好消费者合法权益问题等；要及时跟上研究，把法律短板及时补齐，在变化中不断完善。按照国家《关于促进分享经济发展的指导性意见》中“坚持包容审慎的监管原则，探索建立政府、平台企业、行业协会以及资源提供者和消费者共同参与的分享经济多方协同治理机制”的精神，既鼓励创新，以“包容”促进其发展，又坚持底线思维，保障从业者的合法劳动权益，推动“实现更高质量和更充分就业”。为此，应做好四个“坚持”。

坚持改革创新、实事求是。遵循历史发展规律，适应生产力和生产关系的发展，自觉改革包括相关法律法规、管理制度和组织服务体系等在内的与共享经济不相适应的上层建筑。

坚持“包容审慎”下的底线思维。按照党的十九大关于“增进民生福祉是发展的根本目的”，坚持“质量第一、效益优先”，推动“实现更高质量和更充分就业”的新发展理念和就业理念，新业态新模式应该发展成为高质量经济的代表，应该使包括从业者在内的广大劳动者体验到更多的获得感、幸福感与安全感。因此，包括党政机构、企业、行业协会、社会组织等在内的相关主体在处理相关业务时，均应坚持“包容审慎”下的底线思维，在鼓励新业态新模式发展的同时，充分兼顾劳动者的合情合理合法权益，不应因“包容性过大”而使新经济模式成为法外之地，纵容一些不良共享经济相关企业僭越公序良俗的底线，甚至触碰市场监管红线和法律法规的高压线；更不应因“底线思维不足”而使新业态新模式组织成为劳动者权益实现的“洼地”。

坚持统筹规划、分步实施。考虑到新用工模式对相关法律法规和治理体系带来的巨大冲击，对其完善不可能一蹴而就，应统筹规划、分步实施、先易后难、先点后面。先行研究整体改革思路，再完善具体法律制度；先行出台有关劳动保护、职业安全、就业培训、企业登记备案等方面的措施、办法，再对劳动基准、劳动关系、社会保险等方面的法律法规进行修改和健全；先制定完善部门性、行业性规章，再完善劳动基准法；先制定区域性、行业性试点办法，再总结推广可复制经验。

坚持分类指导、因类制宜。对于外包、加盟和劳务派遣类网约工，主要解决企业规范经营、依法用工问题；对于众包型全职网约工，应依照自愿原则，主要解决劳动关系确认问题；对于众包型兼职网约工，应参照和完善灵活就业人员劳动权益保障办法，主要解决临时性用工的劳动保护、职业安全、社会保障、劳动报酬等基本劳动权益保障问题。

（二）加大执法检查和监督，督促与新就业形态劳动者具有明确劳动合同关系的第三方企业依法用工

针对新业态新模式中普遍存在的第三方外包、加盟、劳务派遣等企业不依法签订劳动合同、不依法缴纳社会保险等不规范用工问题，应进一步加强执法监管。各级人力资源和社会保障部门、人大和政协等部门在劳动监察、司法督查、政协巡查时，应将包括平台企业、第三方外包、加盟、劳务派遣等关联企业在内的网约工主要用工主体纳入重点督查范围，并通过政府联席会议、三方会议等形式，形成督查合力，督促其纠正层层外包、层层加盟、变相外包、过度派遣等违规和不法行为，督促其依法签订劳动合同、按约及时足额支付劳动报酬、依法缴纳社会保险等。

（三）适应新技术、新业态、新模式的发展，制定完善相关法律法规和规章制度，及时提供无缝隙兜底保障

健全我国现有劳动保障体系，建立多元、分层，兼顾普适性和特殊性，适合标准性就业和非标准就业的劳动保障制度体系。通过一般法和特别法进行分层分类规范，用一般法规范网约用工中的标准劳动关系，用特别法规范网约用工中的非标准劳动关系。对标准劳动关系的确认，应更加注重劳动收入和劳动管理的依附性。对非标准劳动关系的立法，应本着淡化劳动关系认定的法律意义、弱化社会保险和职业安全等基本劳动权益对劳动关系的依附性、重在解决劳动者权益保护问题的思路进行制度设计，建立基于工作关系而非依托单位机构，由共享平台、社会和劳动者个人共担，与标准劳动关系劳动保障水平大体相当的劳动保障体制，以维护非标准就业网约工的基本权益。积极启动和开展新就业形态人员职业伤害保障试点，探索总结可复制可推广的模式和办法。

完善企业管理相关法律制度，增强其对互联网平台企业等新模式和新

业态的适应性。健全共享经济平台企业备案制度，强化对平台注册、认证、签约、就业关系等各类型从业者的备案登记，以规范相关用工行为。应参照《劳务派遣暂行规定》的用工企业和劳务派遣企业用工责任连带方式，加强平台企业对相关第三方用工企业的用人责任要求和监督。在普适性相关劳动法律法规出台前，参考“建筑业工伤保险办法”“农民工工资支付办法”等，采取群体性、行业性、区域性、试点性等过渡措施，对工伤保险、职业安全、工资支付等网约从业者亟须解决的合法劳动权益进行兜底保障。

（四）强化平台企业的法律责任，促使其严格自律、承担应尽责任

加强平台企业的法律责任，促使其依法用工并承担社会责任。参照实体型企业管理制度，政府监管部门应指导、督促相关平台企业建立与网约工利益密切相关重大事项的公开、集体协商、内部争议调处等重要机制，搭建沟通协商和争议化解渠道。通过健全平台企业重大劳务事项公开制度，对与网约工利益密切相关的劳动报酬制定、平台管理费抽取比例、补贴奖惩办法等重要事项的公开，以减少误解、预防矛盾；通过集体协商制度，对劳动报酬制定、劳动定额、意外保险等重要事项进行集体协商，以提高劳动生产率、增进劳动者收益；通过平台内部调解组织，明确争议处理程序，实现劳动者“零距离”维权，将矛盾化解在企业内部。

积极培育相关行业组织，推动协会出台行业服务标准和自律公约，提升其自我教育、自我管理、自我约束的能力。推动行业组织与相关行业工会就从业者劳动权益问题开展集体协商，并签订集体合同；推动行业组织依法制定各类产品和服务标准，促进企业之间的业务交流和信息共享；完善行业纠纷解决机制，鼓励从业者（代表）、第三方企业及用户共同参与平台治理等。

（五）工会组织进一步改革创新，探索将相关新就业形态劳动者组织起来、切实维权服务

要深入学习贯彻落实习近平总书记关于工人阶级和工会工作的重要论述，以及党的群团工作会议精神关于“增三性”“去四化”的重要精神，按照中国工会十七大关于“哪里有职工群众、哪里就要有工会组织，哪里需要做群众工作、工会工作就跟进到哪里”的总要求，进一步解放思想、改革创新、主动探索，针对新就业形态群体进行建会入会方式、维权服务形式、管理保障机制等方面制度创新，将相关从业者吸引进来、组织起来。

积极推动工会组织向互联网新兴领域和新兴群体延伸。采用各种方式吸引、鼓励、指导规模较大的平台企业建立企业工会。以新就业形态群体较为集中的快递、外卖、交通出行、家政服务、知识技能等行业为重点，以龙头企业或平台企业为引领，依托行业协会、政府相关组织等形式，推动相关行业建会。探索采用网络申请入会、企业外单体建会、区域性工会联合会等方式，加强对各类新就业形态群体的覆盖。

探索创新维权服务方式，针对新就业形态的职业特点，为其提供行之有效的维权服务。以行业性集体协商为龙头，与相关行业协会就平台提成比例、劳动定额、项目单价、抢单与派单规则、补贴与罚款制度、意外保险、争议处理等方面开展集体协商，签订行业集体合同，有效缓解“原子状”网约工维权难问题。积极参与网约工集体劳动争议调处工作，依法合理地维护网约工劳动权益。借助互联网技术，为网约工提供多样化、便捷化的服务形式和服务内容，如法律宣传、法律援助、政策咨询、团购优惠信息、技能培训、心理抚慰、云文体活动等服务；针对网约工户外劳动常态化的职业特点，进一步提高各级工会职工服务站、职工之家、工人文化宫等传统工会服务设施的户外使用便捷率，通过新建户外劳动者便捷工会服务站点，争取社区便民服务站点向网约工开放等形式，为广大户外奔波的网约工提供免费饮水、充电、避雨，以及优惠餐饮等便捷服务；探索将

网约工纳入职工医疗互助保障和困难帮扶体系的办法等。

创新工会管理机制，做好人力物力保障。充分发挥区域、产业、行业工会在人、财、事方面的各自优势，合力做好网约工工会工作的机制保障。针对平台企业跨区域用工的特征，探索依法妥善跨区域组建行业工会的方式方法。针对新就业形态群体工会会费收缴难、工会经费无保障的难题，进一步健全工会经费管理办法，探索通过年度专项经费列支、专项经费补助、一事一议、个人缴纳与地方产业工会经费配套、个人缴纳与工会争取相关补贴，以及对新就业形态群体集中的工会组织进行差异化工会经费管理等方式筹集资金，为相关工会活动的顺利开展提供坚实保障。

各级工会组织应进一步加强对新就业形态、新用工模式的持续跟踪和调查研究，摸清底数、掌握实质，积极向各级党政建言献策，推动相关劳动保障制度的完善。同时，以网约工为突破点，分析信息时代职工队伍的新变化、劳动关系的新情况，及其对工会工作带来的新挑战，在深入研究的基础上，适时推动工会相关法律法规的修改和完善。

参考文献

［1］国家信息中心分享经济研究中心．中国分享经济发展报告（2017）［R］．

［2］罗筱晓．网约工的“伤”该找谁赔［N］．工人日报，2018 年 9 月 25 日．

［3］陈文才．送餐行业交通违法，美团、饿了么、达达列前三［N］．南方都市报，2017 年 9 月 15 日．

［4］郭一鹏．南京首次公布外卖“交通事故黑榜”［N］．扬子晚报，2017 年 9 月 7 日．

［5］陈晓平．美团着急 IPO：亏 28 亿，183 亿支付给了外卖骑手［OL］．21 世纪商业评论，https：//baijiahao. baidu. com/s? id = 1612810674537186500&wfr = spider&for = pc.

［6］张晓松、邹伟．习近平谈“新就业形态”：顺势而为、补齐短板［OL］．新华社，http：//www. gov. cn/xinwen/2020 – 05/23/content_ 5514219. htm.

新就业形态群体社会保险状况研究

袁朝辉*

摘　要： 我国新就业形态人员规模日渐庞大，但由于劳动关系限制、相关法律法规不完善等，该群体参加城镇企业职工养老、医疗和工伤保险的比例明显偏低。建议调整现有劳动关系认定模式、强化顶层法律设计、推动平台企业积极履行社会责任、充分发挥工会组织作用，促进新就业形态人员参加职工社会保险。

关键词： 新就业形态劳动关系　社会保险

近年来，新技术、新业态、新模式在中国蓬勃发展，对经济和社会结构产生了广泛而深刻的影响。平台经济、共享经济迅速崛起，新就业形态不断涌现，同时，从业者的劳动权益保护也出现了许多新情况和新问题，尤其是在社会保险方面。为此，2019 年以来，中国工运研究所组成"新就业形态人员劳动权益问题"课题组，先后赴北京、广东、浙江、江苏等地，就新就业形态人员劳动法律关系、社会保险状况等开展了实地调研，并针对存在的问题提出相关的对策建议。

---

* 袁朝辉，中国工运研究所劳动经济研究室副主任、副研究员，主要研究方向为劳动经济、劳动关系、经济社会政策、工会工作等。

一、新就业形态群体劳动合同签订情况

党的十八届五中全会提到“加强对灵活就业、新就业形态的支持”，首次提出新就业形态的概念。但到目前为止，尚未出现关于新就业形态的官方解读。本研究中的新就业形态是指：通过网络平台获得工作机会、提供服务并获取相应劳动报酬或经营收入的灵活就业方式。新就业形态虽然就其本质来讲也属于灵活就业的范畴，但和传统灵活就业相比又有显著的区别，它是在新技术、新业态、新模式背景下产生的一种全新的就业形式和劳动交换方式，其特点可以归纳为：组织方式平台化、工作机会互联网化、工作地点灵活化、工作时间碎片化、全职就业兼职化、就业契约去劳动关系化、收入不确定等。需要指出的是，与平台企业签订了劳动合同并直接服务于这些企业的“平台员工”，属于企业内部正式员工，并不属于新就业形态人员，不在本课题的研究范围之内。

当前，我国存在面向两类人群的社会保险：城镇企业职工社会保险和城乡居民社会保险。在参保类型的选择上，考虑到新就业形态人员城市就业者的身份，本研究主张其应该参加职工社保，而不是选择更低层次的城乡居民社保，从而切实增强他们的获得感和社会保险制度的吸引力。同时，鉴于该群体参加失业和生育保险的条件尚不成熟，本研究所探讨的“新就业形态人员参加社会保险问题”，目前仅限于养老、医疗和工伤保险。

（一）我国新就业形态群体规模庞大

“互联网＋”带动的新就业形态，其外延是不断发展变化的，目前我国新就业形态从业规模已经非常庞大。当前，新就业形态主要分为零售电商平台、共享交通、共享知识技能、共享生活服务等几个就业类型。

阿里巴巴依托新零售新消费业态，持续带动就业和创造新岗位。根据《阿里巴巴零售平台就业机会测算与平台就业体系研究报告》（中国人民大学劳动人事学院相关课题组，2019）数据，2018 年阿里巴巴中国零售平台创造了 4082 万个就业机会。其中，交易型就业机会和支撑型就业机会分别为 1558 万个和 602 万个。[①] 属于新就业形态的参考阿里巴巴 58.2% 的市场份额可以推算出，2018 年中国零售电商平台新就业形态从业规模约为 3600 万人。共享交通、共享知识技能和共享生活服务则属于共享经济的范畴，《中国共享经济发展年度报告（2020）》数据表明，2019 年我国共享经济中的服务者人数约为 7800 万人。

（二）新就业形态群体劳动合同签订率明显偏低

新就业形态更多地呈现出劳动关系多重化、灵活化、虚拟化等特征，平台企业为了降低成本或规避法律责任，往往不与新就业形态人员签订正式的书面劳动合同，或者以劳务合同、承揽合同等其他形式合同替代。最新调研数据显示：新就业形态人员与平台用工企业之间劳动合同签订率明显偏低。具体情况如下。

1. 外卖送餐员、快递员、网约车司机的劳动合同签订率远低于全国企业整体水平

根据全总权益保障部《关于新产业、新业态、新模式下从业者劳动经济权益问题研究情况的报告》（全总调研组，2018）有关数据，外卖送餐员、快递员、网约车司机等三类群体的劳动合同签订率仅为 43%，远低于人力资源和社会保障部发布的同期全国企业劳动合同 90% 以上的签订率。签订劳务合同的比例为 29%，没有签订任何形式的合同或协议的比例为 21%，签订其他协议的比例为 5%（见图 1）。[②]

---

① 交易型就业机会是指在淘宝、天猫、聚划算平台从事零售工作的就业机会，支撑型就业机会是指从事快递物流、电商服务等与零售业务密切相关的就业机会，衍生型就业机会是指零售上下游相关环节工作的就业机会（包括研发、设计、制造以及售后服务等）。

② 本次调研主要对象是依托互联网平台发展出来的、为消费者提供服务的新就业形态从业者，比较有代表性的是外卖送餐员、快递员、网约车司机（专车）、家政生活类网约工等。调研组先后赴 8 个省（市）10 家企业进行了典型调研，共发放网络问卷 4000 余份、纸质问卷 5000 份。

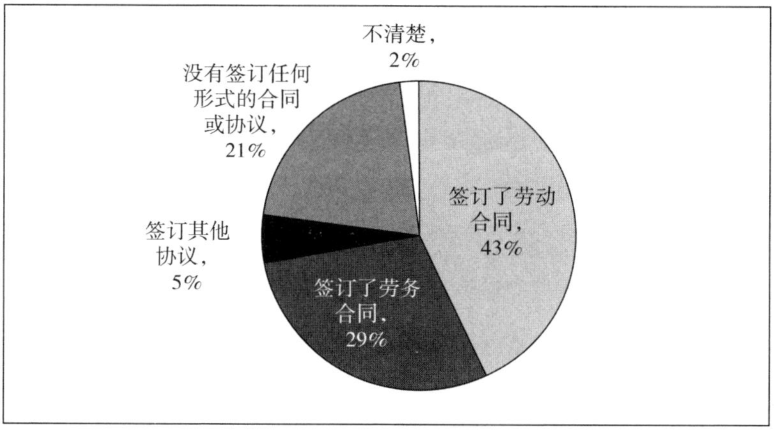

图1　三类从业者劳动合同签订情况

资料来源：全总调研组，关于新产业、新业态、新模式下从业者劳动经济权益问题研究情况的报告，2018 年。

全职送餐员、快递员和网约车司机的劳动合同签订情况也不容乐观。根据《平台经济从业人员社会保险权益状况调查报告》（江苏省总工会权益保障部，2019）的有关数据，有 53% 的全职快递员、送餐员和网约司机与平台用工主体之间签订了劳动合同，其中与平台企业（包括直营或加盟店）签订劳动合同的占 37.7%，与平台合作的劳务派遣公司签订劳动合同的占 14.7%。44.9% 的样本群体表示其“直接在网络平台注册，不需要签订劳动合同”（见图 2）。分职业看，快递员和送餐员与平台企业之间签订劳动合同的比例高于整体平均水平，分别有 80.2% 和 60.5%；81.2% 的网约车司机“直接在网络平台注册，不需要签订劳动合同”。

2. 大多数快递员未与民营快递企业直接签订劳动合同

快递业的主要经营模式有三种：一是以邮政 EMS、顺丰快递、京东专营为代表的大型速运企业，快递人员直接与本地设立的快递公司、分公司签订劳动合同，专门为所属快递公司收派件，用工较为规范。二是在本地工商部门注册成立的中小型快递物流公司，主要采用代理经营，即通过签订协议的形式，代理韵达、圆通等快递公司的收派件业务。有部分企业的快递业务承揽外地快递公司的收派件，用工形式主要是本地快递企业与快

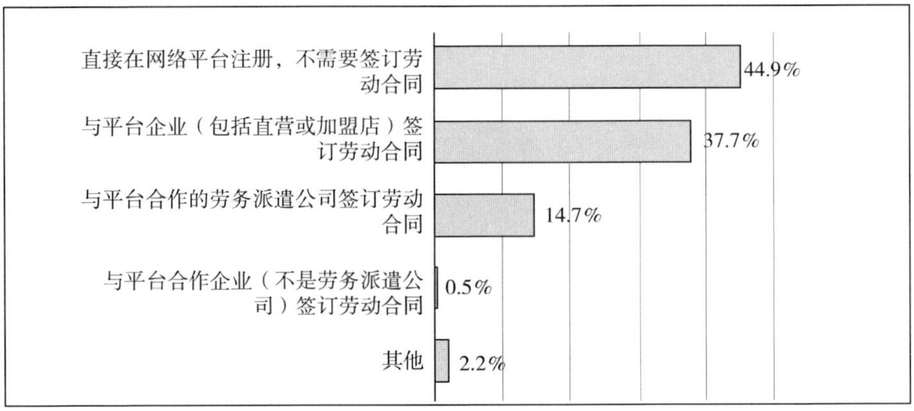

图2　平台经济从业人员与平台企业的劳动合同签订情况

资料来源：江苏省总工会权益保障部，平台经济从业人员社会保险权益状况调查报告，2019 年。

递员签订承揽合同或合作协议，约定收派件利润分成。三是外地的快递企业未在本地成立分公司，只在本地设立快递点进行收派件，快递站点有负责人，并招聘多名快递从业人员负责收派件。

浙江省是中国的民营快递之乡，从桐庐诞生了“三通一达”等诸多主要品牌，占全国市场份额的 70% 以上。全省快递业务量从 2012 年的 8.2 亿件增长到 2018 年的 100 亿件，年均增速超过 50%。全国快递业 20 强城市，浙江省独占 6 席。据实地调研，杭州市和义乌市（县级市）的快递业务量居全省前两名。除顺丰速递主要采取自身招工（另有部分属于劳务派遣工），并与愿意签订劳动合同的快递员直接签订了劳动合同外，其他民营快递企业一般采用的是加盟合作、劳务派遣、劳务外包等用工模式，快递公司与快递员之间普遍没有直接签订劳动合同。

3. 网约车司机与平台企业一般签订的是《服务合作协议》，而不是劳动合同

滴滴出行按照共享出行的经营模式，通过大数据匹配，在私家车主和乘客之间搭建起一个平台，高效整合线上需求和线下资源，为广大用户提供可持续发展的网约车信息撮合服务。2018 年，有 1166 万名网约车司机在平台上获得收入（滴滴公司，2019）。滴滴公司调研的有关情况表明，公司与所有的网约车司机都不是劳动合同关系。司机在平台注册时会与滴滴公司签署《服务合作协议》，明确公司与司机为“服务合作关系”，即平台为司机提供乘客出行信息，并在司机准入、安全宣传、服务规范等方面与司机达成服务约定，以及在发生司乘纠纷争议、安全事件时及时介入协调解决；司机在完成平台注册并通过背景审核后，可随时选择登录或者下线，可根据自身时间安排决定在线时间、接单频次，以及选择接受或拒绝乘客订单，也可以在同一时段选择接受不同平台的订单，司机在使用平台方面具有广泛、灵活的自由性。

4. **货运司机签订劳动合同的比例较低**

2018 年 8 月，中国工运研究所联合广东省总工会赴广东佛山、肇庆、江门、中山四城市开展“新业态新模式新领域工会工作的调研”活动，调研有关数据显示：江门市共有道路普通和危险货物运输企业 1598 家，个体户 14367 家。全市共有货运车辆 19344 辆，货车司机约 20000 万人。其中，建立与不建立劳动关系的人数之比约为 1∶5。

二、新就业形态群体的参保状况及存在问题

虽然我国养老、医疗和工伤保险的覆盖率总体较高，但新就业形态人员参保比例却相对偏低，其中参加城镇职工养老、医疗和工伤保险的比例更低。

（一）新就业形态人员参加各项社会保险的基本情况及存在问题

1. **新就业形态人员参加职工养老保险的比例总体偏低**

新就业形态人员参加基本养老保险的比例相对偏低。人力资源和社会保障部《2019 年度人力资源和社会保障事业发展统计公报》数据显示，截至 2019 年底，全国参加基本养老保险人数为 9.67 亿人。按照基本养老保险法定参保人数 10 亿人推算，目前全国基本养老保险参保率大约为

96.7%。针对未参保群体，时任人力资源和社会保障部部长尹蔚民2018年曾表示，“无保者”主要包括三种人：一是灵活就业人员；二是新业态就业人员，如互联网业、快递业从业者等；三是中小企业人员，特别是以农民工为主体的从业人员。

新就业形态人员参加职工养老保险的比例明显低于在职职工。根据人力资源和社会保障部数据，2019年全国参加职工基本养老保险人数为4.35亿人，其中参保在职职工为3.12亿人（其余为参保离退休人员）。按照全国职工总数3.91亿人（李玉赋，2018）推算，目前在职职工参加职工基本养老保险的比例大约为80%，而且这个比例每年还在较快增长，因此，职工参加职工养老保险的情况还是比较乐观的。但值得关注的是，由于普遍没有建立劳动关系，新就业形态人员并不计算为职工，因此上述职工基本养老保险参保水平也不反映新就业形态人员的参保状况。目前，官方并没有发布过新就业形态人员参加社会保险的统计数字，我们只能通过实地调研等形式了解新就业形态人员参加各类社会保险的大致状况。实际上，除部分从业者以灵活就业人员身份或从原单位渠道参保外，新就业形态人员参加职工基本养老保险的途径并不畅通，因此总体来讲，新就业形态人员参加职工基本养老保险的比例还是比较低的，大部分从业者会转而选择加入层次较低的城乡居民养老保险。

2. 新就业形态人员参加职工医疗保险的比例较低，部分平台企业尝试通过商业保险为其提供医疗保障

根据国家医保局《2019年医疗保障事业发展统计快报》最新数据显示，截至2019年底，全口径基本医疗保险参保人数为13.54亿人，参保覆盖面稳定在95%以上。其中参加职工基本医疗保险人数3.29亿人，参加城乡居民基本医疗保险人数10.25亿人。在参加职工基本医疗保险人员中，在职职工2.42亿人，退休人员0.87亿人。按照全国职工总数3.91亿人（李玉赋，2018）推算，在职职工参加职工医疗保险的比例大约为62%。

我国目前尚未发布过新就业形态人员参加各类医疗保险的官方数据，不过有关调研数据表明，新就业形态人员参加职工医疗保险的比例较低。

根据中国劳动和社会保障科学研究院的一项研究调查显示（谭中和，2018），新业态下灵活就业人员参加职工医疗保险的仅占6%，参加城乡居民基本医疗保险的占35.7%。被调查者本人认为应该参加而未参加职工医保或居民医保的占48.5%，还有近10%的人不清楚是否参加了医疗保险。关于为什么不参加医疗保险问题，9.4%的被调查者认为自己身体好，很少生病，有病时的第一选择是按照网上“百度”的结果到药店买点药，没有必要到医院；15.5%的人是因为不了解医疗保险，也不知道如何参保；大多数人（超过70%）认为，城镇职工医保虽然好，但需要与养老保险等捆绑参保缴费，缴费水平高、难以承担等。

部分平台公司正在尝试通过商业保险为新就业形态人员提供医疗保障。滴滴公司在2017年启动“点滴医保”健康保障计划（滴滴公司，2019），该保障涵盖了门诊、住院和重大疾病（见表1）。加入计划的车主每接一单，即进行一次小额度的投入，保障额度就会相应地增加一份，持续累加。数据显示，已有超过180万个网约车司机家庭加入“点滴医保”计划。

表1　滴滴公司点滴医保情况

涉人身伤亡保险	保障范围	保费负担方
意外险（点滴医保）	身故伤残保障，最高保额100万元	司机自愿加入，从每单收入中扣掉1分钱，保额可累计
重疾险（点滴医保）	100种重大疾病保障，最高保额50万元	司机自愿加入，从每单收入中扣掉1毛钱，保额可累计
医疗险（点滴医保）	门急诊和住院费用报销，门急诊最高保额3600元，住院最高保额21600元	司机自愿加入，每月缴纳25元，保额可累计

资料来源：滴滴公司，关于滴滴公司平台发展情况和社会保障情况的介绍，2019年。

3. **新就业形态人员大都没有参加工伤保险，个别平台公司为从业者购买了商业险**

新就业形态人员尤其是外卖员、快递员等，由于行业性质以及薪酬制度等原因，事故发生率较高。《工伤保险条例》规定，工伤保险覆盖人群为有劳动关系的职工人群。由于平台与网约从业人员双方并未签订劳动关系合同，因此目前平台企业普遍没有为从业者缴纳工伤保险。与职工基本养老保险和职工基本医疗保险不同，目前在政策层面，新就业形态人员以个人身份参加工伤保险的途径是关闭的，这无疑加剧了外卖送餐员、快递员、网约车司机等新就业形态人员因工作遭受人身伤害时面临的风险。2018 年中国工运研究所和广东省总工会“新业态新模式新领域工会工作的调研”情况证实，肇庆等城市大部分快递人员与快递企业（主要是中小型快递公司）或快递点签订的都是承揽合同，未签订劳动合同及参加社会保险。多数情况下，快递人员驾驶电动车穿梭于大街小巷，事故发生率高，一旦发生事故，其劳动关系无法确认，医疗费及后续问题难以解决。

部分平台企业出于社会责任和降低经营风险等考虑，为平台从业人员购买了商业综合险，涵盖人身意外险和第三者责任险等。以滴滴公司为例，公司通过技术手段保障平台司机安全，为司机提供“关怀宝”安全保障（滴滴公司，2019）。“关怀宝”由滴滴公司承担费用、第三方保险公司承保，其中司机意外死亡伤残赔偿限额 120 万元，意外伤害医疗赔偿限额 50 万元，车内随身财产（不包括车辆）损失赔偿限额 1 万元。该项目通过“应急响应、垫付救援、住院探望、主动保障、人道救援、公益帮扶”六大安全保障机制，为平台司机提供更加安全、可靠的意外风险保障。以主动保障为例，凡是平台司机产生的符合保障范围的医疗、伤残、意外死亡等费用，在责任方赔偿能力范围之外的合理损失，将提供全额保障。

（二）不同行业、不同群体参加社会保险的基本情况及存在问题

1. 共享经济服务提供者中专职和外地户籍人员缴纳社保比例偏低

北京市总工会 2017 年开展了共享经济平台劳动者就业状况、劳动权益状况调查（张成刚，2018），涉及交通出行、生活服务和物流快递三大共

享经济领域25家代表性平台1338名劳动者。调查结果发现：在共享经济平台提供服务的劳动者以兼职为主，占51.12%。兼职人员缴纳社保的比例较高，占90.06%，其中个人与本职工作单位共同缴纳的占58.19%，全部个人缴纳的占25%；而专职人员缴纳社保的比例仅为65.8%，其中全部个人缴纳的占41.67%。本地户籍缴纳社保的比例较高，为92.81%；而外地户籍缴纳社保的比例仅为65.12%。从以上数据分析，专职的共享经济服务提供者大都是没有建立传统劳动关系的人员，他们只能以灵活就业人员的身份参加城镇职工社保，保费由自己全额缴纳，因此参保积极性不高、参保比例相对较低。而很多外地户籍的从业者都是来自农村的打工者，较多从事的是低技能的服务业，工作和收入都不够稳定，他们更看重的是即期收入，而不是在城市参加社会保险。

2. 网约工群体缴纳社保的比例总体偏低

上海市总工会的《上海市网约工队伍状况调查报告（2017年）》数据显示：平台企业为网约工按月足额缴纳城镇职工社保的比例仅占42.7%。同时，没有缴纳、单位也没给钱的占16.7%，不清楚缴纳情况的占24.64%，两者合计达41.31%。考虑到调查时对自行在平台注册的网约工样本抽取难度较大、覆盖不足的情况，网约工未缴纳社保的实际比例应该更高，尤其是网约车司机和外卖送餐员这些容易被视为兼职的网约工。网约工自我评价情况的调查显示：在多选情况下，网约工最需要得到的帮助依次是社会保障（46.64%）、收入分配（36.13%）、法律援助（26.47%）、监督用人单位履行劳动合同（15.97%）、职业技能培训（15.97%）、民主权利（11.34%）等。

3. 外卖送餐员、快递员、网约车司机等新就业形态人员从平台缴纳社会保险的比例还不足四分之一

根据全总权益保障部《关于新产业、新业态、新模式下从业者劳动经济权益问题研究情况的报告》有关数据（全总调研组，2018），从平台缴纳社会保险的外卖送餐员、快递员、网约车司机比例还不足四分之一；仅三分之一的从业者自己通过城乡居民社保、灵活就业人员社保等渠道缴纳；还有三分之一的从业者没有被社会保险覆盖（见图3）。虽然滴滴、饿了么等平台企业通过为网约工购买商业意外伤害险来降低风险，但是仍然无法弥补社会保险制度在养老、看病等方面的保障作用。

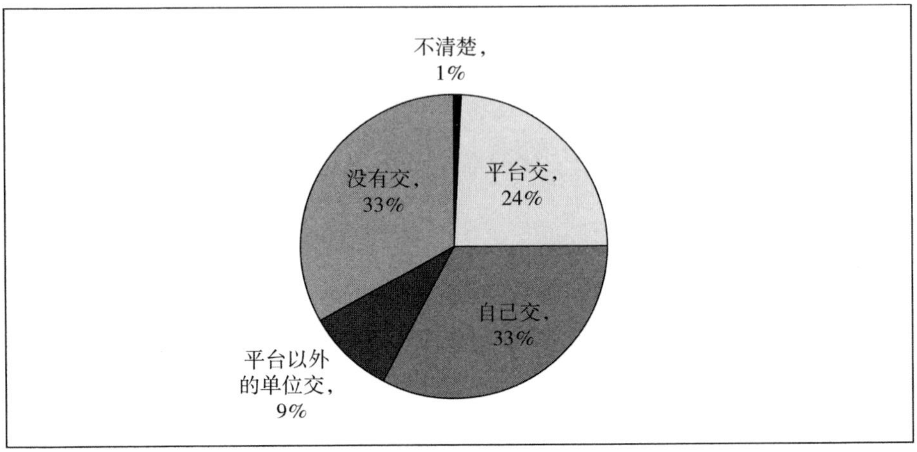

图3　三类从业者缴纳社会保险情况

资料来源：全总调研组，关于新产业、新业态、新模式下从业者劳动经济权益问题研究情况的报告，2018年。

平台为全职快递员、送餐员和网约司机办理社会保险的情况也不理想。根据《平台经济从业人员社会保险权益状况调查报告》（江苏省总工会权益保障部，2019）有关数据，仅18%的样本群体所在平台用工主体为其办理了社会保险，主要集中在快递员群体，占71.6%。为从业人员办理五险的占样本总量的12.9%，办理三险的占5%，其他情况占0.2%（其他情况为工作时间满半年后平台用工主体才为其办理社会保险等）。分职业看，快递员因与快递公司的劳动关系比较明确，样本群体参保率为38.1%，明显高于送餐员11.0%、网约车司机4.5%的参保率（见表2）。在参加社会保险的平台经济从业人员中，有65.8%的从业人员所在的平台用工主体按照社会保险缴费基数下限为其缴纳社会保险费，其中快递员达70.9%。此外，有24.8%的从业人员不清楚个人社会保险缴费标准（见图4）。

表2　平台用工主体为不同职业人群办理“五险/三险”情况

分类	细分	五险	三险
职业	快递员	32.7%	5.4%
	送餐员	4.0%	7.0%
	网约车司机	2.0%	2.5%
样本整体		12.9%	5.0%

资料来源：江苏省总工会权益保障部，平台经济从业人员社会保险权益状况调查报告，2019年。

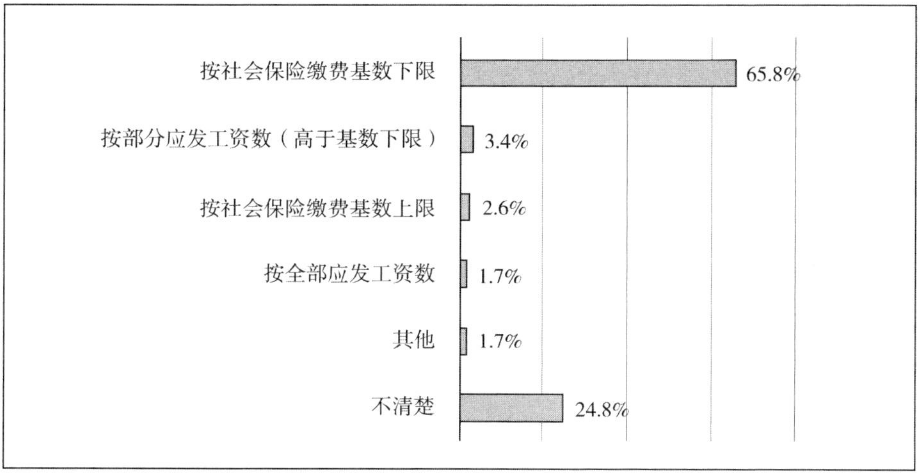

图4　平台经济从业人员社会保险缴费标准

资料来源：江苏省总工会权益保障部，平台经济从业人员社会保险权益状况调查报告，2019年。

4. 网约车司机普遍没有在平台公司参加社保，往往是通过其他途径自行参保

根据工作性质的不同，网约车司机又可分为兼职网约车司机和专职网约车司机两种。对于兼职网约车司机，其社会保险可以由其本职工作的从业单位来提供。但对于专职网约车司机，因其自身与平台的劳动关系界定不明，相关法律也未有提及，司机普遍没有与平台签订传统意义上的劳动合同，平台公司也没有为其缴纳社会保险。

2019年1月，滴滴公司以调查问卷的形式对174个城市的89万名网约车司机的户籍、社保及收入情况进行了线上调研（滴滴公司，2019 年）。调研结果显示：55% 的司机已在城市缴纳了社保。具体来看，48% 的司机为城市户籍，城市户籍的司机在城市缴纳社保的比例更高，达 76%；52% 的司机为农村户籍，农村户籍的司机在城市缴纳社保的比例稍低，为 36%。但是，部分农村户籍的司机在户籍地还投保了新农合（新型农村合作医疗保险）和新农保（新型农村社会养老保险），其中 63% 的农村户籍司机投了新农合，31% 的农村户籍司机投了新农保。

5. 大部分民营快递企业没有为快递员办理社会保险

根据本调研组 2019 年对浙江省杭州市和义乌市有关快递企业的调研，顺丰速递主要采取自身招工的用工模式，并为这些员工普遍缴纳了“五险一金”，此外，顺丰速递使用的劳务派遣工也大都参加了社会保险。但其他民营快递企业的情况则不容乐观，根据调研中了解的情况，一些快递企业经常通过劳务公司招用快递小哥，属于外包用工、临时用工、碎片化用工，个别业务量较大的快递企业有劳务公司常驻工作人员现场提供劳务派遣业务。这些人数众多的从业人员因没有与快递公司发生直接劳动关系，快递公司普遍没有为其缴纳社会保险，也不掌握其参加社会保险的情况。

6. 货运司机参加城乡居民社保的比例相对较高、参加城镇职工社保的比例明显偏低

根据《中国卡车司机调查报告 No. 1》的有关数据（传化慈善基金会公益研究院“中国卡车司机调研课题组”，2018），大部分卡车司机都参加了基本医疗保险，比例达到 74.4%，没有参加的仅占 18.6%。但是卡车司机参加基本养老保险的比例却不高，只占 50.7%。其中，卡车司机参加新型农村社会养老保险、城镇居民养老保险、职工基本养老保险、商业养老保险的比例分别为 70%、15.7%、7.7% 和 6.7%。

2018 年中国工运研究所和广东省总工会“新业态新模式新领域工会工作的调研”有关数据显示，江门市物流、运输、快递企业参加城镇职工社会保险的人数共 5119 人，与江门市交通运输局和快递行业协会提供的 2 万名货车司机、1 万名快递从业人员比较，参保比例只有 17%。

三、新就业形态群体中城镇职工社保偏低的原因分析

（一）劳动关系限制

在工业化时代，劳动者依赖于集体生产，受雇于工厂或者公司。在互联网时代，劳动者参与经济活动的方式发生了很大变化，“平台＋个人”新型灵活用工模式兴起，各种新就业形态层出不穷，如外卖平台送餐员、网约车司机、网约家政工等。从业者和平台之间签订的劳动契约形式多样，大多不建立传统意义上的劳动关系，使得劳动关系、劳务关系、承揽关系等多种不同的劳动法律关系杂糅在平台公司的用工模式中。当前，政府部门平台对劳动用工关系的性质认定也较为审慎，在促进行业发展和实现有效监管之间往往寻求一种“平衡保护”。比如，《网络预约出租汽车经营服务管理暂行办法》明确规定：网约车平台公司应当根据工作时长、服务频次等特点，与驾驶员签订多种形式的劳动合同或者协议。[①] 也就是说，平台公司和网约车司机之间既可以是劳动关系，也可以是劳动关系以外的其他关系。

现有城镇企业职工养老、医疗和工伤保险是针对正规单位和正规劳动关系设计的，社会保险和劳动关系捆绑，存在劳动关系是参保的前提，没有劳动关系不能参加社会保险。而我国新就业形态人员普遍没有与平台企业签订劳动合同，按照《关于确立劳动关系有关事项的通知》的有关规定，从业者和平台之间的劳动关系难以认定。[②] 在这种情况下，要求平台

---

① 参见交通运输部等七部委联合发布的《网络预约出租汽车经营服务管理暂行办法》（交通运输部、工业和信息化部、公安部、商务部、工商总局、质检总局、国家网信办令2016年第60号）。

② 依照《关于确立劳动关系有关事项的通知》规定，用人单位招用劳动者未订立书面劳动合同，但同时具备下列情形的，劳动关系成立：（一）用人单位和劳动者符合法律、法规规定的主体资格；（二）用人单位依法制定的各项劳动规章制度适用于劳动者，劳动者受用人单位的劳动管理，从事用人单位安排的有报酬的劳动；（三）劳动者提供的劳动是用人单位业务的组成部分。

企业为其办理职工社保缺乏制度支撑。不仅如此，由于没有明确的劳动关系，对于新就业形态人员而言，一旦与平台出现劳动纠纷，往往只能通过民法而不是劳动法调整彼此之间的利益关系，这对劳动者的权益保护是十分不利的。

（二）现行灵活就业人员社会保险制度不完善

当前，新就业形态劳动者可以按灵活就业人员的身份参加社会保险，但我国尚没有建立针对灵活就业人员的专门法律法规，现有的规定散见于《社会保险法》《关于完善企业职工基本养老保险制度的决定》《关于城镇灵活就业人员参加基本医疗保险的指导意见》等法律法规条文中。总体而言，这些规定还不够详细、完善，新就业形态人员参加社会保险存在可参保项目少、缴费负担偏重、户籍限制、社保转移接续困难等问题，造成该群体参保积极性不高、参保比例普遍较低。

比如，《社会保险法》仅规定：灵活就业人员可以参加基本养老保险和基本医疗保险。因此，灵活就业人员目前尚不能参加社会保险的其他险种，而且灵活就业人员参加城镇职工养老、医疗两险也是自愿的，从而使灵活就业人员参保的项目范围和强制性都大打折扣。又如，对于部分收入不高、工作又不稳定的新就业形态人员来说，由于参保费用全部由个人缴纳，缴费负担偏重，他们更注重眼前的即期收入，而不是选择参加社会保险。此外，目前灵活就业人员参保还普遍存在户籍限制，造成无法在工作地参保的窘境。以本次调研的江苏为例，在省级制度层面上，灵活就业人员参保并不受户籍影响。但南京、苏州等地出台政策，对非本地户籍人员参保作出了限制，南京不允许非本地户籍人员在该市以灵活就业人员身份参保，而苏州则要求省内非本地户籍人员在该市参加企业职工基本养老保险缴费满 10 年后才能以灵活就业人员身份参保。

（三）当前送餐员、快递员、网约车司机等高风险人身伤害群体尚无法参加工伤保险

我国《工伤保险条例》规定：中华人民共和国境内的企业、事业单位、社会团体、民办非企业单位、基金会、律师事务所、会计师事务所等组织和有雇工的个体工商户应当依照本条例规定参加工伤保险，为本单位全部职工或者雇工缴纳工伤保险费。根据该条例，有明确劳动关系是从业者参加工伤保险的前提条件，从而把没有劳动关系的新就业形态人员排除在工伤保险体系之外。送餐员、快递员、网约车司机等群体在工作中往往面临着较大的安全风险，当这些劳动者因工作原因遭受人身伤害时，目前只能通过民事诉讼要求人身损害赔偿，但诉讼所耗费的时间与费用成本往往较高，且人身损害赔偿也具有不确定性。送餐员、快递员、网约车司机等高风险人身伤害群体还可以自己或者通过共享经济平台购买商业性人身伤害保险，但商业保险的营利目的及自愿投保原则也决定了其不能最大限度地保障受伤害者的合法权益。因此，针对送餐员、快递员、网约车司机等群体因工作原因遭受人身伤害的情况，需要探索新的赔偿与救济途径。

确保公民社会保险权的实现，做到应保尽保，是《社会保险法》的核心价值所在。为此，应立足改革，探索建立一套与新就业形态群体需求相契合的新的工伤保险法律体系。在这方面，我国建筑行业的有关做法可供参考。建筑业属于工伤风险较高行业，施工人员流动性大，又是农民工集中行业，为维护建筑业职工的工伤保障权益、减轻建筑工人发生工伤后企业和工人的负担，人力资源和社会保障部等四部委 2014 年联合发布了《关于进一步做好建筑业工伤保险工作的意见》，其中明确规定：建筑施工企业应依法参加工伤保险。针对建筑行业的特点，建筑施工企业对相对固定的职工，应按用人单位参加工伤保险；对不能按用人单位参保、建筑项

目使用的建筑业职工特别是农民工，按项目参加工伤保险。[①] 目前，该意见在各地执行情况普遍较好，建筑业从业人员工伤保险权益得到了有效保护。

（四）为降低运营成本，平台企业不愿意甚至刻意规避为平台从业者缴纳社会保险

对于许多平台企业而言，通过灵活用工平台发包任务，不与劳动者形成常规劳动关系，减少社保缴纳，可以大大降低企业运营成本。以滴滴公司（滴滴公司，2019）为例，从月度平均值考虑，日均在线4小时及以上的滴滴出行注册司机数量为99.5万人（月均收入8100元），如针对这部分司机要求强制缴纳社会保险，按照北京市社保缴纳比例标准测算，企业每月成本将增加35亿元（即使按厦门市标准测算，企业每月成本也将增加26亿元），企业每年成本将增加420亿元（按厦门市标准，企业每年成本也将增加312亿元），直接导致滴滴公司运营成本上升28.8%（按厦门市标准，运营成本也将上升21%），这对滴滴公司这类共享经济企业而言是难以承受的，如该成本传导至乘客端，将会导致订单锐减，进而造成企业亏损。在本次调研中，滴滴公司也一再呼吁，要充分考虑平台企业目前的生存压力，建议将新业态从业人员权益保障与劳动关系认定进行脱钩。

劳动领域法律法规修订的相对滞后、平台经济经营小微化的发展趋势等新情况新问题，使政府劳动保障监察工作的难度日益加大，客观上为平台用工主体规避社会保险责任提供了条件。最典型的情况就是平台企业以形式平等的商务合作协议或者承揽协议规避劳动关系，这样既可以甩掉劳动关系这个包袱，又可以将从业者捆绑在其运营模式之中，对从业者权益保护非常不利。

---

① 参见人力资源社会保障部、住房城乡建设部、安全监管总局、全国总工会发布的《关于进一步做好建筑业工伤保险工作的意见》。

（五）新就业形态人员参加工会组织比例偏低、维权难度较大

近年来，新技术、新产业、新业态、新模式的蓬勃发展，极大拓展了劳动者的就业空间，新就业形态群体日益成为产业工人的新生力量，但他们中的相当部分还游离于工会组织之外。当前，地方工会组建工作仍以传统的规模以上企业为主，对本地区新业态经济发展状况缺乏了解，对新就业形态人员关注较少，发展其入会更无从谈起。从业人员与平台企业普遍没有建立劳动关系，也给新就业形态人员入会造成障碍。《工会法》关于入会条件的规定是“以工资收入为主要生活来源或者与用人单位建立劳动关系”，平台企业认为与从业人员没有劳动关系，所以不存在平台建会入会问题。在此条件下，平台企业从业者加入工会的比例较低，社保权益的维护缺乏集体力量的支撑。

四、促进新就业形态群体参加社会保险的对策

当前，就业形态的多样化迫切要求调整以标准化劳动关系为基础的社会保险制度。考虑我国国情，结合新就业形态的特点，促进新就业形态群体参加社会保险，应坚持分类施策的原则。应根据不同类型的劳动用工关系，出台有针对性的单行法规，实现各类新就业形态劳动者应保尽保。

（一）探索设立非标准劳动关系，科学合理界定平台与从业者之间的劳动法律关系

按照国务院有关“创新监管模式，避免用旧办法管制新业态”的要求，建议调整现有劳动关系认定模式，在典型劳动关系之外，探索设立非标准劳动关系，并将现行劳动法保护手段有选择地适用于非标准劳动关系就业者。部分组织从属性、或许外部经济从属性、或许继续性、平台企业或许从网约工劳动中得利，这四个要素兼备且部分组织从属性较强，可归为非标准劳动关系。同时，也可将部分组织从属性较弱或不具备而其他三

个要素兼备的情况单独列为准从属性独立劳动（王全兴，2018）。目前我国《劳动合同法》只规定了劳务派遣工和非全日制用工这两种非标准劳动用工，这与实践中丰富的非标准劳动用工形式是明显不符的。

传统标准劳动关系是工业化大生产时代所形成的、以标准工时制度为特征的、劳工对雇主的人格和组织从属性明显的用工方式。在新的经济形势下，单一、长期、稳定的传统用工模式已难以满足企业的多样化需求，因而产生了多元化的用工方式以适应市场的灵活性和维持企业的竞争力。非标准劳动关系的特征是，劳动关系的“三分”“三合”以及从属性的减弱，“三分”是指劳动关系与工作场所分离、与持续性工作分离以及劳动力雇佣与劳动力使用分离，“三合”是指劳动关系与经营关系、服务关系以及多种劳动关系重合，从属性的减弱是指人格从属、经济从属减弱而信息从属性凸显。

在形式上，非标准劳动关系新就业形态人员只需一部手机并在 App 平台上完成注册和符合一定的资质条件后，即可获得工作，而不需要经过面试、签订劳动合同等复杂环节。通过这种方式，平台公司实现了降低管理成本，而从业者也因此有了较大的独立性，可以不受传统劳动关系中工作地点集中、时间节奏单一的限制等。但实质上，从业者需要接受平台公司传递的信息，并依据信息所指示的内容完成相应的工作，才能提供服务并获得相应收入。在这个过程中，平台对从业者服务质量、劳动行为的控制是必不可少的，因此双方必然存在一定程度的从属性，只是由于从业者自身的工作短期性、流动性、灵活性等特点而会导致劳动关系的从属性和继续性降低。

劳动关系认定涉及劳动法律法规体系的配套完善，是一项系统工程。在当前平台经济、共享经济发展的起步阶段，劳动者与平台之间的劳动法律关系复杂多元，简单“一刀切”的劳动关系认定标准会对各方带来不利影响，应视实际情况慎重界定。一是具有实质劳动关系类型。如快递员与快递公司之间一般具有这种关系，要防止某些用工主体假借平台化规避传统劳动关系的雇主责任。二是纯劳务关系（或合作关系）类型。兼职就业、自愿与App平台公司签订合作协议的网约工，其使用的是自己的劳动工具，可以完全自由地决定是否上班、什么时候上下班，以及有权自主决定不接单，开展的是独立劳动，可以认定为纯劳务或合作关系。三是非标准劳动关系类型。以兼职或者以自愿合作方式加入平台公司并依其信息、受其指示而提供劳务的新就业形态人员，与平台公司的关系都可以认定为非标准劳动关系。

（二）针对非标准劳动关系，建立平台和从业者共同缴纳的社会保险制度

在认定新就业形态人员与平台公司之间的关系为非标准劳动关系之后，应注意到非标准劳动关系毕竟不同于标准劳动关系，后者严格的劳动法义务对平台公司将是一个繁重的负担，若不加区别地全部适用标准劳动关系规则，可能会拖垮平台企业。

建议国家出台有关保障新就业形态人员社会保险政策时，既要考虑从业者的社保权益，又要充分考虑新就业形态的特征及企业目前的生存压力，针对非标准劳动关系的从业者，采取平台企业和新就业形态人员共同缴纳的方式。分担比例一般低于职工社保中由单位缴纳的份额，以体现新型劳动关系的特点。此外，目前税务代征社会保险费的政策，使税收与社会保险建立了互通机制，也可将税收情况作为确定社会保险缴费责任主体和社会保险费缴费标准的重要参考因素，提高平台经济从业人员的社会保险覆盖率，并在此基础上构建政府主导、商业保险公司参与运作的权益保障体系。

（三）完善灵活就业人员社会保险制度

从事独立或自营劳动、与平台企业之间具有劳务关系（或从事准从属性独立劳动）的新就业形态人员，仍可以灵活就业者的身份参加城镇企业职工社会保险。为促进灵活就业人员参加社会保险，建议完善现有灵活就业人员社会保险制度。

一是鉴于灵活就业人员参加城镇职工社会保险有关法律法规过于零散、不具体的情况，建议进一步完善《社会保险法》《关于完善企业职工基本养老保险制度的决定》等法律法规，或出台针对灵活就业人员参保的单行法规或条例，对灵活就业人员参加社会保险作出更为详细的规定，明确其参加社会保险的各项权利和义务，使这部分人员参加城镇职工社会保险有法可依、有法必依。

二是针对灵活就业人员目前大都只能在户籍地参加城镇职工养老、医疗保险的现状，建议在国家层面出台统一规定，取消灵活就业人员参加社会保险的户籍限制，保障外来人员属地参保权利。在工作地参保的从业者，社会保险可以按规定转移至户口所在地或新的工作地。同时，建立全面完整准确的社会保险参保基础数据库，并实现全国联网和实时更新，为新就业形态人员社会保险缴纳、转移、接续、支付提供便利。

三是建议调整现有灵活就业人员自愿参保的政策，建立更富有引导性的“全民参保登记制度”。这就是说，重在“引导”，而不仅是“自愿”，确保实现人人享有社会保险的目标。

（四）适时修订《工伤保险条例》，把外卖送餐员、快递员、网约车司机等群体纳入工伤保险体系中

出于对“非职工”群体工作的尊重、工伤保险保障功能的不可替代性的考虑，应优先将工伤保险与劳动关系脱钩，给予新就业形态人员一定程度工伤保险倾斜保护，即便是兼职劳动者，只要通过平台的信息撮合，为消费者提供了服务，即应当就该项服务享受职业伤害保险。

参照我国建筑行业的有关做法，建议适时扩大城镇企业职工工伤保险的适用范围，准予送餐员、快递员、网约车司机等高风险人身伤害新就业形态群体参加工伤保险。具有非标准劳动关系的新就业形态人员，保险金可以由平台企业和从业者个体共同负担。由于新业态从业人员灵活性强、流动性强的特点，建议按个人订单的标准统筹考虑保险金缴纳。平台作基本保障，劳动者缴纳部分可以成为提高劳动者社会保险待遇水平的依据。

同时，由于新业态从业人员可以自主选择不同平台提供服务，我们建议由政府统筹一人一个账号，不同平台代扣代缴的保险金汇缴入同一账号，更好地保障新业态从业人员权益。

（五）加强政府对平台企业责任的监管，推动平台企业积极履行社会责任

加强政府对平台企业责任的监管，科学合理界定平台责任，明确平台在劳动者权益保护方面的责任和义务。龙头平台企业要主动制定企业用工标准，参与制定行业用工标准，以规范平台企业和从业者之间的劳动用工关系。平台企业要强化劳动合同管理，凡是应该签订劳动合同的都要签订劳动合同。

平台企业应将回报社会作为重要发展理念，积极履行企业社会责任，把实现经济效益和社会效益统一起来，兼顾企业健康发展和依法保障劳动者合法权益。龙头平台企业要切实负起责任来，认真落实政府有关部门出台的各项社保政策，创造条件为平台从业者参加城镇各项社会保险提供便利。有条件的平台企业要积极作为，通过购买有关商业保险分散风险，更好地保障各方权益。

（六）充分发挥工会组织作用，维护新就业形态人员社会保险权益

工会作为劳动者权益维护的重要组织，要不断调整工作思路，立足行业现状和新就业形态群体工作生活特点，推动入会和服务工作“双提升”。

一是创新建会入会方式，把新就业形态从业人员最大限度地纳入工会组织，形成维护社会保险权益的群体力量。加强区域性行业性工会联合会建设，实现对平台从业人员的二次覆盖。积极发挥龙头企业的带动示范作用，通过平台企业总部工会实现对平台从业人员的“先服务，后组建”。有条件地开放“网上建会入会”通道，使平台就业人员通过 App 就可以便捷地找到工会组织。

二是加强源头参与，推动完善劳动领域法律法规体系。推动完善《劳

动法》《社会保险法》等有关法律法规，科学合理界定劳动关系认定标准，建立健全各类新就业形态群体参加社会保险的制度；推动修改《工会法》，突破“建立劳动关系”的会员资格限制，将新就业形态人员纳入工会组织，明确新就业形态从业人员享有组建和参加工会、要求集体协商等权利，从源头上保障新就业形态人员相关劳动权益。

三是充分发挥工会在新就业形态人员劳动权益维护方面的作用。利用各种形式，宣传有关社会保险政策以及劳动者权益受损时的救济途径，积极协调和化解各种社会保险争议，加强对平台企业社会保险事项的监督，切实维护新就业形态人员合法权益。

参考文献

［1］中国人民大学劳动人事学院课题组. 阿里巴巴零售平台就业机会测算与平台就业体系研究报告［R］, 2019.

［2］全总调研组. 新产业、新业态、新模式下从业者劳动经济权益问题研究［R］, 2018.

［3］江苏省总工会权益保障部. 平台经济从业人员社会保险权益状况调查报告［R］, 2019.

［4］谭中和. 非正规就业人员基本医疗保险应保尽保问题的几点思考［J］. 中国医疗保险, 2018（1）.

［5］滴滴公司. 关于滴滴公司平台发展情况和社会保障情况的介绍［R］, 2019.

［6］张成刚. 共享经济平台劳动者就业及劳动关系现状［J］. 中国劳动关系学院学报, 2018（3）.

［7］传化慈善基金会公益研究院“中国卡车司机调研课题组”. 中国卡车司机调查报告 No. 1［M］. 北京：社会科学文献出版社, 2018.

［8］李玉赋. 第八次中国职工队伍状况调查［M］. 北京：中国工人出版社, 2018.

［9］王全兴. 我国“网约工”的劳动关系认定及权益保护［J］. 法学, 2018（4）.

新就业形态劳动关系与法律调整研究

张立新　李嘉娜*

摘　要： 新就业形态劳动关系在失范中发展，给劳动力市场秩序、劳动关系与工会工作乃至社会治理带来严峻挑战。本文认为，鼓励发展新就业形态，应当充分考虑劳动关系的稳定，统筹保障网约工社会保障等权益。现有劳动保障法律法规具有包容性，从属性依然是判定平台企业用工性质的实质要件。地方促进平台经济就业作用、发挥与保护网约工权益的实践值得期待。调整新就业形态法律关系，须加强劳动基准立法和平台经济政策制定，构建层次性的社会保障体系和社会协同治理格局，行业协会应指导平台企业依法承担社会责任，工会应积极为网约工维权服务。

关键词： 新就业形态　劳动关系　对策建议

新就业形态不仅点出了新一轮技术革命所导致的用工模式和工作方式的巨大变化，也反映了目前我国乃至全球劳动力市场中出现的新趋势。平台经济正在不断探索中顺势前行，而在我国现行法律框架下，平台用工的规范治理仍处于实践积累和探索阶段。同时，我国目前的劳动法律和社会保障制度主要基于标准劳动关系建立，平台用工灵活化、多元化、复杂

---

* 张立新，中国工运研究所劳动法律研究室主任、研究员，主要研究方向为劳动关系与法律；李嘉娜，中国工运研究所劳动法律研究室副研究员，主要研究方向为劳动法、新型劳动关系的法律规制等。

化、去组织化等特点，特别是去劳动关系化的特征趋势，必然会带来新就业形态劳动关系认定难、法律适用难、政策落地难等痛点堵点。对此，要从促进新就业形态健康规范发展的角度出发，坚持问题导向和目标导向，加快完善法律法规和制度规则，加大对平台用工违法违规行为的惩处力度，加快推进平台用工规范化法治化进程，平衡保障从业者和经营者的权益，唯有如此，才能使广大平台从业者成为推动新经济发展的生力军，才能从根本上促进新经济健康有序发展，从而保障劳动者与平台共享经济发展成果。

一、新就业形态劳动关系发展现状

与传统雇佣模式相较而言，新就业形态领域劳动用工模式更为松散、弹性、灵活，新就业形态劳动者明显区别于传统标准就业形态下的单位制职工，也迥然不同于传统自由职业者、非全日制雇佣等灵活就业人员。新就业形态从业者与平台企业之间的劳动用工关系表现得更加多样、复杂、多变。对此，有学者甚至提出，需要对数字经济时代的就业及劳动关系进行“再定义”（郝建彬，2017）。目前，根据不同的用工方式及发展状况，新就业形态劳动契约关系大致可分为如下几类。

（一）众包[①]型用工建立的“劳务合作关系”

所谓众包，是指一个公司或机构把过去由员工执行的工作任务，以自愿的形式外包给非特定的（通常是大型的）大众网络的做法。例如，企业通过众包的方式，将创意设计、网站建设、网络营销、文案策划等工作分解为碎片化的工作任务，通过网络平台（如猪八戒网）向社会发包，由平

① 众包（crowdsourcing）是由美国记者杰夫·豪在2006年提出的概念，是指一个公司或机构把过去由员工执行的工作任务，以自由自愿的形式外包给非特定的社会大众。该商业实践早已存在，但是互联网的出现，尤其是平台企业的出现，导致大众沟通成本的大幅降低，是现代意义上的众包活动成为可能的直接原因。

台为其迅速匹配合适的劳动者。在这样的就业模式下，从业者可以是兼职也可以是全职，可以在一个平台接单也可以在多个平台接单，通过平台完成企业的碎片化任务，获取一定的报酬。发包企业和平台一般不与从业者建立雇佣关系，通常建立“劳务合作关系”，企业借助平台实现灵活用工，大幅降低了雇佣正规雇员的成本。从业者如果违反了平台的某些规则，如取消订单或遭到用户投诉到一定的程度，平台有权立即关闭后台，终止与从业者的合作，无须履行任何程序，发包企业和平台不需要对从业者承担任何义务。

目前，这种众包型用工关系又具体分为两种情形：一种是劳动者兼职就业，与平台之间签订合作协议，自带劳动工具，可以自由选择是否上班、什么时候上下班以及有权自主决定是否接单，开展的是独立劳动，可以认定为纯劳务合作关系。与此相反，另一种则是全职型就业，劳动者须遵守平台有关订单管理（如订单数量要求、取消订单限制等）、服务质量监督（如被用户差评数量或投诉程度等）、规章制度管理、绩效评级奖惩等方面的严格约束和控制。近年来，这种全职劳动者是否应当与发包企业或平台建立雇佣关系，日益成为社会各界广泛关注、争论不下的热点问题。截至 2020 年 6 月，滴滴网约车业务服务的日订单峰值超过 3000 万单，拥有 1166 万名网约车司机，不管是全职还是兼职，公司与所有的网约车司机之间签订的都不是劳动合同，司机在平台注册时会与公司签署《服务合作协议》，明确公司与司机之间为“服务合作关系”（腾讯科技，2020）。实践中，平台经济中劳动者与平台之间是否构成劳动合同关系，直接影响到平台是否需要为从业者建立劳动权益保障关系，业已成为引发新就业形态领域劳动纠纷的痛点堵点。据相关统计，北京市朝阳区人民法院 2015 年至 2018 年第一季度，共受理互联网平台用工劳动争议案件 188 件，其中，61.2% 的案件中，从业者要求确认劳动关系。在审结的 171 件案件中，超过 84% 的案件中，双方对是否建立劳动关系存在争议（北京法院网，2018）。

（二）劳务型用工建立的劳务派遣关系或劳务外包关系

劳务型用工主要分为两种：一种是由互联网平台业务衍生出的劳务型

岗位，如外卖平台通过第三方企业使用劳务派遣送餐员。在这种用工关系中，外卖平台、送餐员与第三方企业之间构成劳务派遣关系。另一种则是企业因边界虚拟化、资源共享化，将一些岗位进行外包，通过与第三方企业签订相关协议，将平台部分业务连同所需人力全部外包给第三方（外包企业或加盟商），从而把原有人员的劳动关系转换为劳务关系或是经济合同关系。基于“专业人做专业事”的经营思想和降低用工成本的考虑，这类劳务型用工成为互联网平台用工的基本力量，他们大多数为全职。但是，由于平台企业与从业者之间的关系相对间接、松散、弹性，层层外包（承揽、派遣、加盟）、层层“打隔断”成为这种用工形式的常态，劳动关系错综复杂。

（三）直营型雇佣建立的劳动合同关系

直营型雇佣，即由平台企业直接雇佣劳动者并对其直接进行劳动管理，与传统标准雇佣模式下的劳动合同关系没有本质区别。直营型雇佣劳动效率较高、劳动质量较好，但由于用工成本相对更大，使得众多互联网平台企业纷纷避之，目前这一类型占比相对较小。本课题组在调研中发现，除顺丰速递主要采取自身招工（另有部分属于劳务派遣工），并与愿意签订劳动合同的快递员直接签订劳动合同外，其他民营快递企业通常采用的是加盟合作、劳务派遣、劳务外包等用工模式，快递公司与快递员之间普遍没有直接签订劳动合同。

实践中，面对互联网平台全天候、无边界、开放式经营所带来的波峰波谷式人力资源需求状况，目前多数平台企业通常采用混合用工方式，上述多种类型相互兼有、彼此交织，平台（企业）与新就业形态劳动者之间的劳动关系呈现出更加多元复杂的局面。例如，在外卖行业，饿了么上海总部的新就业形态劳动者多达 10 万余人（汪雁，2019），主要包括三种类型：一是与饿了么公司签订劳动合同的自营骑手，占比很小；二是第三方配送公司骑手，上海地区有活跃骑手 1 万多人，骑手与第三方配送公司签订劳动合同或实行劳务派遣，都是专职网约送餐员；三是众包配送骑手，上海地区注册人数8万多人，其中日活跃人数为数千人，他们与饿了么公司签订配送合作协议，一般为兼职人员，占比较多。

二、新就业形态劳动关系存在的问题及挑战

（一）新就业形态呈现去劳动关系化的典型特征

伴随着移动互联网、大数据、云计算、人工智能等相关技术的蓬勃兴起，诸如共享经济、零工经济、共享用工等新就业形态迅猛发展、不断衍生，劳动力市场结构及劳动关系格局正在发生翻天覆地的变化。传统劳动关系逐步瓦解，新型劳动关系呈现出灵活化、多样化、复杂化的特点，灵活就业形态也发生了巨大变化，正在从传统的灵活就业向新型灵活就业过渡。从企业用工模式上看，单一的劳动合同用工已经不再是唯一的用工方式，劳务合作、劳务派遣、劳务外包、共享用工等逐步成为劳动力市场雇佣的主要方式。就个人提供劳动力方式而言，自我雇佣、多重就业、独立承包、众包等模式正在挑战传统单一性的雇佣关系（林嘉，2020）。

在涉及平台与通过平台提供服务的劳动者之间的法律关系时，平台运营公司认为平台运营公司不是雇主，劳动者不是雇员，平台与劳动者之间不存在雇佣关系。多数平台将自身定位为提供居间服务的中介组织，通过提供信息服务，撮合服务提供者与使用者之间的交易，从中收取佣金。有的平台也主张平台模式去中介化，认为平台是介于公司与中介机构之间的组织形态，在提供信息服务之外，需对劳动者进行技能培训，以确保服务供给合格。比如，某出行服务公司在服务合作协议第九条中明确约定：与所有提供网约车服务的司机仅存在挂靠合作关系，不存在任何直接或间接的劳动关系，不适用《劳动法》《劳动合同法》《社会保险法》《住房公积金管理条例》等法律法规。又如，某公司在用户服务协议里明确“我们仅提供信息发布平台服务”“您认可，附近平台与您不存在劳务关系或劳动关系，且附近平台无须向您支付任何费用”。据北京市朝阳区人民法院调

研，近年来在互联网平台用工劳动争议案件中，73.4%的平台企业试图通过书面协议排除双方之间的劳动关系（北京法院网，2018）。北京海淀区法院对近年来审理的105件涉互联网平台用工的劳动关系认定案件进行调研后发现，其中确认互联网平台与从业者直接建立劳动关系的案件仅为39件，认定双方未建立劳动关系的案件为58件，认定双方建立劳务派遣关系的案件为8件（北京法院网，2018）。

客观地说，尽管灵活多样的新就业形态在一定程度上顺应了新经济的发展趋势，满足了新型劳动力市场多元化的内在要求，但是，这种去劳动关系化的新型用工关系，不仅提高了整个市场劳动关系认定与协调的难度，而且导致新就业形态劳动者权益难以得到保障和维护。

（二）当前新就业形态劳动就业法律调整的局限性

互联网平台的普遍经营模式为线上服务与线下实体服务相结合，其突出特点是在以“物”为标的的常规网络交易之外逐步扩展出以“劳务”为标的的新型交易形态，改变了相应服务行业的结构和业态。在传统劳务需求方（客户、消费者）与劳务提供方（从业者）相对应的关系中嵌入了互联网平台，通常由劳务需求方借助平台与劳务提供方达成交易。由于平台对从业者大都存在一定程度的规范或指示，造成了双方之间法律关系认定上的模糊。平台往往认为与从业者是信息交易关系或合作关系，而从业者则往往认为与平台构成劳动关系。从本质上看，这种新用工模式呈现出关系灵活化、工作碎片化、工作安排去组织化等特征，与传统上由企业组织生产、工作时间与工作场所相对固定的用工形态相比，差异较为显著，也不同于一般的劳务合同用工和非全日制用工。

第一，新就业形态、劳动就业不同于传统标准劳动关系。传统劳动者的工作对象、地点、时间、方式、内容等存在固定化、程序化、书面化的特点，用人单位对劳动者控制程度较高，组织从属性、人格从属性、经济从属性的特征比较明显。但这些在平台从业人员身上都明显弱化：平台从业者有更加灵活的就业选择、更加独立的服务过程和经营性报酬获取、更加自由的退出机制等。

第二，新就业形态、劳动就业不同于一般的劳务合同关系。理论上对劳务合同关系的界定有一个重要前提条件，就是双方是平等主体之间的合同关系。信息是支撑新业态发展的支柱，劳动者在平台等新业态构筑的信息网络空间工作，产生了不自主劳动，使得平台用工中的双方无法像劳务合同用工双方当事人那样保持身份与人格的独立。

第三，新就业形态、劳动就业不同于非全日制灵活就业关系。尽管新就业形态从业者看似与灵活就业人员的外在特征很相像，但由于其自带生产资料，通过分成改变了劳动者单纯获取工资的受雇地位，加入剩余价值分配当中了。同时，平台从业者的工作准入退出更灵活、工作自由裁量权更大（陶志勇，2018）。

目前，我国劳动法更多的是对标准劳动关系进行界定和规范，对于新就业形态中这种似是而非的“劳动关系”（通常表现为非典型的、非标准的劳动关系），确实无法用现有的法律关系加以简单界定。由于法律滞后，实践中平台与从业者之间的劳动关系认定比较困难，现行劳动法律政策不能很好地满足新就业形态劳动者的权益保障需求。现阶段，很多法院在认定劳动关系时的主要依据是原劳动保障部在 2005 年发布的《关于确立劳动关系有关事项的通知》，它对劳动关系的认定，采取从属性的判断原则。但是，由于平台从业者的工作呈现劳动时间自主安排、自备劳动工具、奖惩制度源自客户评价等特点，平台用工在从属性判断上更为错综复杂，法院在认定劳动关系时，往往难以将从属性的判断标准置于平台用工关系中一一对应，传统劳动关系认定标准在新就业形态领域面临尴尬境地。

（三）不可回避的现实挑战

在现有法律政策滞后且供给不足的情况下，如果任由这种新型劳动关系游离于现行法律框架而恣意发展，势必会影响到整个互联网平台用工的发展模式和劳动力市场格局，在一定程度上造成劳动力市场“劣币驱逐良币”（标准劳动关系被非标准劳动关系所替代或者劳动关系被类劳动关系所替代）的不良效应。同时，我国现有城镇职工养老保险和医疗保险是针对标准劳动关系设计的，社会保险和劳动关系捆绑，存在劳动关系是参保的前提，没有劳动关系不能参加社会保险。由于从业者的各项社会保障均以其和平台之间建立劳动关系为前置条件，平台用工劳动关系确认与否，必然影响到平台是否需要为从业者建立劳动权益保障关系，从而成为引发互联网平台用工劳动争议的焦点问题。平台用工的规范化法治化程度，将影响整个劳动力市场秩序，成为左右平台经济发展的“调节器”。更进一步来看，这种新型劳动关系带来的社会交往方式，表现为平台从业人员线下是陌生人，高度分散，但在线上却因工作同质性高，利益诉求高度一致，极易聚集形成“非正式组织”，对我国工会组织体制乃至整个社会治理提出严峻挑战。鉴于此，2019 年 8 月国务院发布了《关于促进平台经济规范健康发展的指导意见》，明确提出要切实保护平台经济参与者的合法权益，强化平台经济发展法治保障，为平台经济健康发展指明了方向。因此，从未来长远发展看，新就业形态劳动关系规范有序，才是平台经济获得健康长足发展的根本保证。

三、对规范新就业形态法律政策适用的认识

我国新就业形态强劲的发展态势令世界瞩目，网约工在就业人员占比中不断提升，如何界定这一规模庞大的就业群体与互联网平台企业的法律关系，也引起世界各国的关注。新就业形态在创造就业机会的同时，因平台企业不愿承担、少承担用工成本，导致众多网约工权益保障不足，对传统就业形成一定的冲击。在稳就业、保就业的背景下，推进新就业形态创新发展，改善网约工权益，需要社会各方就新就业形态用工法律关系达成一些共识，谋划长远并立足当前。

（一）新就业形态法律关系多样，网约工劳动保障不能模糊

新就业形态究竟新在哪些方面，这并没有标准定义，新就业形态群体

多数人员处境与临时工相同。国内研究有初步共识，基本上是把新就业形态放在新经济情况下考虑，即利用互联网平台或者共享经济创造的就业岗位或者就业机会，这种形式的就业称为新就业形态，新就业形态群体也因此形成。实践中，新就业形态与灵活就业相似度极高，表现为从业者工作时间灵活、工作地点不固定；多数从业者收入较低且不稳定；从业者没有劳动关系或者劳动关系不稳定；从业者没有社保或者保障水平非常低；劳动条件差，工作时间长等。一些研究将新就业形态人群直接归为灵活就业人员。

多数网约工没有劳动关系，这是平台企业去劳动关系化的结果。根据本调研团队三年来的调研，建立稳定的劳动关系、享有社会保险是绝大多数网约工的愿望，这也是平台企业不能接受的。新就业形态中平台企业完全把控着与网约工的关系，坚持新就业形态不应建立劳动关系，网约工来去自由，自愿接受、放弃平台企业用工规则，灵活是新就业形态的特点和优点。

促进新就业形态健康良性发展，需要厘清平台企业的社会职责。从总体上讲，劳动者就业形式越正规，劳动就业的岗位就越稳定，劳动关系就越和谐，而劳动关系和谐是整个社会和谐的根本所系，符合高质量发展的内在要求。因此，以正规就业人数的增长和必要的社会保险参与，作为评估用人单位或者雇主社会责任履行的指标，在新就业形态中同样适用。2020 年新冠肺炎疫情暴发以来，外卖小哥、快递骑手、网约车司机等平台人员一直在奔波，他们不顾个人安危，充当了维系城市运转的“摆渡人”。各级政府规定疫情期间用人单位支付劳动报酬、开展网上培训等政策，以保障劳动者的生存发展和劳动关系的稳定，广大网约工却因企业去劳动关系化，难以进入这些保障，劳动风险不得不由自己承担。疫情促使我们反思一直以来对平台就业的放任态度，随着网约工几乎渗透到了中国经济的神经末梢，鼓励新经济发展，需要探索平台企业、网约工、政府、消费者等多方利益及诉求，但是，新就业形态不应成为免除企业社会责任的挡箭牌。2020 年网约配送员正式进入中国职业大典，这意味着相关部门将加快技能类新职业的职业技能标准开发，增强新职业的就业稳定性，这对外卖小哥等网约配送员显然是利好消息。当前，政府应当引导平台企业与网约工依法有序建立稳定的劳动关系，同时加大失业和工伤等社会保险的改革试点、商业意外险的探索等，适应新就业形态人群多样化的发展需求。

（二）现有劳动保障法律法规具有包容性，从属性依然是判定平台用工性质的实质要件

传统的劳动关系判定标准具有很强的弹性和包容性，为从属性标准提供了基本要义和判断要素。我国坚持确认劳动关系从属性的思路，采用统一标准，沿用《关于确立劳动关系有关事项的通知》有关规定，即成立劳动关系，除双方符合主体资格外，需结合单位与个人之间的人事管理、报酬支付和业务范畴三方面判断从属性。平台经济作为一种新就业形态，网约工在工作时间、工作地点和工作方式上的自由，可能会对劳动关系的认定造成重要影响，但雇佣的从属性并没有实质改变。许多平台企业对网约工单方面施加的规章制度管理、工作服务监督、评级奖惩操作等，正是新业态平台企业对网约工施加的严格控制。平台企业不过是用技术控制替代了传统的人身控制，这种控制体现在技术控制、算法控制、管理控制、市场控制等方面。①

规范新就业形态发展应在从属性要素判断上持包容态度，以优化新就业形态用工环境。在判断劳动关系的诸多要素中，任何一项都是不可或缺的，应考虑全部事实和各项要素。符合劳动关系标准的要认定为劳动关系，引导企业承担社会责任，依法缴纳社会保险，进而保护网约工权益。不构成劳动关系的，亦应从现实出发，对网约工的工资、工时、工伤等权益给予底线保护，而非任由平台“摆布”，使新就业形态成为去劳动关系化的试验场。

---

① 范围在2019年11月中国工运研究所召开的“新业态就业人员劳动关系判别与权益保障专家研讨会”上的发言。

要适用已有制度引导稳定就业，探索新制度，保障新就业形态灵活就业人员权益。当前，认定平台用工有无劳动关系的困扰，不是传统劳动关系认定标准本身出了问题，更多的是劳动法和民法适用的问题，这源于我国认定劳动关系便应有尽有，否定劳动关系则一无所有的劳动保障制度设计。从长远来看，网约工大量增加，若不进入劳动关系，其临时工身份无法实现，如工作时间、休息休假、安全卫生、职业培训等劳动权利。特别是与劳动关系捆绑的社会保险费无从缴纳，导致整个社会保险基金缴纳不足，不仅网约工职业风险缺乏保障，还会波及其他劳动者的保障基础，造成社会保险安全隐患。未雨绸缪，需要对新就业形态社会保险进行行业性评估，探讨将有缴费能力的风险共同体纳入社会保险制度设计，如采取社会保险多雇主缴纳模式[①]，参照劳动法基准维护网约工劳动权益。

（三）新近政策对新就业形态用工关系态度偏于包容，更多体现为促进平台经济就业创业作用发挥

促进平台经济和新就业形态的发展是政府就业优先政策的重要组成部分，面对经济减速，在稳就业保就业任务中，稳新就业形态也是政府的工作重点。

政府对以网约工为主体的新就业形态从业人员与平台的劳动法律关系界定进行了积极探索。《国务院关于大力发展电子商务加快培育经济新动力的意见》《网络预约出租汽车经营服务管理暂行办法》和《网络餐饮服务食品安全监督管理办法》等文件，初步对电子商务从业人员、网约车司机和外卖人员劳动权益保障问题进行了明确，[②] 即网约工可以与平台企业等签订多种形式的劳动合同或者协议。2019 年 8 月，《国务院办公厅关于

---

① 沈建峰在 2019 年 11 月中国工运研究所召开的“新业态就业人员劳动关系判别与权益保障专家研讨会”上的发言。

② 人力资源社会保障部对政协十三届全国委员会第一次会议第 1376 号（社会管理类 106 号）提案的答复，http：//www. mohrss. gov. cn/gkml/zhgl/jytabl/tadf/201812/t20181203_306187. html717823004/2018 -00211.

促进平台经济规范健康发展的指导意见》出台，从五个方面鼓励发展平台经济新业态，并提出要切实保护平台经济参与者合法权益，强化平台经济发展法治保障，抓紧研究完善平台企业用工和灵活就业等从业人员的社保政策，开展职业伤害保障试点。2019 年 12 月，国务院签发的《关于进一步做好稳就业工作的意见》指出，支持灵活就业和新就业形态，要研究完善新就业形态人员劳动用工办法，抓紧清理取消不合理限制灵活就业的规定。总的来看，在就业优先的主基调下，政府对平台经济的发展，从政策制定到监管规范，持较为包容的态度，平台企业与网约工之间可以约定劳动关系或者民事关系，因此，平台企业的去劳动关系化尚未受到影响。

积极释放新就业形态促就业的潜力，对新就业形态人员给予支持和保障政策。有专家认为，随着平台经济的发展，自由、灵活的新就业形态会成为未来的就业趋势，政府应该给平台企业创造一个良好的发展环境，特别是稳定的预期，持续释放平台稳就业潜力。[①] 笔者认为，进一步促进新经济发展，需要全面总结梳理一些大型平台企业的用工形式问题，鼓励、监督其创新发展、良性发展，推动实现高质量和充分就业，改变众多网约工没有劳动权益保障的街头“裸奔”现状。当前，还应警惕平台企业将雇佣关系错误地归类为独立承包人，造成网约工丧失劳动保护、政府丧失平台企业应当承担的社会保险等财政收入等危害。与此同时，要高度重视已经出现的新就业形态侵蚀正规就业的现实，处罚取缔通过减损网约工权益图谋发展的平台企业。

（四）各地尝试新就业形态劳动者权益保护，多地制度值得期待

积极探索将平台企业纳入欠薪保障基金体系。上海、深圳等地通过地方性法规或地方政府规章对欠薪保障制度作出规定，平台企业被列入缴纳

① 摘自张成刚在 2019 年 11 月中国新就业形态研究中心“稳就业与平台经济发展”研讨会上的综述。据平台经济企业介绍，2018 年，阿里巴巴创造了 4082 万个就业机会；滴滴平台全产业链带动 1826 万人就业，其中网约车新就业总量超过千万人。

欠薪保障费的缴费主体范围。

将新就业形态从业人员纳入职业伤害保障范围。从目前地方实践来看，新就业形态人员工伤保险有两种运作模式：一种是山东潍坊采取的纳入工伤保险基金的模式；另一种是通过政府主导，商业保险公司运作的方式建立独立的职业伤害保障模式，江苏南通、吴江、太仓均采取这种模式（索寒雪，2019）。

全面指导新就业形态用工市场。浙江省和成都市[①]从地方性政策层面，就新经济新就业形态人员的劳动关系和社会保险、劳动保护问题作出尝试。2019 年 11 月，浙江省人力资源和社会保障厅《关于优化新业态劳动用工服务的指导意见》出台，内容涵盖总体要求、用工方式、工时制度、保障机制、用工管理、培训服务、预防纠纷、组织实施八个方面。新政对新就业形态从业人员多方利好：一是保障休息权，新业态企业和从业人员协商达成一致意见，可以在劳动合同或者相关协议中明确具体休息休假或者经济补偿办法；二是保障劳动关系、社会保险，平台企业可以为建立劳动关系的从业人员以全省上年度职工月平均工资为基数单险种参加工伤保险，未建立劳动关系的可以灵活就业人员身份先行参加工伤保险；三是明确不同用工方式的权利义务，即使与新业态从业人员签订民事协议的，也应当合理确定平台企业、从业人员、合作单位的权利和义务。

各地还积极探索在制度上兜住底线，为国家层面制定优化新就业形态劳动用工方面的规则提供了有益的实践。

四、优化新就业形态劳动用工的对策建议

进一步促进新经济发展，释放新就业形态吸纳就业潜力，既不能用老思维管卡压，也不能放松监管任由突破。保障新就业形态人员的劳动权益，应当成为促进新就业形态健康发展的重要组成部分。

---

① 2019 年，成都市人民政府办公厅《关于促进新经济新业态从业人员参加社会保险的试行实施意见》（成办函〔2019〕80 号）出台。

（一）加强劳动基准立法

加快制定《劳动基准法》，为各种形式下从事劳动交换的劳动者提供基本的法律保障。随着新就业形态发展，似是而非的劳动关系逐渐增多，识别难度加大，要通过立法，确定劳动报酬和劳动条件等劳动基准，广泛适用于劳动用工，减少关于是否属于劳动关系的纠缠。

（二）落实新就业形态人员具体社保问题

设计适应多元灵活用工形态的社会保障体系，以及囊括不同法律性质劳动用工的社会保险。增加新就业形态人员社会保险险种，从制度上杜绝将该群体直接归为灵活就业人员。一是扩大工伤保险试点，二是增加失业保险试点，二者均以用工为前提，不必拘泥于劳动关系的建立。总结现有平台企业开展工伤保险及商业保险的经验做法，统筹谋划新就业形态人员参加社会保险和商业保险的方式内容。当前，应加大组织网约工加入灵活就业人员基本养老保险和基本医疗保险的力度，鼓励平台企业为没有参加工伤保险的网约工办理健康险、人身意外险等商业险，费用由平台企业多承担。

（三）劳动争议个案处理中劳动关系认定标准适度从宽

互联网平台企业对网约工大都存在一定程度的规范或指示，一旦网约工提起诉请，确认劳动关系几乎成为规定动作，判断从属性依然是处理互联网平台用工劳动争议案件的核心。案件裁审应秉承相对宽容的理念，立足“实质审查原则”，即实际履行与约定不一致或双方未约定的，以实际履行情况认定法律关系，优先或参照《劳动合同法》判别各自权利义务，避免越来越多的网约工成为“临时工”。

（四）加强平台经济政策调整

尽快制定新就业形态稳健发展的用工规则，让平台企业有健康稳定的发展预期。政府应针对新就业形态用工中呈现的问题，制定该群体用工关系界定、职业技能提升、收入待遇保障以及规范新就业形态劳动用工管理等指导意见，定位新就业形态在促进就业中的作用，处理好就业灵活性与稳定性的关系，指引平台企业承担用工责任，避免劣币驱逐良币，推动实现高质量就业创业。

（五）构建社会协同治理格局

落实“政府监管＋平台治理＋行业自律”治理思路。鉴于集体合同在新就业形态普遍推广尚需时日，劳动基准法的适用尚难覆盖至众多网约工，政府相关管理部门应发挥平台的社会属性，约请平台企业及其行业协会、工会组织与网约工代表等，就合理均衡各方权利与义务、改善网约工权益展开社会协商对话，尽快解决网约工工时过长、职业伤害无保障等突出问题，共同谋划新就业形态健康发展和体面劳动的实现路径。

严格依法行政，强化市场监督服务。政府部门提高监管效能，优化服务水平，鼓励真正的创新发展，惩罚违法违规的用工行为和干预扰乱市场的做法，将违规严重者清出市场，以儆效尤，营造市场竞争公平环境。

支持地方实施新就业形态规范用工的新政细则。鼓励更多地方实践适应新就业形态人员的用工和保障新政；允许符合条件的从业者享受灵活就业、自主创业扶持政策；扩大新就业形态从业人员职业伤害保险试点，扩大工伤保险、失业保险参保人员范围。

引导平台企业建立稳定的劳动关系。政府通过负担部分保险资金等鼓励激励手段，支持平台企业与网约工订立劳动合同；引导平台企业、行业协会与网约工、工会组织平等协商，以提供稳定就业岗位为衡量企业履行社会责任的主要依据。

（六）发挥行业协会指导平台企业依法承担社会责任的作用

行业协会出台适合平台企业不同用工类型的指导性意见，明确该行业劳动用工标准。梳理本行业互联网平台用工发展情况，根据派工与接单、全职与兼职、在一个平台与几个平台接活儿、有社会保险与无社会保险等，综合确定劳动关系或其他法律关系标准，为平台企业与网约工提供规范指导，杜绝平台企业使用霸王条款、协议，对用工不规范行为及时予以风险提示和整改督促。

平台企业应依法强化主体责任，提供更多有保障的稳定工作岗位。根据工作强度和全兼职情况等，规范网约工用工管理，厘清双方之间的权利义务关系，提升劳动保护层次，稳定员工队伍，走可持续发展路子，更好地实现企业向好向上发展。

（七）工会加大对新就业形态从业人员的维权服务力度

加大新就业形态领域工会组建力度。落实中国工会十七大报告提出的探索职工网上申请入会等方式，推进工会组织向新兴领域、新兴群体延伸的要求，扩大全总下发《推进货车司机等群体入会工作方案》实施范围，以新就业形态相对聚集的乡镇（街道）、产业园区和商圈商厦楼宇为重点，创新开展工会组建工作，吸引更多的新就业形态从业人员入会。依托党建带工建机制，突破网约工群体入会屏障，将平台企业组建工会和网约工入会工作纳入党建工作的目标考核体系。

探索在新就业形态下开展集体协商的有效形式。探索组织新就业形态从业人员在平台企业制定规章制度和决定重大事项过程中行使民主参与权利。争取从平台从业人员中遴选协商代表，指导其与企业协商改善劳动中不安全的工作条件，协商伤害赔偿和加入社会保险或商业保险计划，协商工资增加或变动的数额比例，扭转以罚代管现象等。集体协议应将订立劳动合同、稳定劳动关系作为方向，提倡平台企业对标劳动基准。

落实维权服务抓手。从网约工职业伤害救助入手，推进入会网约工加入工伤保险，探索工会代收工伤保险费用。申请增加失业保险，试点协调平台企业、网约工、政府乃至其他社会力量出资比例。建立和联系更多的服务网点，为网约工提供防风、挡雨、就餐、歇脚等便利。组织劳动竞赛、职业培训、职称评定、推先评优等，加大对新就业形态中涌现的劳模的表彰力度，提升网约工的职业荣誉感，促进互联网平台经济领域的高质量就业。把握网约工利益需求，采取广大网约工便于掌握的形式宣传法律政策，助其明确与平台企业的关系及权利义务，增强网约工依法维权能力。针对上级工会和产业行业工会对工时过长、伤害无保障等突出问题，通过约谈、审请、支持起诉等方式，亮出工会反对平台企业违规用工的鲜明态度，持续为网约工争取合法权益。

参考文献

［1］张晓松、邹伟．习近平谈“新就业形态”：顺势而为、补齐短板［EB］．新华社，2020 年 5 月 23 日．

［2］中国工运研究所课题组．互联网平台用工劳动关系法律问题调研报告［C］．劳动关系与工会运动研究文选：2017—2018．北京：中国工人出版社，2019．

［3］中国工运研究所课题组．关于共享经济平台网约工劳动权益保障的研究［C］．劳动关系与工会运动研究文选：2017—2018．北京：中国工人出版社，2019．

［4］汪雁．共享经济平台下的网约工劳动权益保障研究［C］．劳动关系与工会运动研究文选：2017—2018．北京：中国工人出版社，2019．

［5］林嘉．以法律与制度供给保障新业态从业者劳动权益［N］．工人日报，2020 年 6 月 15 日．

［6］胡磊．面向经济新常态的企业和谐劳动关系构件研究［J］．中国劳动，2015（8）．

［7］陆敬波．匹配与平衡——新就业形态中的劳动保障问题［C］．“领会新要求 聚焦新重点 发展新动能”推进新就业形态创新发展研讨会上的发言．中国新就业形态研究中心整理．

［8］张成刚．就业变革：数字商业与中国新就业形态［M］．北京：中国工人出版社，2020．

［9］张成刚．新就业形态的类别特征与发展策略［J］．学习与实践，2018（3）．

［10］姜颖．主动应对疫情挑战 推动劳动法律体系不断完善［N］．中国劳动保障报，2020 年 5 月 16 日．

［11］郝建彬．数字经济下新就业形态顶层设计的思考［N］．中国劳动保障报，

2017 年 8 月 23 日.

［12］陶志勇．新就业形态从业人员权益保障问题探析［J］. 中国工人，2018（6）.

［13］腾讯科技．滴滴 CEO 程维：网约车业务需求已恢复去年同期水平［OL］. https：//xw. qq. com/c/tech/20200608005110000.

［14］北京法院网．互联网平台用工劳动争议审判白皮书［OL］. http：//bjgy. chinacourt. gov. cn/article/detail/2018/04/id/3261190. shtml.

［15］索寒雪．人社部为新业态探索新型职业伤害保障［OL］. http：//finance. eastmoney. com/a/201907271189957584. html.

新就业形态经济组织的工会工作创新

闫永飞*

摘　要： 作为新技术、新业态、新模式在就业领域的反映，新就业形态与传统就业方式最大的区别就是用工单位与劳动者不再拘泥于传统的雇佣和被雇佣关系，劳动者一般也不局限于某一个就业岗位，不隶属于某一企业单位。这部分劳动者，因其劳动关系和职工身份的模糊不清，也造成传统的工会组织形态很难将他们吸纳进来，为此需要我们破除传统观念，突破“以工资收入为主要生活来源或者与用人单位建立劳动关系”的限制，赋予新就业形态从业人员组建和加入工会组织的权利，在原有的以企业工会为主的基层工会组织形态的基础上，探索以区域性、行业性工会联合会为突破口的新型基层工会组织形态，力求最大限度地把职工群众吸纳到工会组织中来。

关键词： 新就业形态　基层工会组织　工会改革创新

一、新就业形态经济组织用工状况和建会入会情况

（一）新就业形态经济组织用工状况

新就业形态经济组织大量使用外包、众包、兼职等用工形式。外包是

---

* 闫永飞，中国工运研究所工运理论研究室副研究员，主要研究方向为马克思主义发展史、国际共运史、中国工运史。

指企业将业务层层分拆出去，分包企业往往不与劳动者签订合同，而是签订劳务合同或实行劳务派遣。众包是个体劳动者在平台上注册，通过抢单或者派单来接受和完成工作任务，没有固定的劳动时间，近似于兼职和临时工，劳动者与平台不签订劳动合同，双方是一种比较松散的合作关系。兼职在网约车等领域比较普遍，一般只签订劳务合作协议。典型的行业如下。

网约送餐行业：大量使用外包、众包的形式，有些平台公司还有少量自有骑手。据调查，2018 年上海饿了么平台自有骑手仅 100 人左右，而上海市各区饿了么的骑手总量约为 10 万人，其中外包骑手（即属于第三方公司的骑手）有 2.2 万人，属于众包的有 8 万人。

网约计程车行业：以滴滴出行为例，平台与驾驶员有两种合作方式：一种是私家车加盟，在平台注册，接收订单，这类驾驶员以兼职居多，上海市约有 6 万人；另一种是通过租赁公司加盟，个体驾驶员从租赁公司承租或者以分期贷款方式购买车辆，双方签订协议，但没有限制性条件。出行行业还有一种情况是驾驶员与原单位签订劳动合同，以首汽约车为典型代表。首汽约车平台在全国有 2 万名司机，其中有 8000 人是由原来传统的正规出租车公司转化而来的，属于劳动合同关系，其余部分属于劳务派遣工，但用工方式与传统的出租车公司相似。

快递行业：非公有制快递企业主要采取直营和加盟两种经营管理模式。顺丰、宅急送主要采取直营模式，“四通一达”则以加盟模式为主。顺丰公司劳动合同式用工占比达到 59.3%，劳务派遣用工占比达 32.1%，业务外包式用工也达到 8.6%。除顺丰以外的其他公司，加盟商只与少数管理人员签订劳动合同，一线快递员不与加盟商签订劳动合同已成为“潜规则”。中国国防邮电工会 2017 年的调查显示，90% 快递从业者没有劳动合同，加盟店的快递员社会保险覆盖面低于 20%。

（二）新就业形态经济组织的建会情况

根据调研，知名平台企业总部工会建会做得比较好的相对较少，只有个别企业，如饿了么、顺丰等企业建立了工会。

上海饿了么公司：根据本调研团队 2018 年的调查，饿了么平台在全国有 22 家分公司，员工 1040 名，位于上海普陀区的饿了么总部有职工 560 名。经过上海市普陀区总工会的多次调研、沟通、宣传推动，饿了么公司于 2017 年 5 月同意建会，经过筹备，6 月正式建立工会。第一批 100 余名劳动合同用工形式的总部行政管理人员、技术人员加入了工会。饿了么平台上第三方公司的送餐员有 2.2 万人，但是普陀区 30 多个送餐站点的所属企业没有一家在区内注册，为了适应这种特殊性，上海市普陀区总工会与上海市总工会推动饿了么共同参与建立了外卖送餐员联合工会，将该平台所使用的部分众包骑手和第三方公司骑手纳入了工会。他们的工作方法是：第一，在宣传倡议阶段，工会提出“先工作覆盖，后组织覆盖”的思路，为站点配备药箱，建立户外职工驿站，发放高温慰问品，通过一系列活动，解决送餐员的实际困难，并线上线下宣传工会，使送餐员形成建会入会的意愿。第二，利用上海市“两非一无”（非正规就业、非标准劳动关系、无建会企业）政策，宣传入会十大服务项目，吸引了 400 余名送餐员入会，针对送餐员的特殊情况，创新建会形式，建立了街、镇网约送餐员联合工会。2017 年 11 月，普陀区五个街镇的网约送餐员联合工会全部组建成功。在此基础上，联合工会采取代表制联合制方式，组成普陀区网约送餐员行业工会联合会第一届委员会，网约送餐员行业工会联合会选举产生主席、副主席，主席由普陀区总工会副主席兼任，饿了么公司工会主席、某街道总工会副主席、市场监管局食品安全监管科领导任副主席。网约送餐员行业工会联合会之所以得以建立，在很大程度上有赖于上海市总工会出台的针对“两非一无”劳动者的政策，对这类人员入会给予经费补贴。联合工会的形式也是工会针对平台从业者入会问题作出的新探索。

顺丰速递公司：根据 2016 年中国国防邮电工会的研究报告，顺丰公司共有 46 家独立法人公司，其中 40 家已获当地上级工会批复成立工会，占比 87%，会员约 18 万人，入会率达 58%，配备专职工会工作人员 213 人。在坚持属地管理原则的基础上，顺丰公司形成了“集团工会—工会片区派驻组—分公司工会—基层工会小组”的组织架构。工会大力开展帮扶和温暖人心工作，普遍开展了冬送温暖、夏送清凉、金秋助学等品牌活动，顺丰公司2015年投入的资金达2142万元。根据全总信息中心的资料，目前顺丰工会会员人数达30余万人，约占员工总数的八成。由于顺丰公司采用以直营为主的经营方式，而其他快递公司一般都是采用以加盟商为主的模式，因此顺丰公司的建会方式在快递行业不具代表性。可见，平台组织建会和工会工作开展情况在很大程度上依赖于企业的经营方式。随着平台组织形式的演变和工会组建工作的进一步加强，从平台公司总部到分公司“整建制”建会这种方式仍然有可能得到推广。但是根据调研，目前一些地方工会反映，它们很难参与到顺丰分公司的工会活动中。

重庆南岸区“沙师弟”货车司机（网络）平台：“沙师弟”是一个服务于货车司机的互联网平台，通过手机应用软件提供服务。2017年，其提出了建立工会的筹备方案。入会方式是个人网上申请，经过审核后办理入会手续。会员每年缴纳会费120元。工会经费的其余部分，一方面来自自筹；另一方面来自政府和企业、事业及机关单位的补助，目前主要是上级工会的补助。“沙师弟”平台上有重庆南岸区1700多名司机，是发展工会会员的主要对象。“沙师弟”货车司机工会的建立及开展活动，都是在上级工会的指导下进行的。工会依托网络，线上线下相结合，提供的主要服务包括：技能提升、法律维权、困难帮扶、工会活动等。总的来看，该工会的建立在经费上得到了上级工会的支持，提供了基本保证；网络平台与上级工会密切配合，得到了较多的指导，能确保建立健全的制度；会员覆盖的范围为重庆南岸区，与目前关于行业工会的规定没有冲突，是一种有益的探索。

（三）各级工会为吸引新就业形态从业人员入会进行的改革创新

互联网、人工智能等新技术革新正在改变传统的就业方式，职工就业的形态日益多样化，比如外卖小哥、网约车司机、App预约上门私人厨师，还有物流运输平台上的货车司机，等等。根据中国海员建设工会2017年的调查，全国有货运司机1898.2万名，占全国2100万名货运从业人员的90.4%，其中76%为农民工。把以农民工为主体的新就业形态从业人员吸纳到工会组织中来，对于提升农民工入会工作、扩大工会组织有效覆盖、密切工会与职工群众联系、巩固党执政的阶级基础和群众基础具有重要意义。

面对企业组织形式和职工就业方式带来的新课题，全国总工会和各级工会坚持党建带工建，创新手段载体，强化维权帮扶，确保货车司机等八大群体入会工作全面推进、落地落实。2018年3月，全国总工会下发《推进货车司机等群体入会工作方案》，以开展“货车司机入会集中行动”为牵引，大力推进货车司机、快递员、护工护理员、家政服务员、商场信息员、网约送餐员、房产中介员、保安员等八大群体入会，实现了农民工入会工作的新提升，有效推动了工会组织向新兴领域、新兴群体的延伸。

2018年10月29日，习近平总书记在同全国总工会新一届领导班子成员集体谈话时强调，工会要通过多种有效方式，把快递员、送餐员、卡车司机等灵活就业群体、各类平台就业群体吸引过来、组织起来、稳固下来，使工会成为他们愿意依靠的组织。这些重要指示，为加强基层工会建设特别是推进货车司机等群体入会工作指明了方向、明确了任务。全国总工会和各级工会组织迅速把思想和行动统一到习近平总书记重要指示精神上来，把推进货车司机等八大群体入会作为一项党中央交办的重要政治任务来抓。全国总工会基层工作部积极履行组织货车司机等群体入会工作的牵头职责，与中国教科文卫体工会、中国海员建设工会、中国国防邮电工会、中国财贸轻纺烟草工会等保持经常性联系互动，并多次联合开展调研，联合举办会议等活动，集体研商、共同谋划推进八大群体入会工作。中国海员建设工会加强与交通运输部有关司局沟通联系，推动交通运输部与全总联合发文，共同推进在全国建设一批功能实用、服务货车司机的“司机之家”。中国国防邮电工会联合国家邮政局宣传贯彻《快递暂行条例》，推动建立了一批“会、站、家”示范点，吸纳外包快递员入会。中国财贸轻纺烟草工会通过召开全国家政行业工会组建及家政服务员权益状况调研会等措施，积极推动家庭服务行业工会建设和商场信息员入会。中国教科文卫体工会围绕护工护理员入会，在北京、河南、福建等地开展重点调研，摸清行业状况，提出意见建议。经过努力，初步形成了全国总工会有关部门和相关全国产业工会各司其职、合力共推的工作局面。各级工会也把组织货车司机等群体入会作为重要政治任务，不断强化责任意识和担当意识，创造性地推动工作。

2018 年 12 月 27 日，全国总工会在广州召开全国工会推进货车司机等群体入会工作现场经验交流会。全总党组书记、副主席、书记处第一书记李玉赋同志出席会议并在讲话中指出，推进货车司机等群体入会，既是工会组织向新兴领域新兴群体延伸、适应工会工作实践发展的现实需要，也是工会聚焦“抓重点、补短板、强弱项”，夯实工会基层基础的内在要求。2020 年 7 月 9 日，全国总工会在北京召开推进八大群体入会工作研商会。全总书记处书记、党组成员、组织部部长张茂华同志在会上指出，要准确把握货车司机等新型从业群体给工会组织建设带来的新情况新挑战，积极适应工人阶级队伍的变化，探索货车司机等群体加入工会的多种组织形式，着力破解制度性、政策性难题，推进这项工作取得新进展。

全总党组、书记处的重视支持和示范引领，有效带动了各级工会对标对表、自加压力，把八大群体入会工作落实做细。在全国总工会的领导下，一些地方工会为吸引新就业形态人员加入工会组织，在以下几个方面进行了探索创新。

创新建会机制。例如，广东省总工会根据“三新”领域不同行业的特点，因地制宜，因业制宜，创新组建方式方法。抓住关键“牵头建”，重点突破规模以上龙头企业单独建会和行业标杆型网络平台自身建会，通过企业（平台）总部规范建会，发挥示范带动作用，加强对下属企业建会的指导。借力行业“依托建”，依托省市快递、货运、网约车等“三新”行业协会组织，重点推进行业工会联合会建设。立足区域“联合建”，在企业（网点）相对集中的区域，如物流园区、创业园区、港口码头站场、快递电商货运公司聚集区等，按照联合制代表制原则建设行业性、区域性工会联合会，扩大对“三新”领域企业的有效覆盖。探索职工“就地建”，发挥乡镇（街道）、村（社区）工会的作用，吸收所辖区域内“三新”领域从业人员加入工会，会员达到一定人数再建立单位工会。

开通网上申请入会的渠道。其目的是解决职工想要入会但又很难向企业提出要求，在现实中找不到工会组织的问题。例如，上海市总工会 2014 年 9 月开通了微信公众号，2016 年 4 月开通了移动客户端 App，到 2018 年 5 月，通过网上申请入会的有 14369 人，实现入会的大约有 1 万人，绝大多数都成为街道、镇联合工会的会员。河南省郑州市总工会以推动职工网上入会为突破口，通过微信公众号“我要入会”等专栏，方便快捷地吸收灵活分散就业人群入会。广东省深圳市盐田港口汽车运输业工会联合会建立微信公众号，开设“微官网”，实行“微服务”，涵盖求职招聘、困难帮扶、考证补贴等近 20 项服务，吸纳实名注册司机会员 1.1 万人。

企业外单体入会。该工作是针对“两非一无”（非正规就业、非标准劳动关系和无单独建会工会人员）劳动者的专门政策，其目的是在没有劳动关系的情况下，吸引这部分劳动者入会。根据上海市的经验，对这部分劳动者，先吸纳他们加入社区和街道的工会组织，当单个企业人数达到 25 人以上时，倒逼企业建会。这种做法依赖于对非正规就业人员给予工会经费补贴。在上海市，个人每年缴纳工会会费 120 元，上海市政府和市总工会分别给予 180 元和 120 元的经费补贴，保障了这部分会员的工会经费。

此外，一些地方工会组织主动推出了以潜在会员为对象的工会服务项目，满足灵活就业人员、户外工作者的实际需要，扩大了工会的影响，有利于吸引劳动者建会入会。例如，上海市的一些区总工会建立了户外职工爱心接力站，为送餐员、快递员、环卫工、出租车驾驶员、物流运输职工等人员提供户外休息场所。提供的服务内容非常广泛，包括了充电、取暖、饮水和阅览的场所，还有冰箱可以供存放盒饭。服务的对象包括全体在户外工作的职工，包括非工会会员，通过主动为他们提供服务，能逐渐增强工会的吸引力，扩大工会的影响力。湖北省总工会继续抓好中小企业和乡镇（街道）、社区职工服务中心等实体阵地建设，新建“爱心驿站”300余家。广东省总工会与交通、公路、交警等管理部门以及货运、物流、石油销售等企业联合建设“司机之家”20余个，为货车司机提供休闲休息、淋浴梳洗、免费Wi－Fi等服务。

最后，各级工会还深入基层，进一步畅通传统入会渠道，提升服务质量。例如，北京市总工会开展“双沟通、促建会、抓规范”专项行动，组织人员深入社区、楼宇、园区、市场、工地等“八大群体”密集区域摆摊设点、主动推介，现场吸纳货车司机等群体入会。江苏省总工会在就业服务中心、劳务市场开设入会窗口，及时便捷地组织职工入会，并通过开展建会挂牌、集体入会仪式等增强了入会归属认同感。安徽省总工会建立和推行“一函两书”（《工会组建函》《工会组建法律监督整改意见书》《工会组建法律监督整改建议书》）制度，依法维护职工参加和组织工会的权利。江苏省南京市总工会在乡镇、社区开设了货车司机入会和利益诉求、劳动争议调处服务窗口，在市劳动人事争议仲裁院开设货车司机法律援助仲裁服务工作站，免费为货车司机提供法律援助。经过努力，截至2018年底，山东、广东、广西等省（自治区）新发展八大群体会员均超过20万人；非公快递业职工入会率实现了25%以上的增长，顺丰速运和宅急送两家以直营模式为主的企业职工入会率达60%。

二、新就业形态人员建会入会存在的主要问题

（一）对新就业形态人员身份、劳动关系属性认识不清楚是主要思想障碍

当今社会已经从工业时代过渡到网络时代，互联网与各领域的融合发展成为不可阻挡的时代潮流，对经济社会发展产生着全局性的影响。特别是新形势下企业组织形式和职工就业方式发生深刻变化，货车司机、快递

员等以网络、平台为媒介的新就业形态从业群体大量出现，这是改革开放不断深化的产物，同时也给工会工作带来了新课题，其主要表现在：企业扁平化、平台化，雇主身份不清；从业人员个体化、分散化、劳动关系复杂；企业与职工、职工与职工之间的沟通信息化、碎片化，组织联系松散。这部分群体的工会入会率与传统产业工人相比存在较大差距，是工会基层工作的薄弱环节和突出短板所在。要扩大工会组织在新就业形态经济组织中的覆盖面，首先需要解决的是部分工会干部对新就业形态人员身份、劳动关系特征认识不清楚和观念不适应的问题。

（二）新就业形态人员工作方式的分散性是建会难、入会难的客观原因

据调研，新就业形态有很多优点，比如，从业的空间和时间更加自由，对于增加就业有很多的促进作用。但多样化、灵活化、碎片化的用工模式，也导致劳动关系比较难以界定，劳动标准难以适用，劳动权益保障比较困难，特别是在建会入会方面，造成了很多困难。一方面，由于新就业形态的特点，其从业人员工作时间和工作地点不确定，工作不稳定，流动性大，而且新就业形态从业人员中农民工较多，跨省市流动频繁，这可能导致刚把这部分人发展入会就流失了。另外，采用新就业形态的平台企业本身变化快、存活期短，影响地方工会在平台企业组建工会的积极性。另一方面，过去工会主要按照属地就近原则，以地域、单位（企业）为主的建会模式在新就业形态下遇到了挑战。由于平台企业的活动范围早已打破了地域限制，加之很多平台企业经营地与注册地不在一地，而且经营地有可能分布在不同区域，地方工会很难联系进入平台企业宣传建会。即便推行职工“企业外单体入会”，待会员达到一定数量后，符合单独建会标准时，最终目的仍是督促指导企业筹建工会，仍是以企业建会为主，建立的工会形式仍是以企业工会为主。但是，如果网约工没有所属企业单位又如何建会？平台企业建会与传统的属地管理之间的矛盾非常突出。所有这些问题，说明工会过去的一些工作方法存在很大的不适应性。因此，要改

变现有的依托企业、地区建立工会组织、发展工会会员的做法，探索新的工会组织形式和工作方式。

（三）新就业形态人员利益诉求的多样性、特殊性，造成对工会的认知度、需求度不高

随着互联网信息技术日渐成熟，共享经济、数字经济迅速崛起，为广大企业特别是民营企业创造了新的发展机遇，也为货车司机、快递员等群体发展壮大提供了土壤。据国家信息中心数据统计，截至2018年底，货车司机等服务共享经济的群体人数约7000万人（其中货车司机约有2000万人），且呈增长趋势，他们已经成为一支规模庞大的新型劳动大军。然而，物流货运、快递等行业进入门槛低、无序竞争多，从业人员劳动强度高、工资待遇低、工作时间不规律，容易引发矛盾纠纷和风险事故。同时，货车司机等群体的利益诉求趋同、网络互动频繁、行业聚集效应明显，如果不及时有效地把他们组织到工会中来，团结凝聚在党的周围，就会给一些所谓的“维权”组织以可乘之机，给劳动关系和谐乃至社会稳定埋下隐患。

新就业形态从业人员中农民工多，从农村进入城市打工，对城市不了解，对工会更没意识。从业人员异地就业流动性大，就业不稳定，也不会考虑入会。对他们而言，做一天公平的工，挣一天公平的钱是其主要目的，很少会有比较长远的打算。同时，新就业形态从业人员平均年龄低，“90后”“00后”对工会认知度很低，甚至误把工会看作老板们用来控制他们的工具。这些劳动者往往存在疑惑：为什么要加入工会？加入工会有什么好处？这反映出工会开展相关宣传不够，关注和解决这部分人的实际需求不够。在这种情况下，工会怎么联系职工、吸引职工、发展会员，是需要工会研究解决的问题。只有最广泛地把新就业形态从业人员吸收到工会中来，通过精准服务、依法维权和教育引导，使大家共建美好生活，共享发展成果，才能为推动构建和谐劳动关系、促进经济高质量发展和社会稳定作出工会组织应有的贡献。

（四）新就业形态经济组织中工会工作推进和创新力度有待加强

目前，一些地方和群体的新就业形态从业人员的工会工作不平衡，建会入会工作已全面铺开并取得较大进展，但另外一些地方和群体则尚未打开工作局面，创新办法不多，货车司机、快递员、保安员等群体入会工作进展较快，护工护理员、网约送餐员等群体入会工作还相对滞后。针对新就业形态的会员会籍管理尚待规范，受经济形势的影响，一些中小企业关停并转，农民工返乡回流增多，而会员会籍管理工作还没有适应会员流动分散的情况，造成部分会员流失，组织以农民工为主体的货车司机等群体入会难度相应加大。新就业形态从业人员工会工作经费保障不足，货车司机等群体大部分为无固定用工关系人员，推进相关工作没有工会经费来源，仅靠上级工会补贴难以持续。

目前，实践中劳动者依托村、居、园区、街面、楼宇等联合工会“企业外单体入会”的，大多面临工会经费问题。例如，饿了么平台网约送餐员联合工会属于送餐员单体入会，没有所属单位，即使有，也不在工作地，所以由企业缴纳的工会经费处于空白状态，建会后存在工会活动服务受制于工会经费紧张难以开展的问题。行业工会除了上级工会拨款，很难有其他经费来源。虽然2020年全国总工会下发的《关于加强和规范区域性、行业性工会联合会建设的意见》第二十三条提出，要建立区域性、行业性工会联合会建设专项经费，并列入本级工会年度预算，保障工会联合会正常运转。但是该意见并没有赋予区域性、行业性工会联合会像企业工会那样以职工工资总额的2%作为工会经费，当然，由于新就业形态从业人员不是典型意义上的工资劳动者，所以也不存在职工工资总额这个项目。

平台企业基于互联网技术，不受地域空间限制，多是集团型、总部型的企业，跨区域经营，在全国各地设有分支机构。因此，平台企业虽然注册在一个地区，经营范围却远远超过注册地的区域，注册地的工会对经营地在其他区域管辖范围的平台企业情况不了解，而且平台企业由于发展快，经常更换办公地点，注册地工会也很难及时了解企业在哪儿办公。平台企业不属于区属企业，如滴滴出行、美团点评，注册地的地方工会根本没法协调，工会成立后，怎么进行有效管理和服务、工作怎么做、权益保障做什么都不清楚。相关工会一没经费二缺会员，在平台企业建会入会中，行业工会如何发挥作用，条块如何结合、协同配合？市级行业工会与区域工会的职责怎么划分定位？另外，现在的平台企业很多是跨行业经营，该由哪个行业工会负责？这些都是问题，需要研究明确。虽然全国总工会《关于加强和规范区域性、行业性工会联合会建设的意见》已经打破了行业工会区县级的限制，提出“城市工会可根据本地区域、行业发展情况，从实际出发，探索在市级建立行业性工会联合会”，但是在全行业建立工会联合会的限制依然存在，而很多问题确实是需要在全行业范围内协调。

（五）现行的劳动和工会法律法规存在欠缺，相关法律法规需跟进完善

《网络预约出租汽车经营服务管理暂行办法》和《北京市网络预约出租汽车经营服务管理实施细则》规定平台公司应当与驾驶员依法签订劳动合同或者协议。该规定认可平台与驾驶员之间可以是劳动关系，也可以是民事关系。现实中平台用工形式复杂，规避法律现象严重。平台用工出于成本管理等考虑，规避与从业人员签订劳动合同建立劳动关系。平台企业一般认为与从业人员属于居间服务关系、劳务关系、合作关系等，大多都否认双方存在劳动关系。目前，我国关于加入工会的条件规定是“以工资收入为主要生活来源或者与用人单位建立劳动关系”，如果根据这条规定，以灵活就业为主的新就业形态从业人员也确实难以加入工会组织。平台企业认为其与从业人员没有劳动关系，所以也不存在平台企业建会入会的问题。平台企业与劳务提供者到底是何种法律关系，目前各方认识不统一，司法实践中对平台用工中劳动关系认定也有差异。总之，随着新就业形态

的不断发展，各平台的经营模式和用工方式有很大的差异，其劳动关系和民事关系的界限也很难判定，对平台从业人员属于劳动者身份或经营者身份存在较大的分歧，亟须国家出台相应法律法规政策以促进平台企业等新就业形态经济组织的健康发展。

三、推进新就业形态工会工作创新的对策建议

（一）加强对新就业形态经济组织的规范和监管

在平台企业基层工会组建方面，不仅平台的从业人员没有或很少加入工会组织，甚至连平台企业总部本身的员工都很少组建或加入工会组织。换言之，许多平台企业正式雇佣的，与平台企业建立标准劳动关系的总部正式职工尚且面临无工会组织可以加入的窘境，更何况那些依托平台实现就业的自雇型劳动者。在劳动用工方面，平台企业为缩减用工成本，大多会否认与平台从业人员存在劳动关系，把事实上的劳务派遣用工伪装成劳务合同用工，规避了为劳动者缴纳社会保险等社会责任。因此，笔者建议，应进一步完善劳动法律法规，明确劳动关系的界定，建立健全共享经济新就业形态的劳动标准体系，因地制宜，因行业而异，逐步完善社会保障体系，加快完善共享经济行业监管体制与机制，积极加强严格执法，促进企业和有关单位落实各项劳动法规政策等。在建会入会方面，应督促人力资源和社会保障部门与其他相关业务指导部门加强对平台企业的规范和监管，对平台企业应承担的社会责任进行较为明确的界定；同时还应督促平台企业在集团总部建立工会组织，并由总部工会或集团工会带动其平台从业者建立工会组织。总之，平台企业不能成为“法外之地”，不能成为“资本狂欢的夜场”。

（二）充分发挥上级工会的作用，最大限度畅通新就业形态从业人员建会入会的渠道

要充分发挥上级工会的沟通协调作用，创新建会入会工作理念，拓宽工会组织发展思路，把组织新就业形态从业人员建会入会的过程转化为发现问题、瞄准问题、研究问题、解决问题的过程，从深入调查摸底到认真研究谋划，从夯实组织基础到积极发挥基层工会作用，从依法推进建会入会到运用“互联网＋”吸引职工建会入会，以“钉钉子”精神做实做细做好各项工作，不断破解难点痛点堵点，通过组织货车司机等八大群体建会入会带动新就业形态从业人员入会，加强基层工会建设工作的全面发展。同时，可以在全国范围内逐步推广“网上建会入会”通道，使平台就业人员通过 App 就可以便捷地在各地找到工会组织，轻松享受到工会提供的各项惠民服务。基于目前已有的条件，可以先通过“网上登记入会，线下审核通过；网上选择服务项目，线下接受工会服务”等方式推动“网上工会”建设。

（三）进一步发挥区域性、行业性工会联合会的基层工会组织作用

相对于传统企业的就业人员，新就业形态从业人员的工作时间和工作地点是不确定的，劳动关系的认定也很不容易。另外，由于新就业形态从业人员工作场所和职业更换频繁，跨地区流动规模和速度较大，即便勉强把他们吸引到工会中来，也可能刚发展入会就又流失了。这些问题导致单纯依靠过去那种以单位（企业）为主的建会模式往往难以有效覆盖新就业形态从业人员。因此，笔者建议，通过加强区域性、行业性工会联合会建设来实现对已入会的平台从业人员的二次覆盖。对那些暂时还没有条件加入工会的平台从业人员，通过工会联合会的活动来接触和吸引他们，让他们对工会组织有所了解、产生兴趣，进而激发他们创建工会的热情，使区域性、行业性工会联合会成为吸纳会员入会的主要渠道之一，真正推进新

经济组织和新社会组织的工会组织建设。

制约区域性、行业性工会联合会发展的瓶颈，主要是由于基层工会的地位不明确导致其工会经费的收缴渠道和使用办法不清晰。这一问题的出现在很大程度上是由于新就业形态从业人员不是严格意义上的工资劳动者，也就不存在工资总额的概念，因此即使平台从业人员被组织到工会联合会中来，其工会经费的收缴和使用方式仍需要进一步探索。但是，2018年新修订的《中国工会章程》在基层组织中新增了“从实际出发，建立区域性、行业性工会联合会，推进新经济组织、新社会组织工会组织建设”的条文，初步明确了“区域性、行业性工会联合会”的基层工会地位。全国总工会于2020年下发的《关于加强和规范区域性、行业性工会联合会建设的意见》进一步明确了区域性、行业性工会联合会的基层工会组织地位，指出区域性、行业性工会联合会是基层工会的一种组织形式，是由若干个单位在各自成立基层工会组织（基层工会委员会、联合基层工会委员会或基层工会联合会）的基础上，在一定的区域或行业范围内，按照联合制、代表制原则建立的区域性、行业性的基层工会的联合体。该意见第十三条更是明确指出：具备条件的区域性、行业性工会联合会，要在上级工会的指导下，及时登记取得社团法人资格，开设独立工会经费账户。在这种有利条件的支持下，可以在个别地区试点把区域性、行业性工会联合会作为工会基层组织进行管理和运作，或者可以社团法人的资格独立从事服务职工的各项活动，而开设独立工会经费账户也为日后探索新就业形态从业人员工会经费的收缴和使用打下了良好基础。

（四）发挥龙头企业的带动示范作用，通过平台企业总部（集团）工会实现对平台从业人员的“先服务，后组建”

新就业形态从业人员大多数是外来农民工，学历普遍偏低，年龄普遍偏小，与在平台企业总部就业的技术工人和白领工人相比，组织性和纪律性较差。因此，要加大对这些人员的宣传力度，提高他们的组织意识，首先要在平台企业总部建立工会组织，发挥总部（集团）工会的示范带动作用，让平台从业人员看到加入工会组织的好处，提高新就业形态从业人员的建会入会意愿。另外，还要发挥好工会的服务职能，不能因为新就业形态从业人员还没有加入工会就不关心他们，而是要形成“先服务后组建”的工作模式，通过平台总部（集体）工会和地方工会的各项服务来增强平台从业人员的入会意愿。2018 年 9 月，全国总工会下发《关于企业集团建立工会组织的办法》，这在一定程度上明确了企业集团工会的建立、组织领导关系和工会经费收缴方式等，对企业总部（集团）工会的职权界定和作用发挥有很强的指导作用。

（五）加强相关法律法规和章程条例的建设

《工会法》规定：中国境内的企业、事业单位、机关中以工资收入为主要生活来源的体力劳动者和脑力劳动者，不分民族、种族、性别、职业、宗教信仰、教育程度，都有依法参加和组织工会的权利。这一条款对劳动者参加和组织工会设置了三个限制性条件：一是就业部门的限制。能够参加和组建工会的劳动者应当就业于企业、事业单位及机关。也就是说，只有在正规部门中就业的劳动者才有主体权利，隐形地排除了通过互联网平台实现就业的非正规部门的劳动者。二是收入性质的限制。通过互联网平台就业的劳动者获得的收入可称为“劳动收入”，但很难被称为“工资收入”，因为并没有用人单位给他们发放工资。三是劳动关系的限制。与用人单位建立劳动关系是劳动者加入工会的一般原则，会员关系需随劳动关系建立和流转。新就业形态从业人员显然难以满足以上三个隐形限制性条件。

全国总工会 2020 年下发的《关于加强和规范区域性、行业性工会联合会建设的意见》明确了区域性、行业性工会联合会的基层工会组织地位，这为劳动关系不明确、没有固定雇主的新就业形态从业人员组织和加入工会打开了一个缺口。但是，要打破依靠企业单位建立基层工会的传统，仅靠劳动者个人联合起来组建基层工会，还是难以实现的。《工会法》明文规定工会是职工自愿结合的群众组织。但《工会法》第十条规定，企业、事业单位、机关有会员25人以上的，应当建立基层工会委员会。建立工会组织的主体应该是企业、事业单位、机关，而非其他，而在实际运作中长期以来也正是如此，即主要依靠企业单位建立工会，职工个人想组建工会，基本上是受理无门的（杨鹏飞，2017）。

我国《工会法》的立法初衷是与正规就业和标准用工相适应的，以《工会法》为基础形成的以企业工会为主的基层工会组建形式，能够有效团结和带领以“产业工人”为主体的职工队伍，但对于新就业形态从业人员的“职工”身份认定及参加和组建工会，则需要进一步完善立法。对此，笔者建议，对这些主要在企业外实现就业的新就业形态从业者而言，如果想要把他们吸引和组织到工会中来，那就需要在企业工会组建形式之外寻求新的突破。在坚持以企业工会为主要组建方式的前提下，基层工会的组建方式可以在行业工会、社区工会，甚至是“网上工会”等方面，进行更多法律法规和章程条例上的创新。一方面，可以探索在各平台企业组建总部（集团）工会的基础上，成立省市层面的行业工会（或职业工会），覆盖所有专兼职人员；另一方面，可以在原有的以企业工会为主的基层工会组织形态的基础上，探索以行业工会和社区工会为突破口的新型基层工会组织形态（闫永飞，2020）。

参考文献

［1］杨鹏飞．职工企业体制外单体入会的制度创新及其深化［J］．工会理论研究（上海工会管理职业学院学报），2017（2）．

［2］闫永飞．论“工人阶级”“产业工人”“职工”概念的历史演变［J］．工会理论研究（上海工会管理职业学院学报），2020（5）．

新就业形态下的劳动标准探析与构建

孙 岩 邹卫民 施 思*

摘 要： 基于“网络平台”的工作已成为近年来广受关注的劳动力市场发展趋势之一，形成了依托信息技术实现劳动力供给与需求实时匹配的新就业形态。在新就业形态中，劳动者实时工作实时获得报酬，劳动的雇佣主体被虚化，网络平台以经济手段管理劳动者。由于网络平台依照民事合同提供格式化服务条款，在司法实践中，平台与劳动者之间往往被认定不存在劳动关系，导致新就业形态劳动者难以获得法律上的权益保障。在现有劳动法律制度中，构建适合新就业形态的劳动标准体系，可以为破解这一难题提供解决方案，在平台用工成本与劳动者权益保障之间取得平衡，维护劳动力市场的正常秩序。

关键词： 新就业形态 劳动标准 网络平台

一、导 言

技术创新给整个社会的工作组织、就业方式和劳动关系带来了巨大改变，基于网络平台的工作成为近年来广受关注的劳动力市场发展趋势之

* 孙岩，上海工会管理职业学院研究部讲师，主要研究方向为劳动经济学；邹卫民，上海工会管理职业学院研究部部长，上海市工运研究会秘书长，主要研究方向为工会理论与实践；施思，上海工会管理职业学院培训部教师，主要研究方向为基层工会实务。本文为2019年上海市工人运动研究会招标课题最终研究成果。

一。这种基于网络平台而创造的劳动力市场，通过技术将工作任务或实际需求在劳动者与消费者之间建立直接联系，改变了传统的“企业 + 雇员”就业形态，进而形成了“平台 + 个人”新就业形态。这一新就业形态的优势在于平台直接向个体提供市场信息，劳动者不必进入传统企业就可以从事经济活动，有利于自主创业、自由择业、兼职工作等灵活就业。据测算，2018 年我国数字经济领域就业岗位达 1.91 亿个，占全年总就业人数的 24.6%（中国通信研究院，2019）。

对于平台而言，其认为完成任务、提供劳动的劳动者不是雇员，而是独立承包商。劳动者在平台工作的条件与要求通常在平台的“服务条款”中有规定，劳动者必须点击“同意”才能开始工作，而这些服务条款是由平台单方面制定的，内容主要涵盖劳动报酬的支付方式和支付时间、评估工作的方法、出现问题后的追索赔偿等，而对于劳动保护、社会保障等则较少提及。尽管这一做法对于平台有利，降低了劳动力的使用和管理成本，但从长期来看，则可能对经济造成消极影响，如人力资本提升的投资不足、劳动生产率增长放缓、社会保障体系的覆盖面不足、劳动力市场波动性增加等。

在新就业形态的发展过程中，劳动法律规范也受到了极大冲击，特别相关劳动法律规范相对于经济社会发展显示出一定的滞后。这种滞后在我国劳动法领域表现为，现有的《劳动法》与《劳动合同法》只认定“企业 + 雇员”标准就业方式中的劳动法律关系，而“平台 + 个人”的就业方式则多被认定为民事劳务关系。劳动法律制度的相对滞后，使新就业形态劳动者面临保障缺失的困境。劳动法学界基于司法实践中的法律适用问题，认为应当在现有法律规范的基础上，构建一种有别于劳动关系与劳务关系的新型法律关系。这一建议打破了现有法律体系的制度设计，在立法层面具有较大的操作障碍。本文试图在现有劳动法律制度中寻求新的破解方法，构建适合新就业形态的劳动标准体系，通过在现有劳动争议实践中探索路径，化解平台劳动者权益保护不足的问题。

二、概念界定

（一）劳动标准

劳动标准（labor standard），又称劳动基准、劳工标准，劳动标准是对劳动者、劳动过程、劳动条件和劳动关系以及相关管理活动等作出的统一规定，是用人单位必须保证劳动者享有的最低劳动权利和劳动待遇（刘文科、郑雯，2018）。劳动标准是劳动关系得以确立和运行的基础性法定条件，对于市场化条件下劳动用工形态的发育和塑造有着根本性的制度影响（王天玉，2016）。我国劳动法学界也将劳动标准称为劳动基准或劳工标准，主要原因在于：一是日本等将有关用人单位和劳动者权益的外在标准规定于《劳动基准法》；二是国际劳工大会通过的公约和建议书，以及其他国际协议有关劳工保护的原则、规则，被统称为国际劳工标准。

尽管我国学界对劳动标准关注已久，实践中各方对劳动标准也有一定的感性认识，但与注重劳动法律关系认定的《劳动合同法》相比，我国在劳动标准领域的立法则落后得多（涂永前，2014）。党的十八大报告首次提出“健全劳动标准体系”，将劳动标准上升为提高就业质量、构建和谐劳动关系的全局性战略部署。目前，我国劳动标准仍是以《劳动法》中的相关规定为主，具体操作性规范则散见于各类行政法规之中。从内容上看，我国有关劳动标准的规范性文件主要涉及工资、工时、休息休假、特殊劳动者保护、劳动用工管理、劳动安全卫生、社会保障等方面的内容（王文珍、黄昆，2012）。

我国现有劳动标准主要适用于基于全日制、无固定期限或有一定期限、劳资双方存在从属性雇佣关系的标准就业。尽管《劳动合同法》中对非全日制用工劳动合同进行了规定，但内容极为简略，基本没有这一用工形式的劳动标准。非正规就业劳动标准的制度缺失，使得这一领域就业的劳动者被排除在劳动法的适用范围外，只能适用民法并辅之以部分行业性强制性标准。尽管这种法律实践倾向在一定程度上促进了网络平台的蓬勃发展、吸纳了更多的剩余劳动力，但也损害了新就业形态劳动者的劳动权益（王健，2019）。

（二）新就业形态

近年来，基于互联网技术的网络平台成为经济发展的新引擎，吸纳了大量由制造业转移出来的剩余劳动力。目前，学界将由网络平台引发的新经济模式称为共享经济、平台经济、数字经济等，称谓差异主要是由于对这一经济模式理解的面向不同。共享经济强调的是充分利用社会闲置资产和能力，实质上是对闲置资产和劳动力的再商品化或再资本化，对于平台而言，提供资产或劳动力的个人只是独立承包商而非雇员，双方存在的是服务关系（崔学东、曹樱凡，2019）。平台经济突出提供交易信息的载体——网络平台，该平台的作用是消除信息壁垒，为供需双方提供信息，充当在线中介的角色，对提供服务的劳动者来说，平台也不是其雇主（任洲鸿、王月霞，2019）。数字经济侧重于数据这一新的生产要素带来的经济效应，生产要素的变革引发了劳动力资源配置方式的改变，从而影响劳动者的就业方式（王娟，2019）。无论从哪一个分析视角来看，在网络平台推动的新一轮经济发展中，劳动者的就业模式与就业观念正在发生改变。

在新的经济模式中，数据或信息取代资本成为核心生产要素，网络平台对于劳动的控制已经从人身管理转变为经济约束，劳动力的作用被进一步边缘化，主要表现为灵活就业/非正规就业的兴起。学界普遍认为，这种有别于传统线下实体型为主企业标准雇佣制的就业模式是一种新的就业形态，将其称为“重塑就业”（孔微巍、胡耀华，2019）。我国长期以来强调的是就业的相对稳定，网络平台的兴起打破了这一观念，线上就业成为关注焦点（朱婉芬，2019）。需要指出的是，新就业形态不仅体现在其有别于传统就业的灵活性，也表现为其不同于线下就业的虚拟性。因此，本文将新就业形态定义为：依托网络平台和信息技术，通过劳动力供给与需求的实时匹配实现劳动力资源有效配置的就业模式。

（三）新就业形态的主要特点

现有关于网络平台就业的研究对新就业形态的特点进行了全面的总结，大致可以概括为用工主体的平台性和轻资产化、就业主体的原子性和重资产化、用工方式的高弹性和社会化、就业方式的网约性和非标准化、用工管理突出“重绩效轻责任”、就业契约去劳动关系化六个方面（汪雁，2019）。这一总结基本概括了新就业形态的主要特征，但其分析视角更偏重于与传统标准就业的差异。本研究强调信息技术对就业的影响，更注重从平台就业自身出发，将传统标准就业和线下灵活就业作为参照对象，总结新就业形态的主要特点。

一是在就业方式上，新就业形态表现为“实时工作”。劳动者为网络平台工作的状态，通常表现为“上线即工作，下线即下班”。无论网约车司机、外卖送餐员，还是特定任务完成者、在线服务提供者，其在网络平台上的工作都是实时工作，即通过网络平台匹配到合适的工作并提供劳务、获得报酬。相较于传统标准就业，平台就业更为灵活，劳动力资源的配置更为合理；对比线下灵活就业，平台就业节省了信息匹配所需的交易成本，劳动力供给更为精准。从劳动本身来看，实时工作意味着工作的碎片化、工作时间的不确定性、报酬收入的不稳定性。

二是在劳动关系上，新就业形态表现为雇佣主体虚化。劳动者在网络平台工作时，通常无法意识到自己的雇主究竟是谁。对于劳动者而言，网络平台是工作信息的服务提供商，工作需求方则是劳务的消费者，二者看上去都不像雇主。雇主主体的虚化导致劳动者在进入网络平台工作时与网络平台形成的用工关系更多地被认定为劳务关系，其与工作需求方建立关系的契约也是普通服务合同。这一特征是新就业形态有别于其他就业形式的主要特点。在发生劳动争议时，雇佣主体虚化会引发一系列法律问题，对劳动法的法律适用造成极大挑战。

三是在劳动管理上，新就业形态表现出经济依赖性。网络平台对于平台从业人员的劳动管理主要采用的是经济手段，如采取基于用户评价的奖励或处罚措施、给予新加入人员优惠政策、强制要求从业人员的工作量等。劳动者对于网络平台的经济依赖性，削弱了平台在工作条件、劳动保护、社会保障方面的责任，进一步强化了平台与劳动者之间的劳务关系。网络平台的责任减轻，意味着劳动者必须承担更多的风险，加剧了劳动力市场的流动性。

鉴于新就业形态不同于标准就业的特点，部分学者提出降低劳动关系认定标准，弱化劳动标准执行、社保缴纳与劳动关系的关联性（胡磊，2019）。尽管这一建议有利于将新就业形态劳动者纳入劳动法的保护范围，但对于正规就业劳动者和新就业形态劳动者提出同等的法律要求可能存在较大问题。更为可行的办法是，根据新就业形态的特点为劳动者构建合适的劳动标准体系，并以此为基础要求平台提供相应的劳动权益保障。

三、新就业形态劳动标准的构建

（一）新就业形态的基准性劳动标准

劳动标准作为最低标准的劳动条件，体现劳动者的生存权益，与公共福祉和社会利益密切相关。构建适合新就业形态的劳动标准体系，有助于提高我国劳动法律法规的覆盖面，明晰劳动标准执行与劳动关系认定的逻辑关系，完善新就业形态的劳动风险分担和基本权益保障制度。参照我国劳动法律对于劳动标准体系的具体规定，考虑新就业形态的特点和实现的可能性，我国应当要求平台企业为新就业形态劳动者提供最低限度的劳动保障，具体而言包括以下几个方面。

一是在工资方面，建立适应劳动报酬支付即时化的工资保障制度。

在传统就业中，劳动者的工资一般采取计时工资或计件工资的形式，按照合同约定定期支付。在新就业形态下，劳动者获得报酬的方式是即时给付，即需求方在获得服务后便向平台支付服务费，平台在扣除一定比例抽成后，便即时将报酬支付给劳动者（任洲鸿、王月霞，2019）。与传统就业定期支付工资相比，新就业形态的劳动报酬实时给付缩短了支付周期，同时也对工资保障制度提出了挑战。

我国对于工资的保障主要有按时足额给付工资、最低工资、工资增长等方面。由于新就业形态属于实时工作，劳动者可以即时获得报酬，在报酬获取方式上更接近于计件工资，可以多劳多得、少劳少得。因此，有关新就业形态工资保障的争议主要集中于平台的抽成比例。在平台发展初期，为了扩大市场和吸引劳动者，平台通常会给予工作奖励。随着市场地位的确立，平台会取消奖励甚至逐步提高抽成比例，导致劳动者与平台的纠纷日益增多。在抽成比例提高的同时，最低工资标准在新就业形态中的适用问题也开始凸显。在英国的判例中，法院认为优步司机应通过计算工作时间来测算最低工资（林欧，2019），而这一计算方法遇到的新问题则是如何计算等待订单时间以及多平台工作时间分配。因此，在建立劳动报酬支付即时化的工资保障制度时，不仅要统合相关行业的劳动报酬抽成标准，同时也要明确小时工资的计算方式，以保障新就业形态劳动者能够受到最低工资标准的保护。

二是工作时间方面，建立抑制在线时间过长的强制休息制度。

新就业形态相较于标准就业的最大差别就是工作的灵活性，线下就业的工作场所与工作方式相对明确，使工作时间的计算较为清晰。网络平台的用工通常采用弹性工作时间，因而在工作时间的计算上存在多种可能性。以外卖送餐员为例，最为狭隘的计算方式是送餐员拿到餐品后送至消费者指定地点的时间段，次为狭隘的计算方式是送餐员接受订单后将餐品送至指定地点的时间段，较为宽泛的计算方式是送餐员打开 App 准备接单到关闭 App 不再接单的时间。由于送餐订单具有较大的随机性，因此送餐员等待订单时间是否应当计入工作时间存在一定争议。

由于在线时间与劳动报酬的关联性不高，导致很多新就业形态劳动者每天的在线时间很长。有关网约车司机的研究显示，超过七成的受访司机一天在线时间达到 10 小时以上，逾四成受访司机在线时间超过 12 小时

（刘文科、郑雯，2019）。当以成功接单为标准结算时，新就业形态劳动者的实际工作时间并不长，但是一旦算上等待订单、接收订单和准备订单的时间，可能使整个工作时间达到全日制工作的状态。为了防止新就业形态劳动者的过度劳动，应建立抑制在线时间过长的强制休息制度，对于每天在线等待时间和实际工作时间予以限制，如在线等待不应超过 12 小时、实际工作时间不应超过 8 小时。此外，对于每周在线时间和实际工作时间达到一定限制的劳动者，网络平台可强制要求其下线 24 小时，以保障劳动者有充足的休息时间。要通过平衡劳动者权益保护与网络平台生产方式，保障新就业形态劳动者的休息权利，防止平台对于劳动者休息时间的过度侵蚀。

三是在特殊劳动者保护方面，建立对弱势劳动者的倾斜性保护制度。

从本质上看，新就业形态构建了一个就业门槛较低的次级劳动力市场，吸纳了大量无法在一级劳动力市场找到工作机会或被一级劳动力市场解雇的劳动者。从有关网约车司机、外卖送餐员、快递员等网约工群体的调查可以看出，目前我国新就业形态劳动者群体主要为学历较低、技术能力较低、外地农村户籍的青壮年男性（孙岩、邹卫民、施思，2020）。这些劳动者在劳动力市场中处于弱势地位，一般没有较高的职业技能，工资议价能力较低，只能接受网络平台的格式化服务条款而无法提出异议，处于随时可能被驱逐的状态。

由于新就业形态中吸纳了大量弱势劳动者，因此，对特殊劳动者群体的保护应当成为构建新就业形态劳动标准的重要内容之一。目前，我国劳动法律规定对女职工和未成年工实施特殊劳动保护，但保护的范围较为有限，也不适应新就业形态的特殊情况。为了保障未成年工、女职工、残疾劳动者等特殊群体的劳动权益，应当对这些群体在立法上给予特别考虑，对其劳动条件和劳动强度进行特别的制度设计，如限制每日接单时长、强制要求凌晨不能接单、接单时标注劳动者身份、高频匹配适合特殊劳动者的订单等。通过建立对弱势劳动者的倾斜性保护制度，将劳动法律对于特殊群体的保护覆盖新就业形态劳动者，保障特殊劳动者群体的身体健康和生命安全。

四是在劳动用工管理方面，建立人性化、强度适中的劳动管理制度。

在用工管理上，平台倾向于采取技术手段和激励约束措施，以实现利益最大化。对于平台来说，效率即生命，为了能够快速抢占市场，平台会最大限度地利用各种新技术手段和管理机制提高劳动效率、提升服务质量，增加消费者的黏性。这在劳动用工管理上表现为：采用大数据手段对劳动定额进行测算，优化劳动支付模式，实现劳动成本最小化；通过AI深度学习、迭代运算和智能化系统调度，优化订单调配和规划执行，实现劳动效率最大化；采取信用评价、积分制、强制接单、强制退出、以罚代管等自动化监管手段，监管整个劳动过程，弥补线上监管的不足（汪雁，2019）。

平台实施的“弱契约、强控制”和智能化用工管理方式，在弱化劳动者与平台的人身依赖性的同时，强化了双方的实际从属性、依附性和冲突性。新就业形态因追求超额劳动效率而极其严苛的劳动管理方式，已将传统的泰罗制管理效用在信息时代发挥到极致水平，挑战了新就业形态劳动者的体面劳动和职业发展可持续（李梦琴、谭建伟、吴雄，2018）。鉴于此，应当采用更为人性化、强度适中的劳动管理制度，制定关于工作时间、薪酬支付、服务考核的合理的评价方式，对于劳动者的优异表现应当予以奖励或激励，对于强制接单、强制退出等措施建立豁免制度，针对劳动者的不当行为建立负面清单制度。

五是在劳动安全保护方面，建立适合新就业形态的劳动保护制度。

从业者人身意外事件频发且事后难以要求平台承担劳动保护责任，是新就业形态劳动者合法权益难以维护的主要表现之一。以外卖送餐员为例，南京市2017年上半年共发生涉及外卖送餐电动自行车的各类交通事故3242起（宋海兰，2018）。有关外卖配送平台的诉讼也反映出同样的问题，外卖配送平台的劳动关系纠纷几乎都涉及交通事故赔偿责任（汪雁等，2019）。新就业形态中，劳动者比网络平台和消费者承担更多的风险，特别是派送、上门等需要劳动者提供定点服务的领域，几乎是劳动者承担了所有基于移动而产生的事故风险（邓雪，2019）。

针对“服务者移动”精准服务的特点，应当参照建筑、采矿等安全生产事故高发行业强制企业购买工伤保险的做法，将平台企业为新就业形态劳动者购买意外伤害保险作为服务条款的法定要件。当劳动者在送餐、送货过程中发生意外事故后，即使无法认定为工伤，劳动者也能通过意外伤害保险获得一定的赔偿。此外，平台企业还负有劳动安全宣传教育和安全监管的责任，应当定期对劳动者开展交通安全、职业防护、卫生安全方面的教育培训，使劳动者了解有关劳动保护方面的基本知识；建立劳动安全监管制度，利用科技手段对劳动者行为进行检测，促进对新就业形态劳动者实施全方位劳动保护。

六是在社会保障方面，建立全方位、广覆盖的新就业形态社会保障制度。

实践中平台企业大多认为平台与新就业形态劳动者之间不存在劳动关系，平台无须为此类劳动者提供社会保障待遇，养老、医疗、工伤、生育等社会保障义务被转嫁给劳动者个人和整个社会（李霞，2019），社会保障义务的转嫁极大减少了平台的人力成本。一旦发生劳资纠纷，新就业形态劳动者难以证明自己与平台之间存在劳动关系，法院也难以根据依赖性原则将平台提供的格式化服务条款认定为劳动合同（焦若水，2018）。随着平台劳动争议的增多，新就业形态劳动者的社会保障问题已经从劳资双方的问题上升为广受关注的社会问题。

我国社会保障体系中有适应灵活就业的社会保险制度，即由劳动者个人缴纳养老保险和医疗保险。社会保险作为再次分配的一种形式，不仅是劳动者个人的义务，也是企业的社会义务，平台企业同样应当履行这一义务。在新就业形态社会保障制度设计上，应当明确平台为全日制劳动者缴纳社会保险的义务。

（二）新就业形态的替代性劳动标准

新就业形态劳动者在平台从事工作、获得报酬、承担风险的方式都有别于传统标准就业，因此在构建新就业形态劳动标准体系时，应当看到并非所有的劳动标准都适宜新就业形态，对于一部分不适宜的劳动标准，应当作出替代性的制度设计。

一是将劳动的额外给付作为“加班”的替代性劳动标准。

新就业形态劳动者取得收入的主要方式是按次获取劳动报酬，决定其收入的不是工作岗位、工作时间、劳动定额等传统标准，而是服务资源的稀缺性。当很多劳动者在同时竞争一个订单时，劳动报酬就比较低；当某一订单无人问津时，消费者就不得不提高劳动报酬，以吸引适合的劳动者接单。衡量服务资源稀缺性的要素，主要有工作的难易程度、工作的时间长度和具体时段、工作的紧迫性等。在这种情况下，相关劳动标准难以对工作任务是否属于“加班”作出判断，也很难计算“加班工资”。平台企业应依据工作时段、工作难易程度等特殊条件，对劳动报酬的给付制定额外标准。

二是将“可携式福利体系”作为“请假”的替代性劳动标准。

在传统标准劳动关系中，劳动者享有病假、产假、带薪休假等与“请假”有关的权利，而在新就业形态中，平台将劳动者视为服务提供者，规避了病假工资、带薪假期、缴纳生育保险等保障性内容。只要劳动者无法上线工作，其就与平台不存在法律关系，无论劳动者因何种原因不能上线都不会作为平台支付补偿性报酬的理由。应通过建立适宜新就业形态的“可携式福利体系”，由平台委托第三方机构向劳动者提供病假工资、带薪休假、退休金账户等相关福利措施，使劳动者获得可持续性福利与保护（赛思·D. 哈瑞斯、汪雨蕙，2018）。

四、主要结论

（一）现有司法实践的逻辑困境

近年来新就业形态产生的劳动纠纷出现井喷式增长，已经成为司法实践和法学研究关注的重点问题。梳理近年来有关平台就业的相关判例可以看出，法院在作出裁判时需要解决的核心问题是认定劳动者与平台之间的法律关系性质。有研究梳理了2016年至2018年与外卖配送平台App“达达”相关的案件，研究发现，在司法实践中，法院倾向于认定众包配送员与“达达”运营方不存在劳动关系，绝大部分判决认为平台与众包配送员之间为居间关系（谭书卿，2019）。在e代驾与代驾司机的多个劳动争议案例中，法院同样作出了否认劳动者与平台存在劳动关系的判决（焦娟，2019）。从裁判理由来看，法院普遍认为新就业形态劳动者具有较大的灵活性与自主性、没有固定工作场所和工作时间，与平台没有人身依赖性，难以认定为劳动关系。在劳动争议中，法院只有在作出劳动者与平台之间具有劳动关系的判断后，才能就劳动者享有的劳动权益进行裁判。一旦认定双方不存在劳动关系，劳动者则无法主张自己的劳动权益，这种“全有或全无”的判断方式限制了劳动法律的适用范围。

与我国依据法律关系进行裁判的方式不同，国外有关新就业形态的司法实践通过对劳动者的身份作出判断，即先判断新就业形态从业人员属于哪类劳动者，再基于这一身份判断对劳动者主张权益的合法性进行裁判，并由此衍生出很多新的概念，如独立经营者、独立工人、自雇工人、类劳动者、依赖型承揽人等。域外司法实践能够采用这种裁判方式的关键还在于，其已经建立了适合灵活就业的劳动法律制度，特别是非正规就业的劳动标准体系。在判断劳动者属于非正规就业人员之后，法院便可按照非正规就业的规定来作出裁判，要求平台履行相应义务，承担相应责任。

（二）新就业形态劳动标准的实现路径

新就业形态的兴起源于互联网技术与网络平台对劳动的重新定义，弱化了劳动对现实生产场所和生产资料的依赖性，极大降低了企业的用工成本。与此同时，新就业形态也为劳动者特别是低技能劳动者提供了就业机会，使其能够顺利进入劳动力市场，但工作碎片化、就业实时性、雇主不明也带来了劳动关系难以认定等问题。在新就业形态方式中，平台与劳动者处于极为不平衡的状态，资本的强势进一步凸显出劳动者的弱势，需要依靠法律制度的完善，使劳动者在劳资关系中获得更多的话语权。

新就业形态给劳动力市场带来的问题日益突出，由其引发的一系列劳动争议也无法在现有劳动法律体系中得到解决。司法实践中，新就业形态劳动者想要通过认定劳动关系而获得相关赔偿的主张，通常无法得到法院的确认。鉴于此，有学者提出应当在现有法律框架下寻求破解方法，或参考域外法律实践，将新就业形态劳动者作为中间主体予以适当保护。

本文提出的解决方案是，在现有劳动法律体系中，积极构建适合新就业形态的劳动标准，并将其作为平台服务协议的法定条款。在司法实践中，法院可在认定双方存在劳动关系的基础上，以新就业形态劳动标准作为裁判依据，确定双方当事人的权利与义务。既保持现有法律法规的完整性和权威性，也为劳动者争取合法权益提供法律保障，实现社会、平台与新就业形态劳动者的三方共赢。

参考文献

[1] 中国通信研究院．中国数字经济发展与就业白皮书（2019 年）[R]．2019.

[2] 刘文科、郑雯．网络平台用工责任之类型化探析——以共享经济为背景 [J]．研究生法学，2018（3）.

[3] 王天玉．工作时间基准的体系构造及立法完善 [J]．法律科学（西北政法大学学报），2016（1）.

[4] 涂永前．我国劳动基准立法的现状与进路 [J]．社会科学，2014（3）.

[5] 王文珍、黄昆．劳动基准立法面临的任务和对策 [J]．中国劳动，2012（5）.

[6] 王健．App 平台用工中的网约工身份认定与劳动关系重构 [J]．兰州学刊，2019（6）.

[7] 崔学东、曹樱凡．“共享经济”还是“零工经济”？——后工业与金融资本主义下的积累与雇佣劳动关系 [J]．政治经济学评论，2019（1）.

[8] 任洲鸿、王月霞．共享经济下劳动关系的政治经济学分析——以滴滴司机与

共享平台的劳动关系为例［J］. 当代经济研究，2019（3）.

［9］王娟. 高质量发展背景下的新就业形态：内涵、影响及发展对策［J］. 学术交流，2019（3）.

［10］孔微巍、胡耀华. 共享经济与新就业形态的逻辑关系［J］. 商业经济，2019（2）.

第二部分

典型地区篇

分享经济蓬勃发展对北京市职工队伍和劳动关系的影响及应对举措

冯丽君　冯　晶　陈丽丽*

摘　要： 分享经济全新的生产组织形式改变了传统的用工方式和劳动关系，其低门槛、高灵活性、去劳动关系化的特点对劳动者就业状况、就业观念、社会保障、就业保护、劳动权益带来很大影响和挑战，政府部门应及时介入、审慎监管，引导分享经济平台合理用工，在为劳动者创造就业机会的同时，提高劳动者就业质量；工会应突破现有法律限制，将灵活就业人员组织起来，通过行业协商、民主参与、法律援助等形式维护劳动者合法权益。

关键词： 分享经济　劳动权益　工会

按照中华全国总工会《第八次中国职工队伍状况调查方案》中关于开展“新技术新业态新模式蓬勃发展对职工队伍和劳动关系的影响及应对举措”专题调研的要求，北京市交通运输工会、北京市政法卫生文化工会、北京市总工会工运史和劳动保护研究室、北京市互联网行业工会联合会于2017年3月至5月联合开展了分享经济平台劳动者就业状况、劳动权益状况调查。本次调查采取问卷抽样调查、典型调查和深度访谈三种形式。问

* 冯丽君，北京市总工会工运史和劳动保护研究室主任，主要从事劳动关系和工会理论、历史研究；冯晶，北京市总工会工运史和劳动保护研究室干部，主要从事劳动法律研究；陈丽丽，北京市总工会工运史和劳动保护研究室干部，主要从事劳动关系研究。

卷调查涉及交通出行、生活服务和物流快递三大分享经济领域1338名劳动者，涵盖滴滴出行、58到家、e代驾、闪送、国安社区、医护到家、口袋律师等25家代表性平台，以及网约车驾驶员、网约家政服务员、网约快递员、网约美甲师、网约搬家人员①、网约律师、网约教师、网约医护人员等10个职业；典型调查涉及58到家、首汽约车、百度外卖三家企业；深度访谈17人，并邀请政府行业主管部门和专家学者开展专题研讨。通过调查，本调查组对分享经济平台运营模式、用工形式和劳动者基本特征有了初步了解，对当前平台型灵活就业对职工队伍和劳动关系的影响作了初步分析，提出了政府和工会的应对举措。

一、分享经济发展概况

分享经济是指利用互联网等现代信息技术，整合、分享海量的分散化闲置资源，满足多样化需求的经济活动的总和。普通个体只要拥有一定的资源和一技之长，就可以通过网络让其发挥最大效用，满足客户需求。按分享对象划分，分享经济主要包括两大类：一是资产分享，是对汽车、房屋、资金、设备等商品或资产使用权的分享，代表性平台如小猪短租、京东众筹等；二是劳动力分享，是对技能和劳务的分享，代表性平台如58到家、猪八戒网、医护到家。滴滴出行等网约车平台既是对资产的分享（私家车），也是对劳动力的分享（司机的技能和服务）。按行业划分，分享经济包括交通出行、房屋短租、生活服务、物流快递、金融服务、知识技能、生产能力等七大领域②。

分享经济起步于20世纪90年代。2008年金融危机之后，伴随信息技术及其创新应用快速发展，分享经济快速成长，2014年以来呈现出井喷式发展态势，平台数量持续上升，市场规模扩展迅速，创造了大量灵活就业机会。北京是分享经济蓬勃发展的重点区域。截至2016年，滴滴出行在全

① 网约搬家人员即货运网约车驾驶员。

② 本次调查仅针对劳动力分享平台，不包括资产分享平台。

国有注册司机1750万人，其中北京注册司机超过百万人。58到家在全国有十几万名专职劳动者，北京58平台的劳动者（包括兼职）接近10万人，其中专职劳动者约1万人。百度外卖在全国有超过6万名专职骑士，其中北京大约有2万名。闪送在全国有27万名快递员，其中北京超过10万人。

二、分享经济平台就业劳动者的现状及群体特征

（一）基本情况

1. 性别特征

本次调查的1338名被调查者中，男性占61.21%，女性占38.79%。其中网约车驾驶员、网约快递员、网约搬家人员、网约维修人员以男性为主，分别占该岗位从业人员的74.11%、75%、82.76%、83.33%；网约家政服务员、网约美甲师以女性为主，分别占该岗位从业人员的82.21%、83.64%。

2. 年龄特征

从事平台就业的劳动者多为青年和中年群体。近八成被调查者年龄在25~44岁，其中年龄在25~34岁的占比最高，为41.03%（见图1）。网约家政服务员年龄集中在35~44岁，占比为49.08%；五成网约快递员年龄在25~34岁，占比为50.89%。

3. 户籍特征

网约车驾驶员因为有“京人京牌”的限制，本地户籍人员占比达到60.36%，其他职业基本都以外地户籍为主，如网约家政服务员和网约快递员中外地户籍人员占比分别为87.12%和73.21%。

4. 文化程度

如图2所示，超过半数被调查者文化程度为高中或中专及以下，占比为56.13%；其次为大专或高职，占26.16%；大学本科和硕士及以上的占

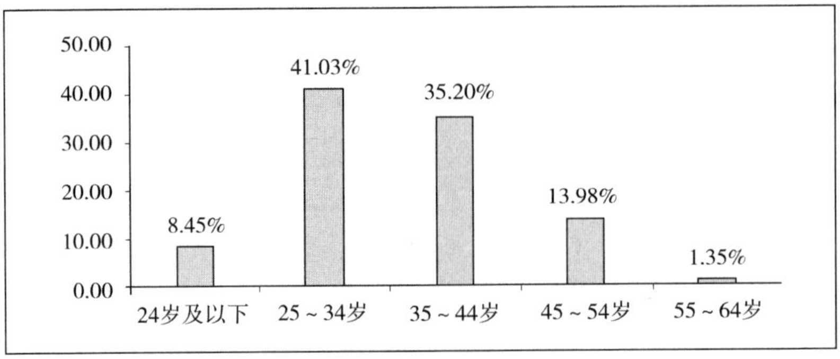

图1　被调查者年龄分布情况

比较低，为17.71%。网约家政服务员文化程度最低，初中及以下文化程度的占54.6%。

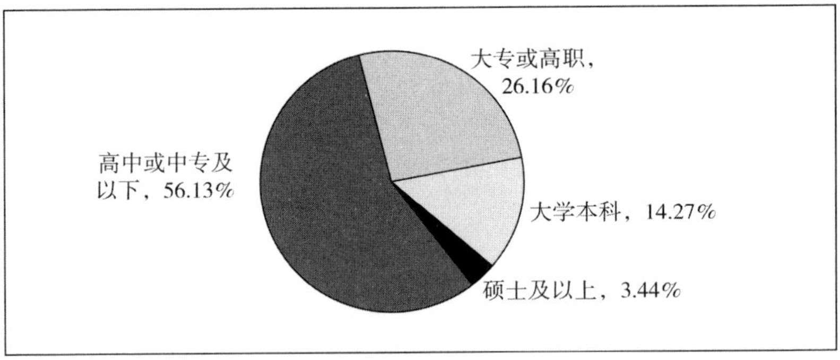

图2　被调查者文化程度分布情况

（二）就业状况和就业观念

1. 专兼职情况

被调查者中，网约家政服务员以专职为主，占73.01%；其他职业全部以兼职为主。网约律师、网约教师、网约医护人员兼职比例最高，为83.78%；网约美甲师、网约搬家人员兼职占比分别为63.64%、62.07%；网约车驾驶员、网约快递员兼职占比分别为59.87%、56.25%。

绝大多数劳动者只在一个平台提供服务，仅有8.97%的劳动者选择在多个平台提供服务。在多个平台提供服务的主要是网约车驾驶员和网约快递员，分别占14.07%、10.71%。

2. **从业时间**

如图3所示，被调查者在分享经济平台从业的时间普遍较短，1年及以下的占57.29%，2年以上的仅占16.16%。

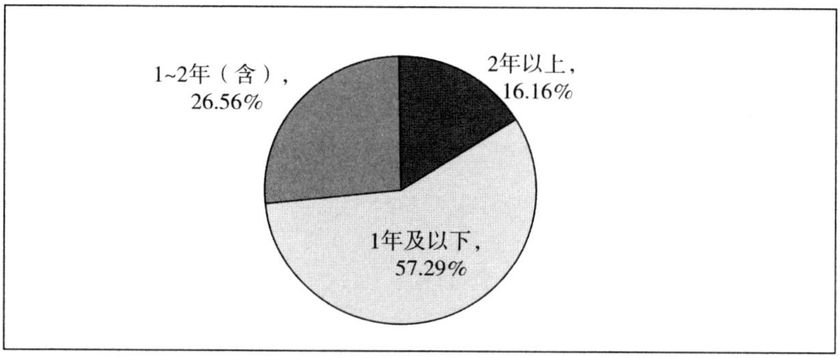

图3　被调查者从业时间分布情况

3. **工作时间**

被调查者中专职人员每周工作6天以上的占86.81%，每天工作8小时以上的占42.19%；兼职人员平均每周在分享经济平台工作的时间为3.47天，每天工作4小时以下的占46.64%。大部分被调查者能够自主安排工作和休息时间，占比为81.34%。其中网约车驾驶员自主安排工作和休息时间的比例较高，占88.35%；网约家政服务员在该选项中比例最低，为57.06%。

4. **从业原因**

增加收入是被调查者选择平台就业的首要原因，其次为工作自由度更高，最后是平衡工作和家庭生活（见图4）。

（三）劳动经济权益状况

1. **收入及支付**

被调查者中，兼职人员平台就业所获报酬有限，月收入3000元及以下的占69.73%，但兼职人员有本职工作，平台就业只是为了改善生活，兼

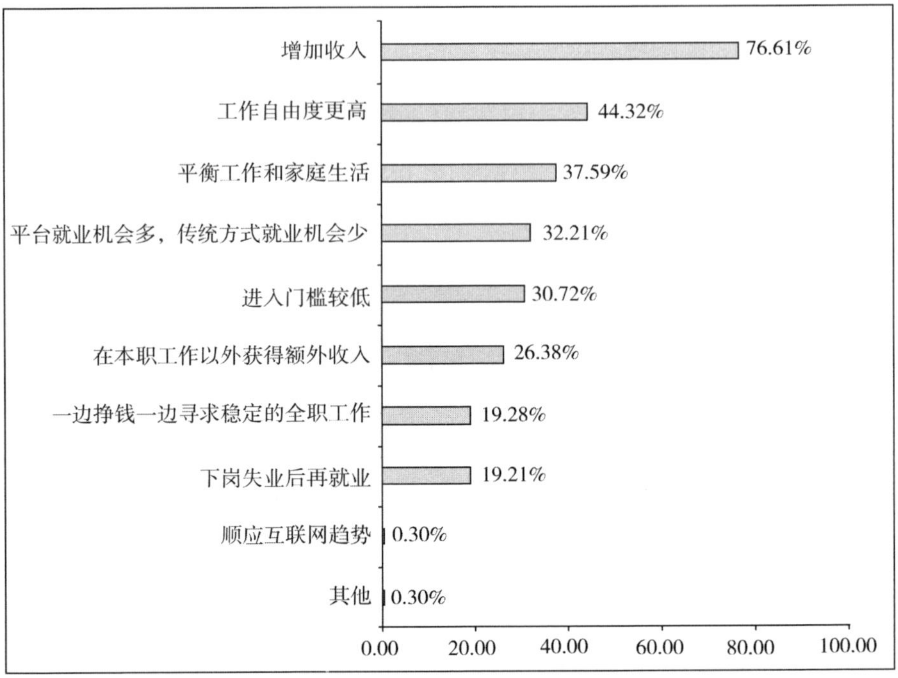

图4　被调查者从业原因分布情况

职收入成为其收入的重要补充。例如，某医院的田护士在医护到家平台兼职，每天能抢1单，每单挣60~70元，一个月最多挣2000元，但加上该医院每月4000元的工资以及社会保险、免费的宿舍和工作餐，其收入和生活都比较有保障。

在平台专职工作人员的收入不同职业差异大，淡旺季差异大。网约化妆师旺季月收入在万元左右，淡季4000~5000元；网约家电维修人员旺季月收入6000~10000元，淡季4000~6000元；网约美甲师月收入多则11000~12000元，少则8000~9000元；网约搬家人员每月7000~8000元；外卖员月收入5000~8000元；网约水管维修工月收入4000~5000元；网约快递员月收入5000~6000元；网约保洁或小时工月收入4000~8000元，网约月嫂月收入10000~20000元；网约律师一年能在平台上挣20~30万元。

平台工作劳动者报酬结算根据服务内容有区别，或按单结算，或按周、按月结算。滴滴出行网约车驾驶员、闪送快递员基本都是每周结算；

58 到家保洁员一周或者两周结算一次；啄木鸟家电维修人员按工作量领取报酬，每月结算。

如图 5 所示，65. 55% 的被调查者表示从事平台就业后收入增加了，因为与传统就业方式相比，平台提供了更多的从业机会。被调查者对收入非常满意和比较满意的分别占 23. 49% 、38. 81% ，满意度得分 75. 08 分[①]。

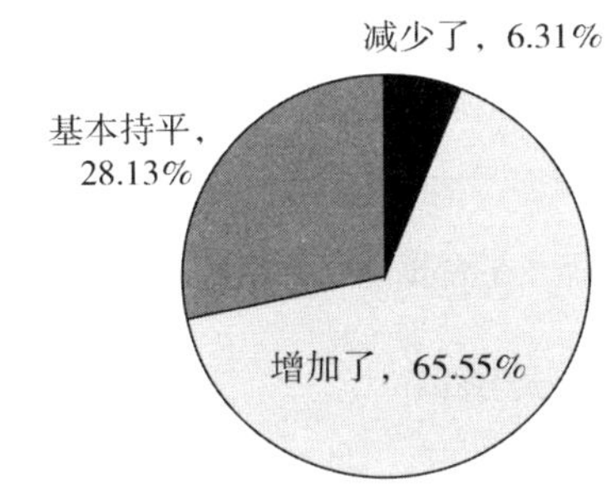

图 5　被调查者从事平台就业后收入变化情况

平台提成比例在 10% ~20% （含）的占比最大，为 34. 73% ；其次是 20% ~30% （含），占 22. 10% ；10% 及以下的占比为 18. 94% ；有 10. 30% 的受访者表示平台不提成（见图 6）。笔者在访谈中了解到一些平台为鼓励资深专职人员，累计接单量达到一定程度给予不提成的奖励。

2. 社会保险缴纳情况

被调查兼职人员缴纳社保的比例较高，占 90. 06% ，其中个人与本职工作单位共同缴纳的占 58. 19% ，全部个人缴纳的占 25% ；而被调查专职人员缴纳社保的比例仅为 65. 8% ，其中全部个人缴纳的占 41. 67% 。本地户籍被调查缴纳社保的比例较高，为 92. 81% ；而外地户籍被调查缴纳社保的比例仅为 65. 12% 。由此可见，专职人员、外地户籍更加缺乏社会保障。在回答“从事平台就业最担心的问题”时，45. 49% 的专职人员和 38. 96% 的外地户籍被调查者选择“没有缴纳社保，存在后顾之忧”。

① 对满意度评价结果进行等权重赋分（非常满意 =100；比较满意 =80；一般 =60；比较不满意 =40；非常不满意 =20），计算出满意度得分，以下各项满意度均按此方法计算。

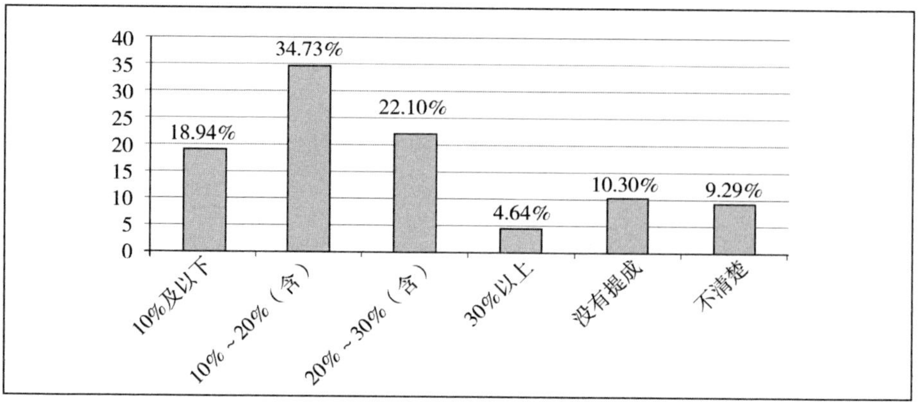

图6　平台提成比例情况

3. 平台为劳动者提供的服务项目

上岗培训是平台提供最多的项目，占67.86%；其次是日常线上学习，占52.69%；再次是积分奖励、奖品、奖金、奖励性旅游，占24.29%（见图7）。被调查者对平台的服务度中非常满意和比较满意的分别占23.96%、41.88%。

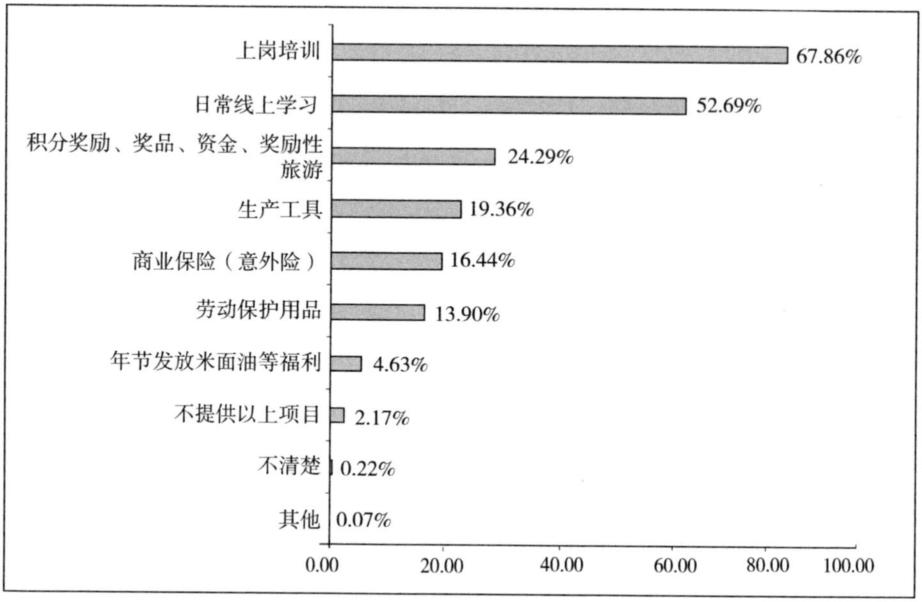

图7　平台为劳动者提供的服务项目

4. **加入工会情况**

被调查的1338名劳动者中，是工会会员的仅354人，占26.46%；不是工会会员的占七成以上，其中希望加入工会组织的占46.17%，35.30%的被调查者表示无所谓，还有18.52%的被调查者明确表示不希望加入工会组织。

多数网约家政服务员和网约快递员希望加入工会组织，占比分别为66.67%和60.00%；网约车驾驶员和网约美甲师希望加入工会组织的比例较低，分别为37.05%和35.14%。

（四）劳动关系状况

1. **签订劳动合同或协议情况**

超过六成的被调查者是无劳动合同就业，32.96%的被调查者与本职工作单位或原单位签订劳动合同，6.13%的被调查者与第三方（劳务派遣公司或外包公司）签订劳动合同。被调查者与平台签订的基本都是民事协议（合作协议、居间协议等），调查中没有发现平台与劳动者直接签订劳动合同的情况。

2. **平台对被调查者的要求和管理**

如图8所示，在回答"平台对您在以下哪些方面有要求"时，72.80%的被调查者选择了服务质量；之后依次是服务用语、在线时间、接单量，比例分别为57.10%、44.32%、38.27%。平台对专职人员在各方面的要求都高于兼职人员。

74%的被调查者表示平台有评价考核与奖惩机制，55.8%的被调查者表示平台制定规章制度时不会征求其意见。劳动者对平台的管理非常满意和比较满意的分别占21.36%、39.09%。

3. **争议情况**

如图9所示，22.93%的被调查者表示本人或同事与平台发生过争议。网约快递员与平台发生争议的比例最高，占30.36%；其次是网约搬家人员和网约车驾驶员，分别为27.59%和26.86%。调查中闪送平台与被调查

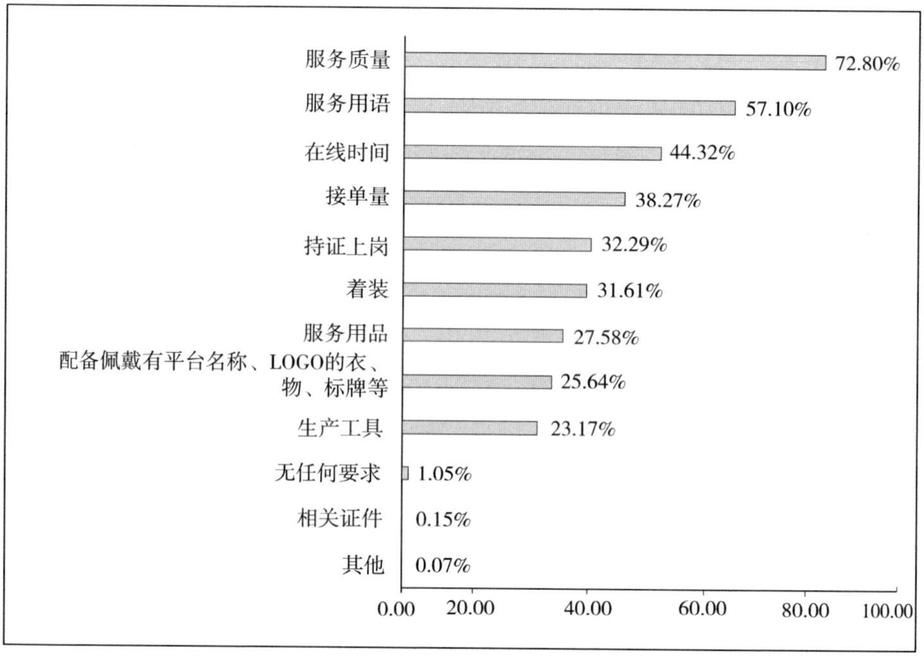

图 8　平台对劳动者的要求

者发生争议的比重最大，为 38.33%；其次为滴滴出行平台，比例为 37.47%；再次为易到，比例为 21.59%。

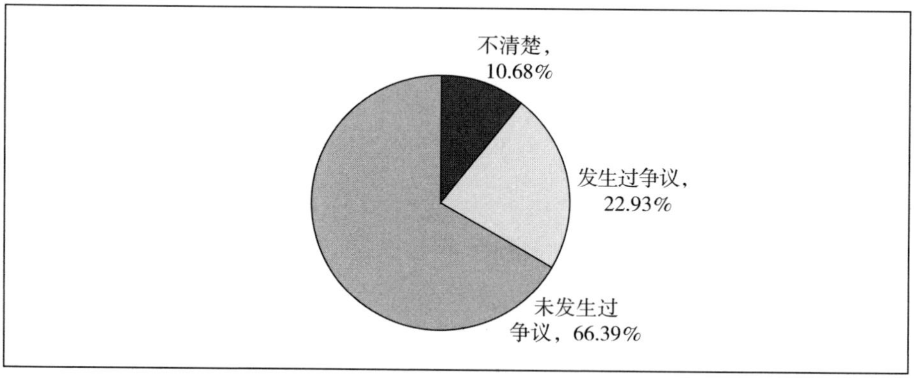

图 9　劳动者与平台发生争议情况

4. **被调查者担心的问题**

如图 10 所示，收入不稳定是被调查者从事平台就业最担心的问题，占

56.95%；其次为客流不稳定，占 51.64%；再次是交通事故、治安事故、工伤事故或其他意外事故（以下简称安全事故），占 48.58%；没有缴纳社保、工作不稳定以及职业发展分别占 36.02%、31.39% 和 27.35%。

网约车驾驶员最担心安全事故，占 54.05%；网约美甲师最担心客流不稳定，占 43.64%；网约快递员最担心收入不稳定，其次是安全事故，分别占 62.50%、52.68%。

本地户籍被调查者更担心客流不稳定、职业发展、工作不稳定，外地户籍更担心收入不稳定、没有缴纳社保、安全事故。

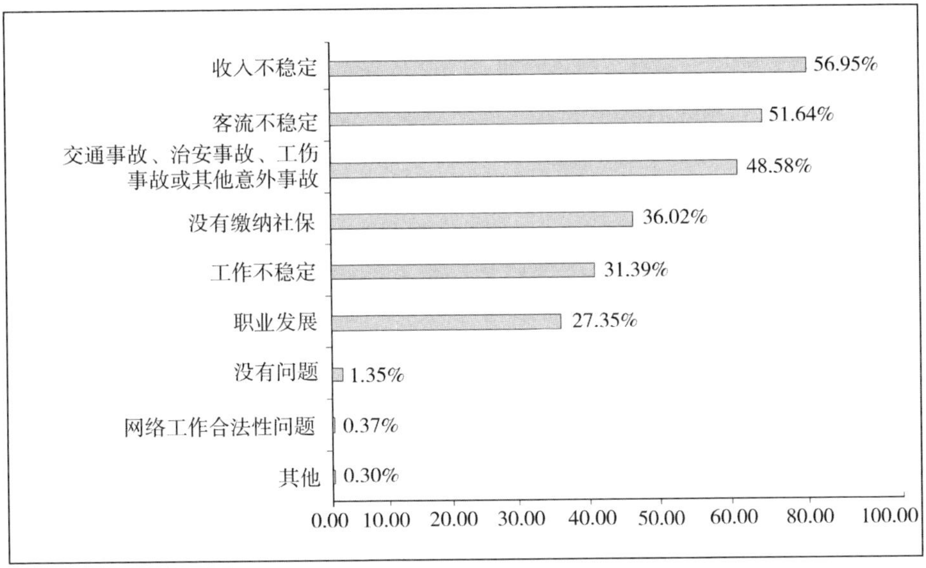

图 10　从事该工作最担心的问题

（五）利益诉求

被调查者的共同诉求有三点：一是希望政府加强对平台的管理；二是希望能解决社会保险问题；三是希望能降低平台提成比例，增加收入。

不少网约车驾驶员反映平台单方面说了算，司机没有话语权，希望平台与司机多沟通，多征求司机的意见。外地户籍的网约车驾驶员认为“京人京牌”政策太苛刻，希望政府取消户籍限制，给外地人一个公平的就业机会。也有司机希望成为平台的正式员工，与平台签订劳动合同，由平台为其缴纳社会保险。

网约家政服务员由于年龄偏大，对社会保险的需求非常强烈，同时希望能提高福利待遇，增加工资，法定节假日能休息。“希望你给我们交五险一金，同时提供午餐或者报销点路费，我们挣钱很辛苦，每月要花好多路费。真正拿到手的不多”“希望能给劳动者应有的福利”“希望有五险，有法定节假日”。

网约快递员希望平台降低提成比例，派单更加合理，处罚更加公平，控制人员招聘规模，确保足够的客源，提高快递员的收入，保障个人安全；希望政府部门加强对平台的监管，提供各项社会保障，包括子女入学、房贷车贷、养老医疗等。

（六）群体特征

综上所述，通过分享经济平台提供服务的劳动者具有下列特征：低学历；以外地人为主；以中青年劳动者为主；以兼职为主；就业观念新，注重工作自由度以及工作和家庭的平衡；隐蔽性强（没有固定的工作场所，多数人线下服务时无须佩戴标识，有些工作线上就可完成，难监管）；利益诉求多元。

三、平台就业的典型特征

（一）低门槛

本调查显示，30.72%的平台劳动者在回答“您从事平台就业的原因”时选择了“进入门槛较低”。平台就业门槛低体现在两个方面：

一是平台对劳动者的技能、文化素质要求不高。分享经济主要集中在生活服务业，网约车驾驶员、外卖员、家政服务员、搬家、洗车、按摩、代驾等，都不需要太多的专业技能和文化素质。在生活服务平台就业的劳动者基本都是高中以下文化程度，有些职业如家政服务员甚至以初中以下文化程度为主。除驾驶员、医护人员等少数职业外，平台对其他职业基本没有持证上岗的要求。

二是将以前被排除在正规就业之外的人纳入平台之中。这些人就业能力相对较弱，基本是农民工，以外来务工人员为主，属于较难获得全日制标准就业的底层劳动者。他们或者以平台就业为生，养家糊口；或者本职收入较低，通过在平台的兼职改善生活。如滴滴快车司机杨师傅，河南信阳人，小学没毕业。2001 年来北京，给私人打过工，开过“黑车”。2 年前，媳妇不辞而别，两个孩子都在北京，需要他抚养、照顾。由于网约车的冲击，“黑车”生意下滑，2015 年 1 月他下决心贷款 3.5 万元凑足 9 万元买了一辆车，加入了滴滴平台。外卖员小罗，本职工作是某餐馆勤杂工，她买了一辆电动车，利用餐馆每天下午 2 ~4 点的休息时间，加入饿了么兼职送外卖。在问及为什么一个女孩子还送外卖时，她回答说：“为了生活，没有办法。”调查显示，61.11% 的平台兼职人员来自私营企业和个体工商户，由于收入得不到保障，劳动者不得不占用休息时间，通过辛勤劳动获得额外收入。

（二）高灵活性

平台就业高灵活性体现在两个方面：

一是企业弹性用工，大幅降低用工成本。企业为降低用工成本，追求利润最大化，通过众包①的方式，将创意设计、网站建设、网络营销、文案策划等工作外包给网络平台（如猪八戒网），由平台为其迅速匹配合适的劳动者来完成这些以前必须由员工做的工作。在这种情况下，劳动者只是通过平台完成企业的碎片化任务，获取一定的报酬，未与企业建立雇佣关系，企业不用承担用工义务。平台既不与劳动者签订劳动合同，又不承

① 众包指一个公司或机构把过去由员工执行的工作任务，以自由自愿的形式外包给非特定的（通常是大型的）大众网络的做法。

担雇主责任。如果劳动者违反了平台的某些规则，如取消订单或遭用户投诉到一定程度，平台有权立即终止与劳动者的合作。

二是劳动者灵活就业，自由选择工作时间、地点。劳动者平台上下线时间由自己决定，可一定数量内拒绝接单，服务商圈可就近选择。对于那些不需要提供线下服务的工作，如网站建设、文案策划等，劳动者甚至可以居家或在旅途中完成任务，不受地域限制，可以实现工作与生活的平衡与融合，使工作更加自由和灵活。调查显示，81.34%的劳动者表示能够自主安排工作和休息时间；在选择从业原因时，44.32%的劳动者选择“工作自由度更高”，37.59%的劳动者选择“平衡工作和家庭生活”。

此外，劳动者还可以身兼多职，一个雇员对多个雇主，或者一个人对多个网络平台，按照自己的选择和时间安排接受不同的工作。调查显示，56.95%的被调查者是兼职，其中8.97%的劳动者选择在多个平台提供网约服务。

劳动者还可以自由退出分享经济平台。如果不愿继续从事该工作，无须告知或者取得平台的同意，只要删除App或者关闭、不激活App即可。

（三）去劳动关系化

弹性就业是现象，其背后是新技术催生的新生产组织形式。平台是什么性质的机构？它跟工厂、公司有何异同？理论界尚无定论。一些平台研究机构如阿里研究院明确提出“告别公司”的口号，认为分享经济将重塑社会组织，“公司+员工”将在越来越多的领域被“平台+个人+小微”取代。多数平台认为自己是提供居间服务的中介组织，通过提供信息服务，撮合服务提供者与使用者之间的交易，从中收取佣金。有的也主张平台模式去中介化，认为平台是介于公司与中介机构之间的组织形态，在提供信息服务之外，需要对劳动者进行技能培训，以确保服务供给合格。

无论是否认为自己是中介组织，在涉及平台与通过平台提供服务的劳动者之间的法律关系时，所有平台都认为自己不是雇主、劳动者不是雇员、平台与劳动者之间不存在雇佣关系。比如，滴滴出行在服务合作协议

第九条特殊约定中明确：与所有提供网约车服务的司机仅存在挂靠合作关系，不存在任何直接或间接的劳动关系，不适用《劳动法》《劳动合同法》《社会保险法》《住房公积金管理条例》等法律法规。58到家在用户服务协议中明确：我们仅提供信息发布平台服务……您认可，附近平台与您不存在劳务关系或劳动关系，且附近平台无须向您支付任何费用。

平台避免自己成为雇主的一个重要方式是要求劳动者自备生产资料、生产工具，而平台自身是轻资产运营，重资产向劳动者转移，经营风险完全由劳动者自己承担。尤其货运、客运行业，都要求劳动者自己带车加入。前者的代表性平台如货拉拉、58速运，后者如滴滴等网约车平台。不仅是运输行业，其他平台也都要求劳动者自备生产资料、生产工具。如外卖员、快递员、家电维修人员要想加入平台，自己必须先买一辆电动摩托车，还需要以交押金的形式变相购买平台统一配送的餐包、工具包、工作服、雨衣等。

要求劳动者自备生产工具、生产资料，从理论上讲，混淆了劳资的界限，使劳动者具备了双重身份：既是劳动力提供者，又是资产提供者。平台据此认为劳动者属于自雇，与平台是合作关系，不是劳动关系。

真正的分享经济是个体充分利用自己闲置的资源（不是为了加入平台而不得不购买资源）与时间，通过网络平台获得额外收入或者不以营利为目的，比如顺风车业务等。一些企业打着分享经济的旗号，将传统经营模式转化为平台模式，其实质是转移企业经营风险，降低用工成本，逃避用工责任，“轻资产、逃规管、避责任、当大款”就是对这种现象的讽刺。

四、存在的问题

（一）权利不平衡

平台创造了就业机会，但产生了权利不平衡问题。平台与劳动者权利不平衡体现在两个方面。

一是劳动者个体承担社会风险，包括经营风险、人身和财产风险。在世界经济形势低迷的大背景下，企业追求轻资产化，重资产向劳动者转移，生产风险也从企业转移到个体劳动者身上，分享经济平台也是如此。如前所述，多数平台认为自己是提供居间服务的中介组织，不是经营主体[①]，经营风险由劳动者个体承担。没有雇佣组织的担当，个体承担社会风险的能力有多大？劳动者在工作中若出现事故，造成自己或对他人的人身伤害及财产损失，如果没有一个合理的风险负担机制，必将引发纠纷。这样的案例不胜枚举。

为避免纠纷的发生，一些平台与商业保险公司合作，为每一单服务提供定制的意外伤害险，每单扣0.3～1元不等的费用，用于意外事故赔付。如滴滴平台推出意外综合险，用于赔付发生交通事故后乘客和司机产生的意外医疗、伤残、意外死亡等费用；58到家推出意外综合险，用于赔付服务过程中对雇主物品的损毁、对雇主身体造成的伤害、劳动者人身意外伤害等。但意外综合险尚未覆盖所有平台职业，一些平台的意外综合险只针对主流业务，不涵盖全体人员。调查中仅有16.44%的劳动者表示平台提供了意外综合保险。

二是劳动者与平台关系不对等、信息不对称。分享经济新就业形态中规则、价格、收入、福利全部由平台单方面制定，劳动者处于弱势地位，没有话语权。笔者在访谈中了解到，个别平台会针对个别事项以浮动调查问卷的形式征求劳动者的意见，多数情况下都是平台单方面说了算，劳动者只能被动遵守平台制定的各项规则。

此外，平台掌握各种数据，包括顾客对劳动者的评价，并根据差评对劳动者进行处罚，劳动者即使有疑问，也无权查阅；很多劳动者觉得平台派单不公平、不合理，但平台却不公布详细明了的竞争规则。笔者在调查中了解到，劳动者对平台信息垄断很不满，希望平台公开信息，让劳动者有知情权。

---

① 网约车平台除外。《网络预约出租汽车经营服务管理暂行办法》明确网约车平台是从事网约车经营服务的企业法人。

（二）劳动权益得不到保障

平台为劳动者提供了就业岗位，但仅提供岗位是不够的，为劳动力提供权益保障和就业机会同等重要。平台就业劳动者缺少工资支付和安全保障、社会保障和福利缺乏、技能培训不足。因此，平台就业灵活性有余、稳定性不足，主要体现在以下几个方面。

一是工作量不足。虽然一些劳动者愿意在平台进行就业，但由于平台大量招聘人员，僧多粥少，无法保证客源，导致劳动者接单量下滑，继而影响其收入。网约快递员对这个问题反映最突出，网约搬家人员、网约车驾驶员对此也有反映。问卷调查显示，51.64%的劳动者最担心的问题是客流不稳定。

二是收入不稳定。虽然多数劳动者表示加入平台后，收入比以前增加了，但在选择最担心的问题时，收入不稳定依然排名第一，占56.95%。平台就业劳动者工资支付方面也存在一些问题，个别平台老打白条，劳动者不能及时提现，曾引发过群体事件。一些平台仅听用户一面之词，既不核实，又不向劳动者公布相关信息，直接进行处罚，克扣劳动者收入，引起劳动者的不满情绪。

三是路耗时间长、休息时间不足。访谈中，劳动者普遍反映实际工作时间不多，但路上消耗时间较长，来回奔波很累。据调查，网约车司机接单时长占在线时长的比例为46%，即平台就业劳动者有一半以上的时间是在路边“趴活”或在路上空驶。平台就业劳动者等待的时间和路上的时间不计薪，但这些时间大大超过实际工作时间。此外，一些平台就业劳动者没有足够的休息时间，虽说多数人能自主安排休息时间，但迫于生存的压力，平台就业专职人员平均每周工作6天以上的占86.81%，其中每周工作7天的占31.6%。网约家政服务员自主安排休息时间的比例较低，希望法定节假日休息的呼声非常高。

四是缺乏安全保障。在访谈中，网约美甲师小梁最担心安全问题，因为平台晚上7点还会派单，等做完美甲，就到晚上八九点了，由于是上门服务，又是女同志，晚上很担心人身安全，而平台并没有为美甲师购买人身意外伤害保险。调查显示，48.58%的劳动者最担心安全问题，包括交通事故、治安问题、工伤事故、财产安全等。网约快递员小刘说：上个月花3500元买了辆新电动车，结果当天晚上8点多送完第二单回来时车就不见了，两单去掉平台扣的管理费一共才挣20多元钱，车丢了报警也找不到，平台上的保险只管人身意外，车丢了不管。

五是缺乏社会保障。平台否认与劳动者存在劳动关系，不会为劳动者缴纳社会保险。网约工中兼职人员社会保险可由本职工作单位负责；专职人员如果是北京人，可以灵活就业人员身份参保，但外地人在北京不能以个人名义参加社保。人在北京若没有社保，生活就很难稳定下来，因为缴纳社保是买车、买房、孩子上学、办居住证的前提条件。

六是技能培训不足。多数平台将自身定位为提供信息服务、居间服务的中介组织，劳动者不是自己的员工，在提升劳动者业务技能方面没有太大动力，也不愿投入太多。尽管67.8%的受访劳动者在回答“平台为您提供哪些服务项目”时选择了“上岗培训”，但多数平台的上岗培训内容主要是平台规则以及App的使用，涉及技能培训的很少。搬家人员小张说上岗前有一上午的培训，主要内容是接单流程、注意事项等。有的平台出于保障劳动力供给的考虑，开展对一些劳动者进行岗前技能培训，但也仅限于某些主流业务，不能覆盖所有职业、所有人群。

（三）劳动者自由度有限

判断劳动者与平台之间是否存在劳动关系主要依据平台对劳动者的控制程度或者劳动者拥有多大程度的自由。调查发现，平台就业劳动者的自由是在平台控制下有限的自由，其主要体现在以下几个方面。

一是劳动者从事平台就业的主观动机。不排除个别劳动者出于平衡工作与闲暇、追求工作时间的主动性等目的，主动选择平台就业，但多数劳动者是在劳动力市场供大于求的情况下被动选择平台就业，是为了生存不得不做，而且由于自身技能及文化素质低、信息与人脉资源缺乏等各方面的原因，没有更多选择余地。

二是劳动者对工作时间、休息时间的决定权。虽然平台对劳动者没有工作时间的硬性要求，但有在线时间的要求。调查显示，44.32%的劳动者表示平台对其有在线时间要求。例如，啄木鸟家电维修要求劳动者一天24小时开着App后台；滴滴出行要求认证专车司机每天必须在线8小时以上，如果达不到要求就会扣钱，不能在线的话需提前请假，病假还需上传医院开的证明。

虽然劳动者自己决定什么时候休息，但休息多少天由平台决定。比如58到家允许美甲师每周休息1天，具体哪天休息，需提前与平台约定好；平台规定美甲师每月只能请假2天。在休假和请假的这6天中，美甲师可以关闭后台，其余时间必须在线，随时等候派单。

三是劳动者对工作任务的选择权与否决权。如果平台就业完全由劳动者抢单或者平台派单后劳动者自主决定是否接单，那么劳动者对工作任务就有自由选择权。但实际上，劳动者在自己选择的服务商圈内，平台派单就必须接。如果不接单，平台会对劳动者进行降级、降低派单率、罚款。美甲师小梁反映，每月拒单2次以上的，平台罚款100元。有些平台没有划分服务商圈，就近派单。派单后，劳动者不能不接，接单后也不能随便取消，否则会受到惩罚。如滴滴出行规定，连续3次不接单扣10元，接单超过3分钟后取消订单也扣10元，连续3次取消订单暂停派单3天。

四是劳动者是否自主决定执行任务的方式。调查发现，平台对劳动者服务流程、服务标准、服务用语、服务用品乃至工服、证件都有不同程度的规定，劳动者要按照平台的规定动作执行任务。例如，58到家要求月嫂每天在App上写日志，并且需要消费者在App上确认，以确保平台制定的服务标准（如一天给婴儿洗几次澡）能够被执行。平台还通过消费者评价、投诉等方式对劳动者的劳动过程实施间接监督，同时以神秘访客的形式对劳动者进行直接监督，一旦发现劳动者违反规定，就会给予严厉的处罚，如e代驾曾因代驾司机庄某没穿工服对其罚款500元。

综上所述，平台对劳动者的管控不可谓不严格。如果劳动者是自雇或自由职业，那么他们应该享有更多自由，而不是接受平台的各种控制。出于保障供给和平台收入的目的，一些平台希望越来越多的人把平台就业当作全职工作，对劳动者的控制也越来越强（如滴滴出行不允许认证专车司机在其他平台兼职），这有悖分享经济的宗旨，而且在这种情况下，平台应该承担雇主的责任，不能“好处占尽，责任全无”。

（四）缺乏法律保护

分享经济新的用工模式对现有劳动法体系带来很大挑战。通过平台提供服务的劳动者是否应与传统产业工人享受同样的劳动条件、社会保险和福利？是否需要有最低工资保障和超时加班工资？是否应当享有解雇保护和失业待遇？是否有组织权、协商权、民主参与权？

回答这些问题的前提条件是要确定劳动者[①]的法律身份以及劳动者与平台的法律关系。但根据现有劳动法律和劳动关系的认定标准，这很难作出明确判断。现有法律已经较难适应新经济、新商业模式、新就业形态的发展。

从近几年发生的分享经济劳动纠纷案例来看，法院对认定劳动关系很谨慎，凡单纯要求确认劳动关系的案件，裁判结果通常支持非劳动关系主张。当案件涉及人身伤害和赔偿时，考虑到劳动者面临的风险，法院会从民法中找各种依据让平台承担责任，以保护劳动者。例如，在北京首例网约车与乘客共同侵权案中，乘客颜某在乘坐滴滴出行司机廖某的车辆期间，因道路拥堵开启车门下车，与骑车人秦女士发生碰撞，造成秦女士人身及财产损害。海淀区人民法院认为，廖某系在接受滴滴出行平台指派、履行滴滴出行合同过程中造成他人损害，滴滴出行平台作为接受廖某劳务的一方应承担相应的侵权责任。法院判决乘客颜某与滴滴出行公司对超出交强险部分各承担50%的赔偿责任。此案例基于滴滴出行与司机之间为事实劳务关系的判断，判决滴滴出行承担替代责任。

---

① 本文所称劳动者并非特指劳动法律关系意义上的劳动者。

上诉案例表明，由于劳动法不适应新经济，人们转而寻求民法方面的保护。但也有学者表示：即便在去劳动关系化的趋势下，也不能无限扩大民事法律调整劳动关系。

五、分享经济新就业形态发展趋势及对公共政策的挑战

未来几年，随着技术创新加速、认知水平提高，分享经济新就业形态将在各个领域（包括制造业）迅速普及，企业平台化将成为发展趋势，从而对未来劳动关系产生重大影响。

（一）非正规就业（灵活就业、弹性就业）成为发展趋势

在经济增速放缓的条件下，企业追求低成本，越来越不愿意使用正式雇员，使灵活就业成为发展趋势，新技术也使之成为可能。“互联网 +”打破传统行业的固有模式，让传统行业的要素资源（包括人力资源）得以释放，并重新组合，产生新的资源配置关系。在替代传统行业劳动力的同时，由于技术进步与分工细化，分享经济也创造了新就业岗位，从而使灵活就业规模进一步扩大。

（二）自由职业者不断增加

劳动者从雇佣关系转为自雇。由于临时工作比长期工作容易获得，一个新的劳动阶层——依靠不稳定工作与薪水的阶层正在出现。在同一家公司朝九晚五按时上班，沿着职业阶梯慢慢向上爬，这曾是公认的事业发展路径。而近几年越来越多的年轻人厌倦了办公室的束缚，希望自主分配时间，加入了自由职业者的行列。

（三）多重职业可能日益流行

分享经济中兼职成为趋势，双重（或多重）劳动用工不可避免，8 小

时工作制开始受到冲击，基于小时为单位的工作交易模式可能日益流行。一个人对多个虚拟组织（网络平台）的现象可能会增加。

（四）虚拟工作的全球化成为发展趋势

分享经济的用工从本地转到全国乃至全球，劳动者将遍布世界各地。弹性就业、自由职业、双重或多重劳动用工关系等发展趋势，对我国劳动法律体系以及劳动合同、社会保险制度和劳动者权益保护带来很大挑战，政府需要从顶层制度设计和法规政策实施的角度，提出相应的解决方案。

互联网跨地域、无边界的特点对地方治理体系以及以地方工会为主的工会组织体制是一个挑战。平台经济消除了空间障碍，使劳动的跨区域供给成为可能。而我国劳动标准地区差异较大，在同一平台或者同类平台提供同质劳动的不同地区的劳动者，他们在劳动报酬和社保待遇上可能存在较大差异。

此外，在全球化的发展趋势下，政府如何对分享经济进行监管？若出现劳动纠纷，尤其在涉及不同国家时，政府该如何执法？各国法律对劳动者保护力度不同，平台若面向不同国家服务，会带来海量问题，挑战极大。

六、政府和工会的应对举措

2020 年“两会”期间，习近平总书记提出对新就业形态要顺势而为、补齐短板。政府各有关部门和工会组织应以开放的心态、发展的眼光，拥抱新经济、新就业发展趋势，努力解决分享经济发展过程中出现的用工关系界定、劳动权益保障等问题，实现促进分享经济发展与就业质量提升的良性互动。

（一）及时介入，正面引导

对于分享经济，我国政府提出了“鼓励创新、包容审慎”的监管原则。一些学者提出应当先谋而后动，“让子弹再飞一会儿”。但“让子弹再飞一会儿”的前提条件是确保社会稳定，这是处理分享经济相关问题的底线。2016 年 4 月，北京发生了滴滴、优步司机联合发起的针对平台单方降低补贴的“万人拒绝接单”；2014 年 5 月、2017 年 4 月，易到两次发生数百名司机因为无法及时提现，持续数日围堵公司总部的事件，在社会引起很大的反响。调查发现，劳动者对平台不加核实随意罚款、随意克扣收入、派单不公平、提成比例过高、收入不及时兑现、信息不公开、制定规则不征求意见、出现问题没处投诉、没有社保、福利差、不保障劳动者人身和财产安全等非常不满，强烈呼吁政府部门及时介入，加强监管。审慎监管并不意味着完全不管，政府有关部门需坚持“放管结合，该管则管”的态度，通过正面引导，规范分享经济平台的用工行为。

在相关法律规定和政策未出台之前，政府部门可通过仲裁或法院的判例对平台用工行为进行引导，使平台和劳动者明白双方什么情况下是劳动关系？什么情况下是劳务关系？什么情况下是合作关系？例如，对在某一平台提供全职服务的专职劳动者，由于平台对专职人员有更为严格的管理和控制，应认定其与平台存在劳动关系；对有本职工作，利用闲暇时间在平台兼职以获取额外收入的劳动者，应认定其与平台存在劳务关系；对以平台就业为生，但同时在多个平台兼职的劳动者，应认定其为非全日制用工。

（二）提高就业质量

科技进步理应促进人的体面劳动和全面发展。作为新一轮科技革命的产物，分享经济平台应该承担提高劳动者就业质量的社会责任。从解决就业数量到提高就业质量，从生存型就业到高质量就业，这是个过程。随着政策进一步完善和平台进一步规范发展，平台就业成为高质量就业未来可期。鉴于新就业形态的特殊性，让劳动者享有目前劳动法律法规规定的全部权利既不现实，有些方面可能也没有必要，建议对新就业形态劳动者先兜住底线，解决劳动者目前呼吁最强烈也最有可能影响社会稳定的问题。

一是加强收入保障。前文已述，平台就业劳动者最关心的问题是收入问题，从事平台就业的首要原因也是增加收入。对平台随意罚款、随意克扣收入、提成比例过高、收入不及时兑现等现象，平台就业劳动者很不满。建议政府部门重视平台就业劳动报酬支付问题，出台相关政策，规范平台报酬支付形式、支付周期、支付日期，要求平台与劳动者平等协商服务价格、提成比例、劳动报酬，并在双方所签订的劳动合同或协议中予以明确。对不及时支付劳动报酬的行为，应予以严厉处罚。

二是完善社会保障政策。建议对现有社会保障制度进行调整，或者开辟新的空间，建立适应新就业形态特点的社会保障制度。例如，打破灵活就业人员以个人名义参加社保的地域壁垒，允许外地人在工作地以灵活就业人员身份参保；或建立针对平台工作特点的特别社保系统，实时掌握平台工作信息，实时按单提取一定比例的费用，用于劳动者的社会保险费用。此外，对专、兼职人员应实行差异化政策。有本职工作单位，闲时在平台兼职的劳动者，社保问题由本职工作单位解决；在某一平台提供全职服务的专职劳动者，应认定其与平台存在劳动关系，应按照职工社会保险政策参保；以平台就业为生，但同时在多个平台兼职的劳动者，可参照非全日制人员，以灵活就业人员身份参保。

三是保障职业安全。在分享经济平台提供服务的劳动者，无论专、兼职，都面临职业伤害、职业安全等问题。对专职人员，应认定其与平台存在劳动关系，按照工伤保险政策处理。由于我国法律对双重、多重劳动关系没有明确规定，兼职人员职业伤害只能按照劳务关系，由劳务接受方（即平台）给予人身伤害赔偿，建议将《北京市网络预约出租汽车经营服务管理实施细则》中关于“签订协议的平台公司应当为驾驶员购买人身意外伤害保险”的规定，推广到其他领域的平台，强制要求所有平台为劳动者购买人身意外伤害保险，以应对职业伤害、安全事故给劳动者与平台带来的风险。

（三）让劳动者的声音被听到

在强资本、弱劳动的情况下，平台利用多种渠道和丰富的资源宣传自己的观点，其主张很容易被社会听到，而劳动者由于分散、缺乏组织，其声音很容易被社会忽视。要消除这种不平等现象，需要赋予平台就业人员三项基本权利（入会权、协商权、民主参与权），工会应采取以下四项措施。

1. 组织起来

西方各国工会正在采取措施组织平台就业人员。英国成立了大不列颠独立工人[①]工会（the Independent Workers Union of Great Britain），德国 IG Metall 工会允许自雇劳动者成为工会会员。西方学者建议，工会要打开大门，吸纳自雇者、独立劳动者成为会员，并推动相关劳动法律覆盖他们。中国学者也建议工会突破“以工资收入为主要生活来源或者与用人单位建立劳动关系”的法律限制，吸纳自由职业者、灵活就业人员加入工会组织。

那么，该如何进行组织？首先应推动平台依法组建工会，吸纳在该平台提供全职服务的专职劳动者加入工会；以平台就业为生，但在多个平台兼职的劳动者可在社区加入工会；有本职工作，闲时在平台兼职的劳动者加入本职工作单位工会组织。在各平台组建工会的基础上，应成立省市层面的行业工会（或职业工会），覆盖所有专兼职人员。

2. 集体协商

据了解，美国西雅图市允许优步司机拥有集体谈判权，德国 IG Metall 工会劝说平台签署最低工资协议，而瑞典工会已和平台通过集体谈判达成集体协议。英国 GMB 工会取得优步司机的授权，代表司机提出关于假日工资和最低工资的上诉。

中国工会应借鉴西方经验，在成立相关行业工会后，从平台就业人员中遴选协商代表，就劳动者收入分配、平台提成比例、社保福利、培训、

① 西方国家有专门针对独立承包人（independent contractor，指的是专门承接企业委托项目的自由个体，不是企业的雇员）的法律制度，独立工人或独立劳动者（independent worker）是参照独立承包人提出的概念。

奖惩制度、派单规则等与平台开展集体协商，签订集体合同。

3. **民主参与**

行业工会成立后，首先要组织劳动者参与平台规则制定，打破平台单方制定规则，劳动者只能被动接受的不公平格局，保障劳动者的话语权；其次要求平台公开信息，尤其是平台处罚劳动者的信息，保障劳动者知情权；再次要组织劳动者评价平台并给平台打分，保障劳动者监督权、民主评议权；最后要督促平台建立内部争议处理、投诉机制，明确程序，畅通渠道，反馈结果，保障劳动者申诉权。

4. **法律援助和生活服务**

在劳动者与平台发生劳动争议时，工会可为劳动者提供免费法律援助；工会对职工的小额贷款也可面向平台就业人员；工会服务站为户外劳动者提供的服务，同样可以面向平台就业人员。

（四）拓展劳动法体系

第一，对雇佣关系重新进行界定，重新思考雇佣的性质、定义，重新定义雇主、雇员。有学者建议用就业关系、工作关系替代雇佣关系、劳动关系。

第二，建立基于互联网交易特点的劳动关系测试体系，避免同样的事实在不同案件中被赋予不同的意义，从而导致不同的判决结果。

第三，明确政府、平台、劳动者、使用者（包括受益方企业）在新就业形态中扮演什么角色，承担什么权利义务，让各方责权利更清晰、更平衡。

第四，扩展劳动法对自雇人员的保护以及对云工作[①]人员的异地保障。

拓展劳动法体系的前提是判断新就业形态会不会成为未来就业的主流，如果不是主流，那么现有劳动法律法规不用被颠覆，只需作补充规定。有学者建议，在《劳动合同法》修订时设置一项“特别规定”，对分享经济平台劳动者基本权利加以保护。

---

① 云工作是指虚拟工作全球化发展趋势下，劳动者通过网络平台在世界各地提供线上服务。

上海市网约工群体状况调查报告

王仁富　马景红　袁雪飞*

摘　要： 随着共享经济、"互联网＋"的迅猛发展，网约工作为新型就业群体大量涌现。本文对上海网约工群体状况开展专题研究，深入饿了么、滴滴出行、百度外卖等单位进行实地调研，对网约车、餐饮外卖、快递等行业的网约工进行抽样调查和个案访谈，重点了解网约工队伍的劳动关系和社会保障状况，分析网约用工存在的问题，并提出对策建议。

关键词： 网约工　劳动关系　权益保障

在全球新一轮科技革命和产业变革背景下，互联网与各领域的融合发展已经成为不可阻挡的时代潮流。伴随"互联网＋"的迅猛发展，平台企业如雨后春笋破土而出，并呈爆发式增长，与之相伴而生的新就业形态群体——网约工大量涌现。为全面深入地了解上海网约工群体状况及其发展趋势，2017 年 6—9 月，上海工会管理职业学院成立课题组，对上海网约工群体状况开展专题调查，形成此报告，以期为网约用工行业规范有序发展、新兴就业群体劳动权益保障等方面提供客观依据。

---

* 王仁富，上海工会管理职业学院教学部副部长，教授，主要研究方向为劳动法、劳动关系及工会理论；马景红，上海工会管理职业学院党委副书记、纪委书记、工会主席；袁雪飞，上海工会管理职业学院副教授，主要研究方向为工会经审工作。本报告为上海市总工会 2017 年度重点课题"上海市网约工群体状况调查"的研究成果。

本次调查对象——网约工[①]是产业转型发展，特别是互联网经济发展大背景下出现的新型就业群体，主要是指通过企业的网络平台接受工作任务、提供服务、获取报酬的就业人员，包括餐饮外卖送餐员，快递公司快递员，网约车平台驾驶员，电子商务平台的送货员，网上中介服务平台的家政工、厨师、护工等。调查对象集中在上海，行业集中在网约车、餐饮外卖、快递等三类平台企业。调查重点在于了解“网约工”队伍的劳动关系状况和社会保障状况。调查主要采用个案访谈、座谈会、问卷调查等形式组织实施，项目组深入饿了么、滴滴出行、百度外卖等单位开展调查，召开单位基本情况座谈，进行个案访谈45人，回收有效单位调查问卷和职工调查问卷134份；开展街头个案访谈30人，回收有效街头职工调查问卷190份；回收有效网上职工问卷318份。

一、网约用工典型行业基本状况

（一）网约车平台网约用工情况

网约车，是网络预约出租汽车的简称。自2012年3月“摇摇招车”正式上线开始，五年来，滴滴、优步、神州专车、首汽约车、易到等互联网约车平台相继席卷中国各大城市。随着各大网约车平台规模的快速膨胀以及乘客消费习惯的养成，网约车司机这一新兴的职业群体衍生并随之迅速壮大。访谈显示，目前滴滴出行上海分公司拥有注册网约车驾驶员10多万人，主要通过两种方式与网约车驾驶员进行合作：第一种是私家车加盟的方式，符合条件的驾驶员提供其本人合法正规的驾驶证、行驶证以及身份证，通过验证后可以在平台进行注册、接单，总量在6万多人，驾驶员以兼职居多，与滴滴平台之间没有签订劳动合同；第二种是租赁公司加盟

① “网约工是以网络平台为载体、以合作契约为连接、以自我管理为主体的非正规就业劳动者群体。”参见李学兵．灵活性过大、安全性不足是现存最大问题［N］．劳动报，2017年4月12日．

的方式，驾驶员可以从租赁公司承租或者购买具有营运资格的车辆，再通过平台注册进行工作，总量3万多人，驾驶员以专职居多，与租赁公司签订协议或者合同，但不作为限制性条件。优步、易到等互联网约车平台与滴滴出行的用工情况大体相似；神州专车、首汽约车等用工形式则以自聘驾驶员为主，与传统出租车公司相似。

调查显示，78.19%的受访网约工专职从事网约工作，与滴滴出行上海分公司“6万多私家车加盟且兼职居多”的说法有较大出入①。出现这种出入的原因在于驾驶员判断专兼职是以工作时间和主要收入来源为依据的，较为直观；滴滴公司的判断则需要进一步分析，私家车注册加盟的驾驶员确实以兼职居多，但其中的活跃人群则大多数以网约车为主要收入来源，应归为专职驾驶员。这部分驾驶员的劳动保障缺失值得关注。

（二）餐饮外卖行业网约用工情况

随着互联网消费习惯渗透至人们生活的各个方面，我国网上外卖用户规模和使用率不断增长。截至2020年一季度，我国网上外卖用户规模达3.99亿人，使用率达44%；手机外卖用户规模为3.97亿人，使用率达44.2%（蔡志濠，2020）。美团外卖、饿了么占据市场份额的九成以上，外卖进入双强争霸格局。目前餐饮外卖行业网约工又称“骑手”已经达到数百万人，据《2019年及2020年疫情期间美团骑手就业报告》，2019年通过美团平台获得收入的网约配送员总数达到398.7万人（美团研究院，2020）。人社部指出，随着“互联网+”的深化发展，预计未来网约配送员就业规模将超过1000万（郭泽涵，2020）。

调查显示，饿了么平台上海总部的网约骑手近10万人，骑手分为三种类型：一是公司自营骑手，不到100人，占比1%（2017年底之前饿了么将全面结束自营送餐业务），职工与饿了么公司签订劳动合同；二是第三

① 根据标准排名研究院《2016网络约车司机生存状况调查报告》，北京网约车司机专职比例为79.4%。

方配送公司骑手，上海地区约有1.3万人，占比13%，骑手与第三方配送公司签订劳动合同或实行劳务派遣，都是专职网约送餐员；三是众包配送骑手，上海地区注册人数8万，占比86%，骑手与饿了么签订配送合作协议，注册时平台不审核其是否已有劳动关系。百度外卖上海分公司情况大体相似，其网约工骑手近2.5万人，其中第一类是直属自建站骑手，51人，占比0.2%，签订劳动合同；第二类是代理商骑手，2615人，占比10.5%，公司只与代理商签订业务合作协议，骑手则与其所属代理商签订劳动合同，且公司不掌握具体情况；第三类是兼职骑手，22317人，占比89.3%，由骑手自行网上注册，未参加任何社会保险，仅由公司强制购买商业保险（人身意外险）。从用工趋势上看，第一、第二类骑手2016年共5000人左右，2017年仅2666人，减少近一半，原因是公司在2017年大力建设兼职骑手队伍，以降低配送成本。兼职骑手中的活跃人群，其基本收入均来自接单送外卖，为实际上的专职，但没有任何社会保障。

从以上两家公司情况可以看出，众包或所谓兼职骑手占比均在86%以上，且占比仍在不断上升，两家公司同时强调其兼职的属性和合作关系，意在回避其未参加社会保险这一事实。这部分骑手的社会保障缺位问题值得关注。

（三）快递行业网约用工情况

随着电商行业的发展，快递行业延续强劲增长态势。上海作为快递业总部大量聚集的城市之一，已有20家国有、民营、外资快递企业总部和2346家许可、备案的快递企业。在上海的主要快递企业中，顺丰快递的网点是直营网点，明确要求入职员工必须签订劳动合同，企业也为其缴纳社保费。其他快递企业，包括“三通一达”（申通、圆通、中通与韵达快递公司）的网点，基本以加盟为主，有转包、分包、委托、承包、承揽等多种形式，加盟网点直接用工少、中间环节多，快递员与快递公司劳动合同的签订无法得以保障。调查显示，企业与快递员不签订劳动合同、不缴纳社会保险现象普遍；快递员与平台签订劳动合同的比例为 54.17%，与第三方签订劳动合同的比例为 9.17%，没有签订劳动合同的比例为 34.17%。

二、上海网约工队伍基本状况

（一）网约工队伍结构状况

1. 以年轻男性为主

调查显示，受访网约工群体中的男性占比高达 90.20%（见图 1）；网约工群体普遍较年轻，35 岁以下占比 73.47%（见图 2）。这个职业的性别和年龄特征明显，侧面表明网约工劳动强度整体较高。

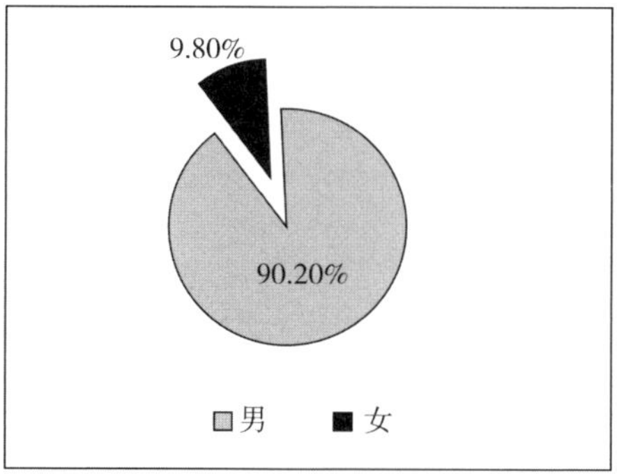

图 1　网约工性别结构

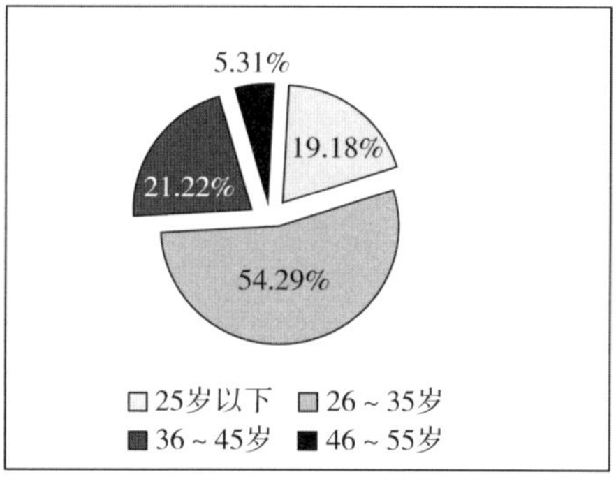

图 2　网约工年龄结构

2. 以外来务工人员为主

绝大多数网约工来自外省市，占比达 85.30%，其中外省市农业户口占比 68.57%。本市就业人员做网约工的意愿偏低，仅占比 13.47%（见图 3），且主要以网约车驾驶员为主（占比 77.77%）。

3. 以低学历人员为主

网约工文化程度普遍偏低，普通高中、中专及以下学历达 85.30%，高职大专也仅占 12.24%（见图 4）。

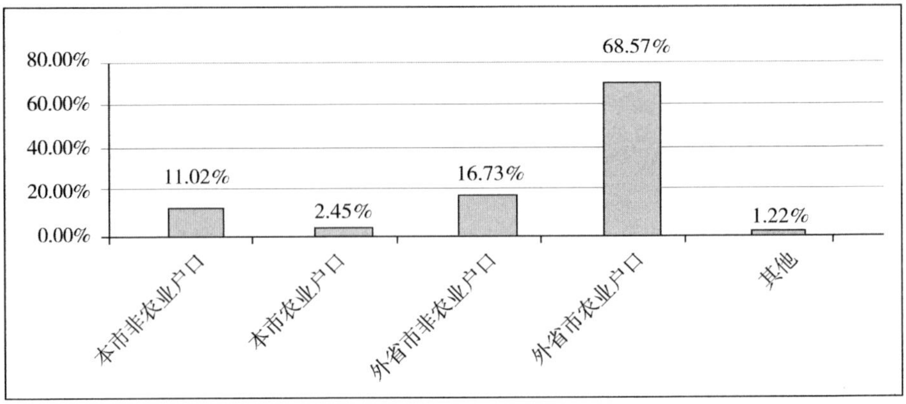

图3　网约工户籍情况

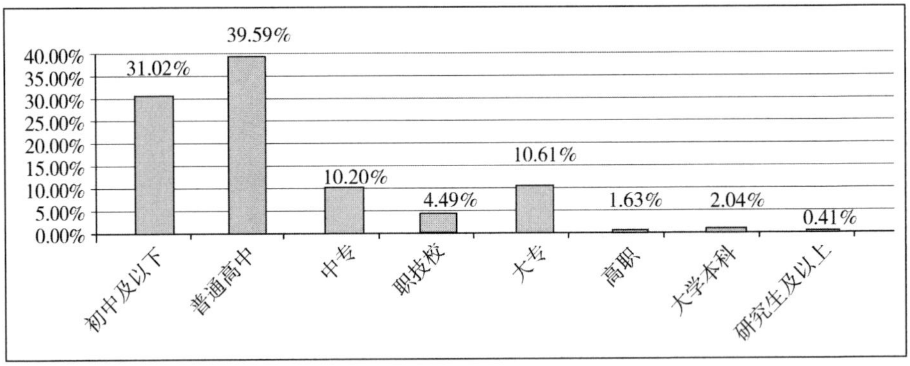

图4　网约工文化程度

4. 以无技能无职称人员为主

61.63%的受访者没有任何技术等级或专业技术职称，拥有技师及以上技术等级或专业技术职称的仅为5.72%（见图5）。

5. 以已婚生育家庭为主

网约工中已婚的占66.80%，未婚的占31.56%，离异的占1.64%（见图6）。网约工中生育一孩的占38.37%，生育二孩的占25.71%，生育三孩及以上的占2.04%，尚未生育的占33.88%（见图7）。

从网约工队伍整体状况看，大多数网约工来自外地农村，负有养育子女、支撑家庭的责任，但低学历、无技能使他们成为就业弱势群体。网约用工低门槛、灵活的特点无疑对解决这部分人的就业问题发挥了积极作用。

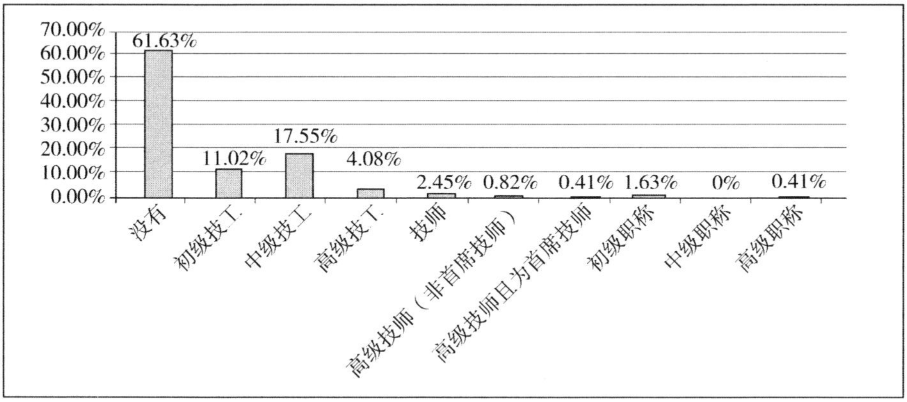

图5 网约工专业技术职称情况

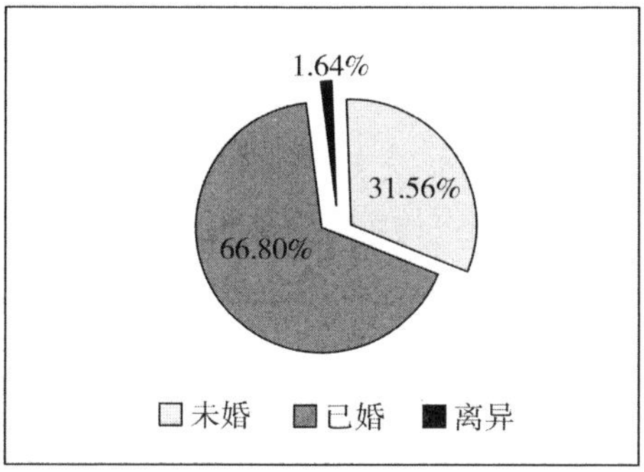

图6 网约工婚姻状况

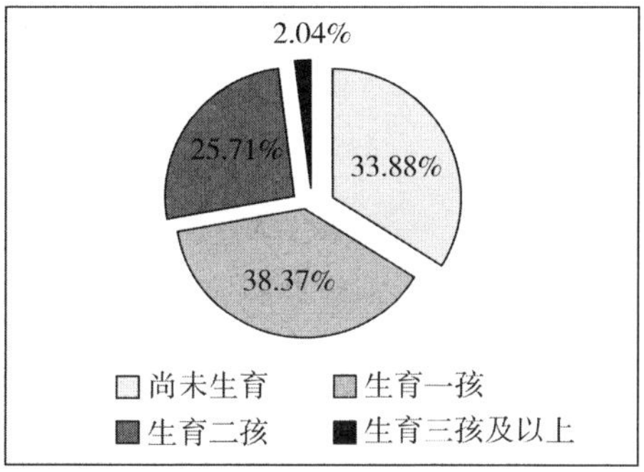

图7 网约工生育状况

（二）网约工队伍劳动就业状况

1. 以服务业就业为主

网约工主要包括餐饮外卖平台送餐员、快递公司快递员、网约车平台驾驶员、电子商务平台送货员、网上中介服务平台家政工、厨师、护工等，行业分布较为集中，最为集中的是交通运输、仓储和邮政业（占48.98%），其次是住宿餐饮业（占18.37%），其他则多为家政等服务业。

2. 以民营企业就业为主

网约工的就业单位中，民营企业占72.73%，股份合作企业占17.36%，国有或集体企业仅占8.26%（见图8）。

3. 超时工作较为普遍

网约工每天工作 9 小时以上者占 51. 64% （见图 9）。网约工工资多数按件计酬，收入与接单量直接挂钩，为了提高收入，多数网约工“选择”超时工作。数据显示，每周工作 51 ~ 60 小时者占 31. 43% 。

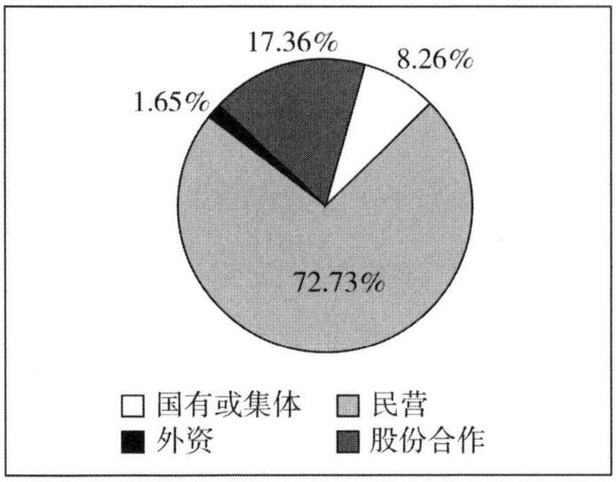

图 8　网约工服务单位性质

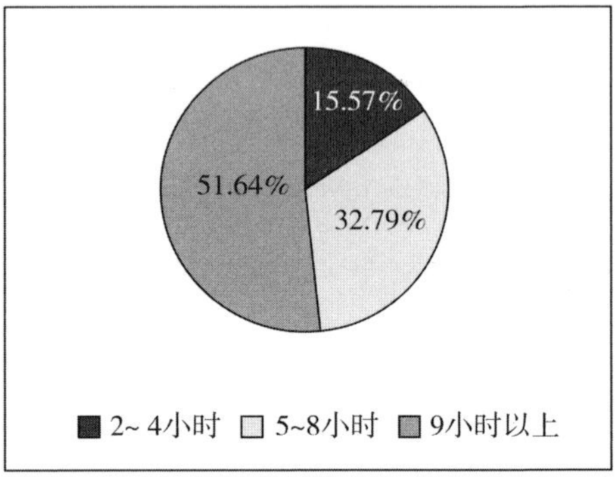

图 9　网约工日均网约工作时间

4. 超四成未签订劳动合同

受访网约工 47. 70% 与平台签订劳动合同，11. 72% 与第三方签订劳动合同（见图 10），仍有 40. 59% 没有签订劳动合同。考虑到调查时对自行在平台注册的网约工样本抽取难度较大、覆盖不足，网约工未签订劳动合同的实际比例应该更高[①]。

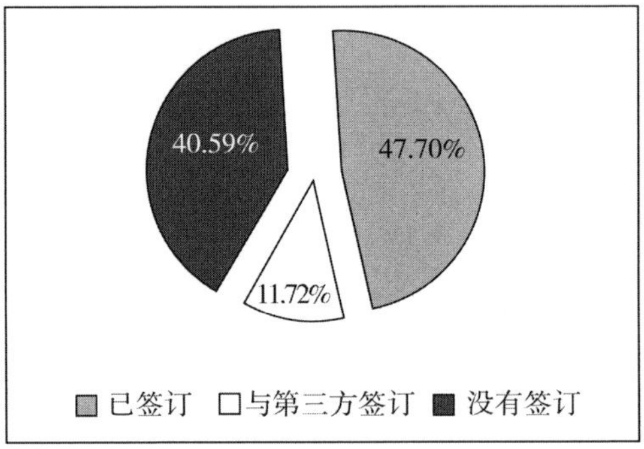

图 10　网约工劳动合同签订情况

① 参照标准排名研究院《2016 网络约车司机生存状况调查报告》数据，北京“各 C2C 平台均未与私家车加盟司机签订劳动合同，在整个网约车司机群体中，未签订劳动合同的占比超过九成”。

单位调查显示，饿了么骑手中，仅1%的自营骑手与平台签订劳动合同，13%的第三方骑手与第三方配送公司签订劳动合同（或实行劳务派遣），自行注册的86%众包骑手平台不审核其是否已签订劳动合同。滴滴出行、百度外卖等平台也存在类似情况。

5. 就业流动性较大

调查显示，54.92%的受访网约工累计工作年限在6年以上（见图11）。没换过工作的仅占38.33%。更换工作1~2次、3次、3次以上的分别占28.33%、17.08%、16.25%（见图12）。

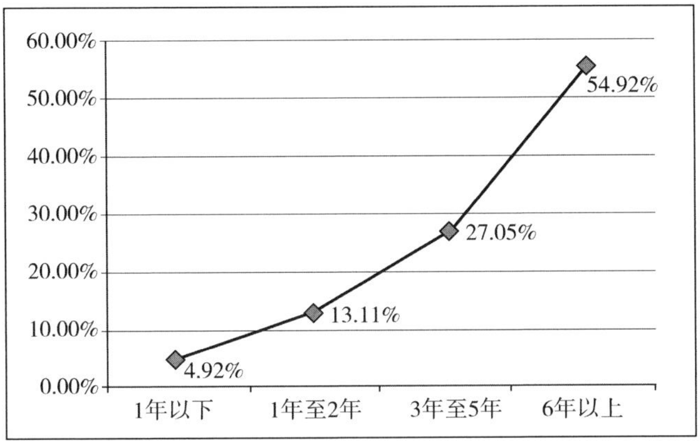

图11　网约工累计工作年限

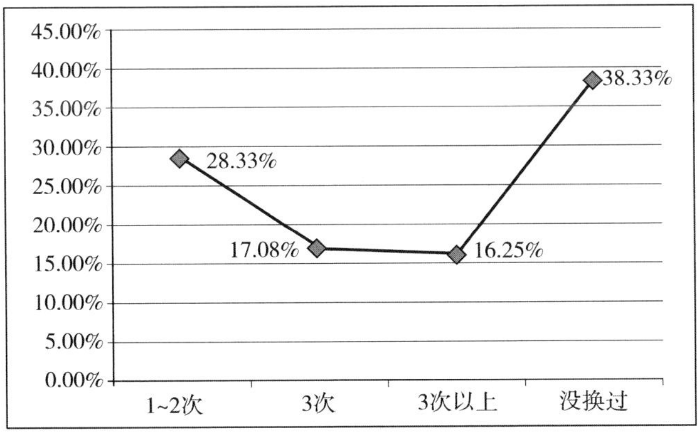

图12　网约工换工作次数

网约工更换工作较为频繁，换工作频率在半年左右及以下的占11.07%，一年的占22.98%（见图13）。

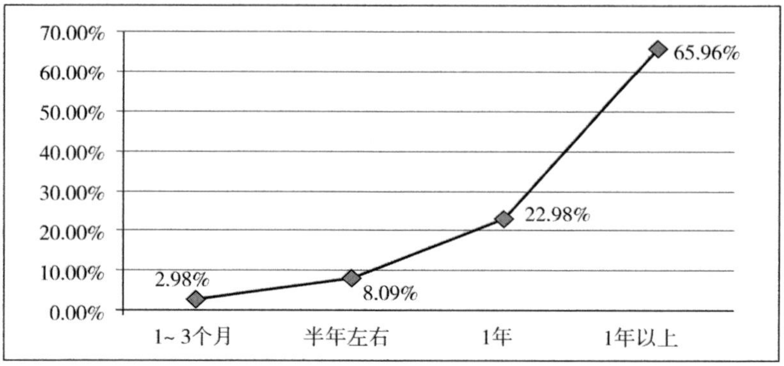

图13 网约工更换工作频率

网约工在目前工作的网络平台企业连续工作时间达3年以上的仅占20.33%（见图14）。

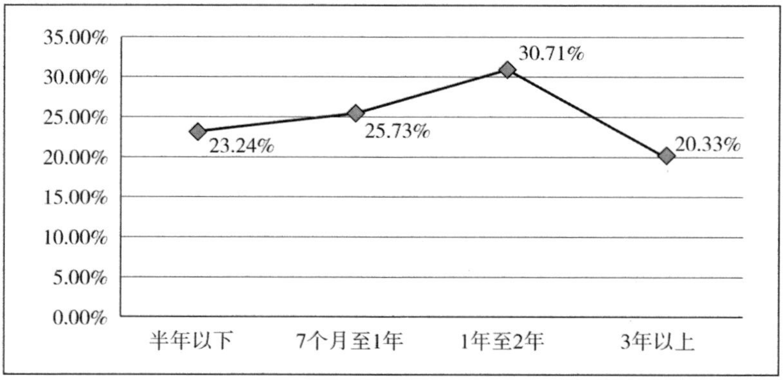

图14 网约工在现有企业连续工作年限

6. **以专职为主**

调查显示，78.19%的受访者专职从事网约工作（见图15）。这与各大平台企业声称其网约用工以兼职为主有较大出入。

平台企业在共享经济的旗号下，乐于强调网约用工是对闲置人力、物力的发掘利用，存在有意夸大兼职网约工比例的现象，因为如果平台上的工作者是兼职网约工，就回避了签订劳动合同和缴纳社保的问题，如百度

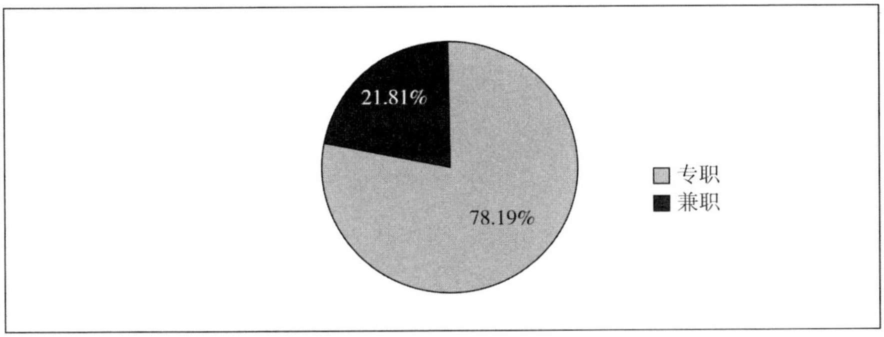

图 15 网约工专兼职情况

外卖上海分公司声称其网约用工中 89.3% 为自行注册的兼职骑手；滴滴出行上海分公司声称，注册网约车驾驶员有 10 多万人，其中 6 万多人是以私家车的方式加盟，以兼职的居多。而这些公司认定的“兼职”网约工，其中接单量大的活跃人群主要工作时间和工作收入均来自网约工作，应视作专职网约工。

（三）网约工队伍收入保障状况

1. 收入基本与上海市职工平均工资持平

受访网约工 2016 年的平均月收入 5001～6000 元的占 19.42%，6001～7000 元的占 17.77%，7000 元以上的占 18.60%，5000 元以上的合计占比为 55.79%（见图 16）。85.25% 网约工能按时领取工资。

从单位调查情况看，饿了么骑手 2016 年的平均月收入低于 5000 元的占 37%，5001～6000 元占 32%，6001～7000 元占 19%，7000 元以上占 12%。骑手平均月收入在 6500 元左右，做得好的能够上万元，基本与 2016 年上海市职工平均工资（6504 元）持平。86% 的骑手表示能按时领取劳动报酬。

2. 社会保障覆盖率较低

调查显示，平台企业为网约工按月足额缴纳城镇职工社会保险费的仅占 42.75%；没有缴纳社会保险费、单位也没给网约工相应费用的占

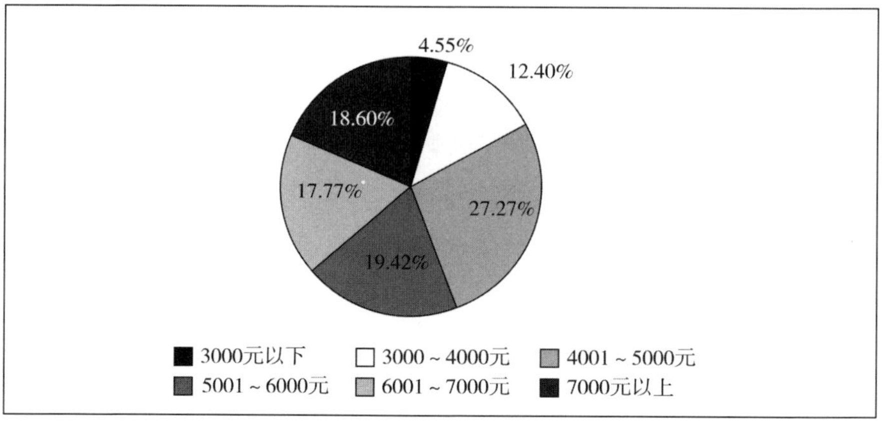

图 16　网约工平均月收入状况

16.67%，不清楚缴纳情况的占 24.64%，两项合计达 41.31%（见图 17）。

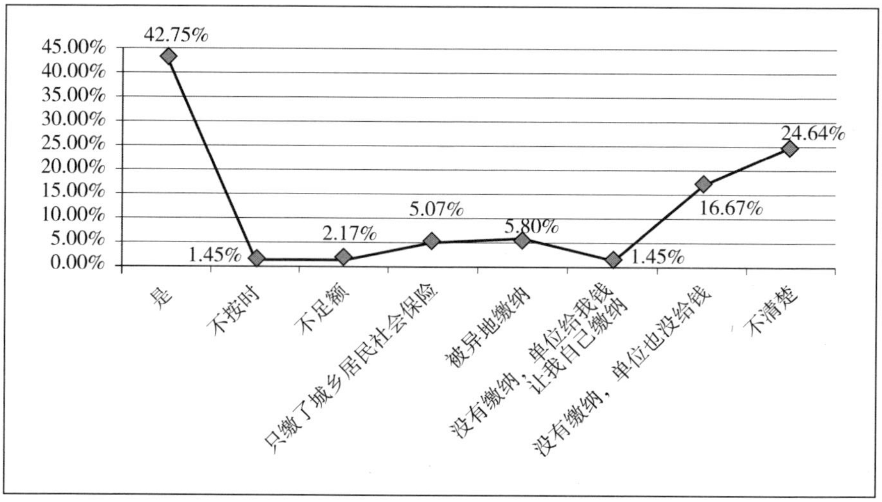

图 17　网约工缴纳城镇职工社会保险费情况

网约工没有签订劳动合同占比 40.59%，没缴纳社保和不清楚缴纳情况的合计占比 41.31%，与此呈正相关关系。同样，考虑到调查时对自行在平台注册的网约工样本抽取难度较大、覆盖不足，网约工未缴纳社保的实际比例应该更高，尤其是网约车司机和外卖送餐员这些容易被视为兼职的网约工。①

（四）网约工队伍自我评价情况

1. 收入满意者过半

受访网约工对目前收入水平很满意的占18.85%，满意的占32.79%，两项相加达到51.64%，超过半数。不太满意与不满意的占11.48%（见图18）。

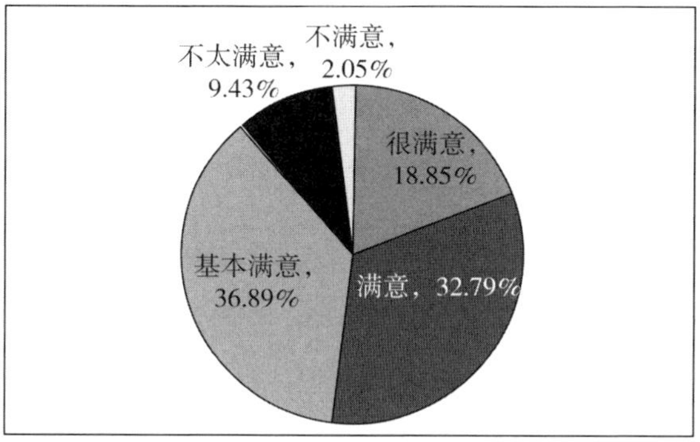

图18　网约工对现有收入的满意度

访谈显示，网约工因户籍、年龄、学历、技能等客观条件的限制，对工资的期待不高，对每月“到手”五六千元的工资较为满意，对社保、福利等“隐形”收入不够敏感②；与此前外来务工人员普遍从事的宾馆饭店服务员、流水线工人三四千元的月工资相比，网约工工资相对较高。网约平台企业大多实行计件工资制，网约工收入与其接单量直接挂钩，大多数网约工选择“超时”工作来增加收入③，提高对工资的满意度。

2. 岗位满意者超六成

受访网约工对目前工作岗位很满意的占22.13%，满意的占39.75%，两项合计占61.88%（见图19）。

① 参照标准排名研究院《2016网络约车司机生存状况调查报告》数据，北京网约车司机未参加社保的占94.4%。

② 超半数受访网约工“不了解”社保政策。

③ 31.28%的受访网约工节假日从不休息，51.64%的受访网约工每天工作9小时以上。

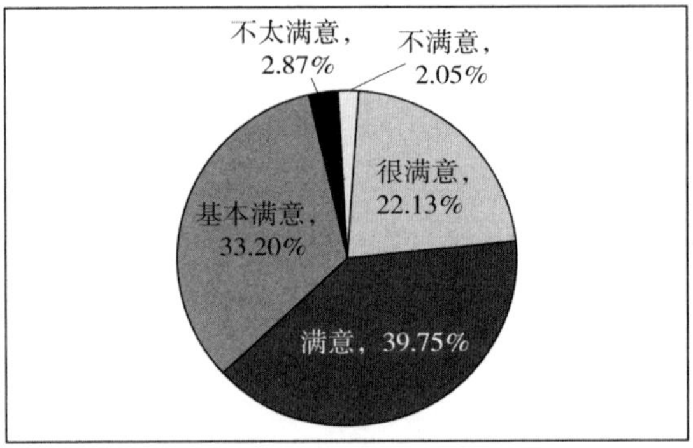

图 19　网约工对现有工作岗位的满意度

网约用工因其技能要求低、就业机会多、工作上手快、工作时间灵活等原因深受外地来沪的初高中毕业生欢迎。在被问及为何选择网约工作时，41.1%的受访者都谈到了“适合自己”。有的网约工说，“还能干啥呢”“别的工作也不好找”。网约平台企业确实为学历不高、技能欠缺的劳动者特别是农村转移的劳动者、产业结构调整过程中的失业人员提供了较为合适的就业机会，为充分就业和社会稳定作出了贡献。

3. 体面劳动认同度不高

8.98%的网约工“非常认同”自己实现了体面劳动，23.27%的网约工“认同”自己实现了体面劳动，51.43%的网约工感觉自己在实现体面劳动上“一般”（见图 20）。网约工认为实现体面劳动的关键是要落实“收入权”“安全权”“受尊重权”“社会保障权”等。

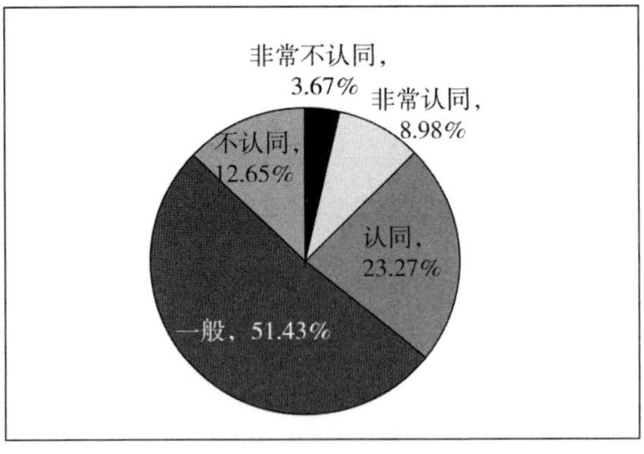

图 20　网约工对体面劳动的认同度

为何体面劳动认同度明显低于收入满意度和岗位满意度？访谈发现，网约工对收入和岗位的满意主要是“和自己比”，谈到“体面劳动”时，大多数网约工“和社会比”，还是觉得自己从事的是“体力活”、加班加点多、社会尊重不够，算不上“体面”，收入也不能和白领与有技术的工人比。网约工属于劳动密集型行业，而体力劳动者工资水平普遍偏低。

访谈发现，京东快递配送员、顺丰速运快递员、神州专车网约司机对收入和岗位的满意度、体面劳动的认同度都明显高于其他同类公司员工。京东快递的配送员高某某认为自己已跻身“中产阶级”。究其原因，是这三家公司均与员工签订劳动合同，为员工缴纳社保，提供的劳动保护和福利也相对较好。

4. 社会保障成第一诉求

在多选情况下，网约工最需要得到的帮助依次是社会保障（46.64%）、收入分配（36.13%）、劳动就业（35.71%）、法律援助（26.47%）、监督用人单位履行劳动合同（15.97%）、职业技能培训（15.97%）、其他帮助（11.76%）、民主权利（11.34%）、文体活动（3.36%）等（见图21）。

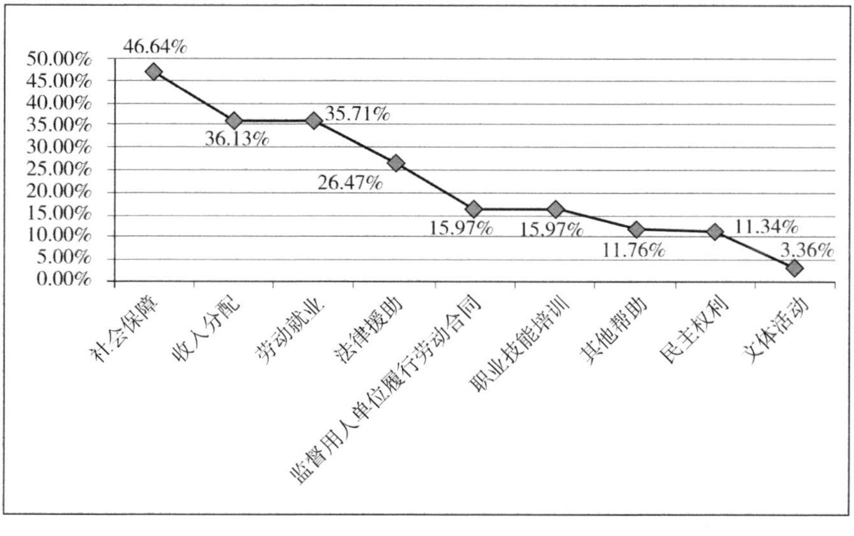

图21　网约工主要诉求排序

尤其在养老问题上，网约工表示“很担心”的占41.15%。以上两项数据说明，社会保障是网约工亟待维护的首要权益。

5. **职业发展预期不高**

网约工职业技能提升机会不多。调查显示，受访网约工2016年没有参加过相关培训、学习的比例高达54.96%，参加1周以下培训、学习的占14.05%，培训、学习时间1~2周的占7.44%。

访谈了解到，网约工培训以入职前的平台规章制度培训和交通安全法规培训为主。尽管网约工对收入和岗位表示满意的比例均超过五成，但对所属平台企业了解不多、归属感较低，网约工在多个平台注册的现象较为常见。

外卖送餐员杨某，同时在百度外卖、饿了么平台注册。在被问及百度外卖和饿了么合并事项时，反问道：“这个和我有关系吗？我又不是他们的人。”“谁不想有一家单位？可是你进不去的，他们不要你进，只要你干活。这个职业没有发展的，干一天是一天，将来有钱了还是去做生意。”这种心态在网约工中较为普遍。

京东快递、顺丰速运、神州专车等公司员工则属于特例，他们由于和公司签订了劳动合同、社会保障得到了落实，对公司发展十分关注，归属感较强。京东快递的配送员高某某表示，“我对京东很了解，京东业务面在扩大，前景好，我们的待遇也会越来越好。我的小目标是年薪翻倍。我肯定会在京东继续干”。

（五）网约工队伍对工会的知晓度

1. **了解工会的不多**

在受访网约工中，知道并了解工会的占15.10%；听说过有工会，但不太清楚的占55.51%；没听说过工会的占29.39%（见图22）。网约工中工会会员占比仅9.32%（见图23）。

网约工了解工会的途径依次是听家人或朋友说、从电视里看到、从网络上知道、以前加入过工会等。对工会的认知依次是员工自愿参加维护自身合法权益的组织、帮助员工解决各种困难的组织、组织员工开展劳动竞

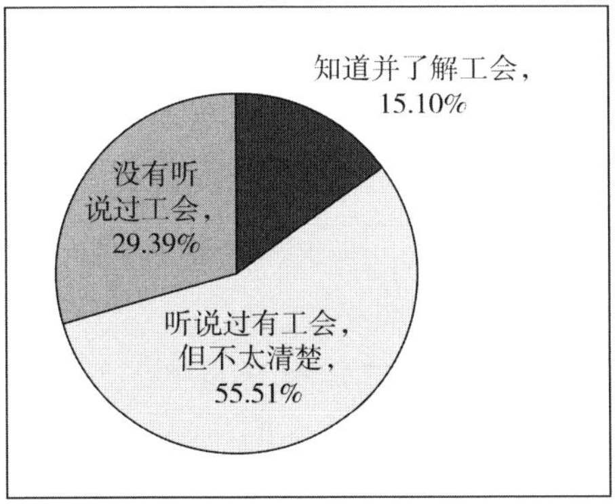

图22　网约工了解工会情况

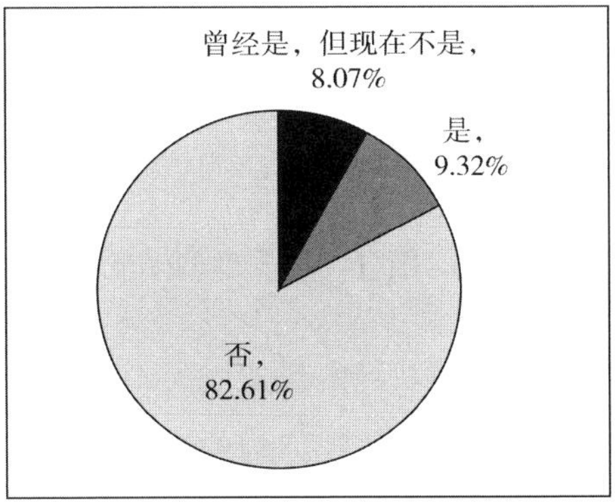

图23　网约工入会情况

赛文体活动的组织。

2. **入会意愿较强**

非会员网约工愿意加入工会的占58.78%，无所谓或不清楚的占36.64%；不愿意加入工会的占4.58%（见图24）。其主要原因是对工会不了解（占38.98%），公司没建会，怕影响自己（占17.80%）（见图25）。

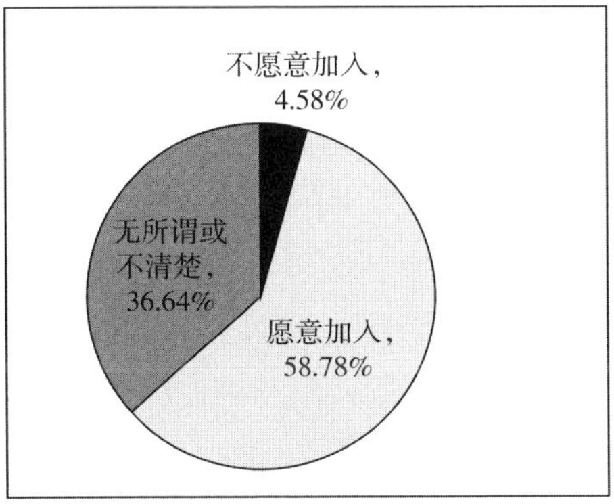

图24　网约工入会意愿

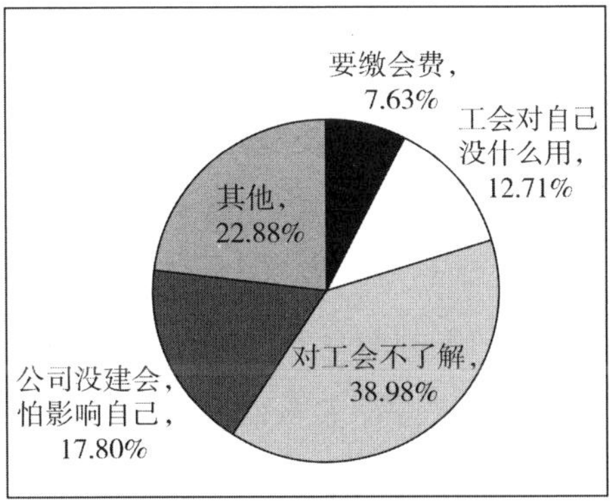

图25　网约工不愿入会的原因分析

希望所在的网络平台企业成立工会的占32.50%，无所谓的占64.38%。

三、网约用工存在的问题及其成因

（一）用工关系难判定

随着互联网的快速发展，网络用工应运而生，其规模不断扩大，该用工模式打破了传统劳动关系中的时空约束，使得网约工的劳动时间和劳动场所不受雇主约束。对于网约用工关系是否属于传统意义上的劳动关系，实务界及学术界见仁见智。

平台企业倾向于认为，平台企业与网约工不再是公司与员工的（劳动）关系，而是平台与个人的（合作）关系。共享经济将重塑社会组织，现在的“公司＋员工”的方式也会逐渐被“平台＋个人”的方式所替代。

劳动保障监察部门指出，互联网平台企业与劳务提供者之间既有建立劳动关系的，也有通过外包、劳务派遣等方式形成“非标准”劳动关系的，但是更多的还是通过签订合作、承揽等协议来建立民事合作关系。在新型经济业态下，传统劳动关系正在向民事合作关系转变。

司法界的观点认为，从我国现行的《劳动法》的角度来看，判定网约工与平台企业之间是否存在劳动关系有很大的难度，对于具体个案，需要具体情况具体分析。依法认定性质，依法保障权益，属于劳动关系的按现有法律法规执行，属于其他民事关系的，纳入民事范畴调整。对于尚不能清晰地划入劳动关系或民事关系的情形，要深入分析研究。

学术界的观点认为，在共享经济中，各种就业形态五花八门，不能一概而论网约用工是否算作劳动关系，需要结合具体的案情作出具体的判断。应该基于国际劳工组织 2006 年发布的《雇佣关系建议书》（第 198 号）确立的“事实第一原则”，根据劳务提供者提供的证据再作认定。

在互联网环境下，由于网约工与平台之间不具备人身隶属性，平台主要是对其进行服务质量的奖惩，没有考勤，报酬种类和给付形式也多种多样，并且网约用工还会促使企业借助互联网从事经营范围外的活动和收益。即便双方签订用工协议，按照确认劳动关系的“三要素”（主体合法性、身份从属性及业务相关性），网约用工也很难认定为劳动关系。[①] 但在仲裁与司法实践中，也有将网约用工关系认定为劳动关系的情形。

无论是传统的用工模式，还是网约用工模式，劳动者要素的核心地位以及劳动力的支出使用都没有变化。不管是标准或非标准劳动关系，还是特殊劳动关系，无论是网约用工模式还是其他用工形式，网约工都为社会提供了劳动，都是劳动者，应该得到与他的劳动付出相适应的体面、公正的待遇，其中包括社会保障、劳动保护和组织起来的权益。

（二）法律体系待完善

1. 网约用工法律体系有待健全

网络用工具有典型的跨区域、跨行业特征，现有的法律法规越来越无法适应网络用工发展需要，主要表现为平台企业的法律地位和责任界定不清，关于平台的性质认定、行业归类、新型劳资关系、从业者和平台的税收征缴等尚无明确规定。在这种情况下，如若不对现有不合理的法律法规加以修订，就会导致大量的网络用工形式处于灰色地带，甚至有“违法”嫌疑，面临随时被叫停的风险。究其原因，一是网约用工作为新生事物，发展变化快，法律法规滞后于实践发展；二是网约用工的跨地区、跨行业特征与数量巨大的行业性、地方性法规产生明显冲突，现有法规的修订量大、面广，难以在短期内完成；三是即便对于那些存在明显缺陷且能在短期内得以完善的法律法规，也存在主观能动性不足的问题。

---

① 在美国，一名非标准从业者到底是雇员（employee）还是独立合同工（independent contractor），判断起来也是非常困难的。由于独立合同工在美国劳动法的规制范围之外，企业拥有较大的用工自由度，为降低用工成本，一些不良雇主往往将实质上的非标准雇员归为独立合同工，使这些劳动者得不到劳动法的保护，由此引发很多问题与争议。美国劳动法主要通过法院判例的方式来鉴别从业者的身份，“经济事实”原则便是一项重要的鉴别准则，该准则现已被美国最高法院发展为“五点”测试规则：以控制的程度、利润获取与损失的机会、器材设备的投资、关系的永久度、需求的技术等五个方面来决定是雇员还是独立合同工。

2. 现行政策管制缺乏弹性

近年来国家明确提出就业优先政策，但从一些部门与地区出台的具体政策看，往往对网约用工模式强调管制的多、鼓励发展的少。以各地出台的网约车管理细则为例，有些地方对网约车司机户籍、车辆轴距、排量、准入年限甚至揽客区域都进行了严格规定，许多方面严重背离灵活就业的发展规律与内在要求，也与国家包容创新的政策导向相偏离。其他领域出台的相关规定也存在类似问题。究其原因，一是对网络用工缺乏客观认知，习惯用传统思维和方式对待新业态新模式；二是在原有法律法规框架下，创新发展与依法行政之间容易出现矛盾；三是网约用工作为一种新的用工形式，会对传统劳动关系带来明显冲击。①

（三）权益保障不到位

网约用工模式使得传统意义上劳动关系的判定标准面临挑战，劳动者的权益（尤其是社保权益和劳动安全）游离于基于传统劳动关系而设置的现行制度之外。正是由于网约用工性质判定上存在的争议，基于劳动关系所提出的一些诉求在裁审环节难以得到认可。②

此外，网约工面临着更频繁的“失业—再就业”循环，严重影响其职

---

① 即便实行高度管制的欧洲劳动法，在劳动弹性化改革的背景下不得不作出适应性的调整。比如德国对于劳动关系原本是实行高度国家干预的，然而自 20 世纪 80 年代以来一系列劳动法的修订呈现出明显的放松管制的趋势。欧洲劳动法的放松管制催生了非标准劳动的繁荣，失业率有所下降。但也出现了一些负面效应，管制的放松、就业保护水平的降低，对非标准就业人员造成一定的不利影响。欧洲虽然表面上提倡灵活性和安全性的平衡，但实质上是将灵活性置于安全性之上。在美国，劳动法原本就十分宽松，强制性规制较少，非标准劳动的发展并没有在法律层面遇到很大的障碍。就域外立法而言，对网约用工等非标准用工模式既不能过多强调管制，也不能过度放松，要松紧适度，才能有效实现灵活性与安全性的平衡。

② 如在 2015 年的王某某诉北京亿心宜行汽车技术开发服务有限公司劳动争议上诉案中，原告系被告代驾公司的代驾司机，请求法院认定代驾公司与其存在劳动关系，但被驳。同年，郭某某诉北京河狸家信息技术有限公司、韩某某侵权纠纷案中，原告因从“河狸家”平台购买上门美睫服务而受到人身损害，主张两被告对原告的损害后果应承担连带赔偿责任。法院认为，根据证据，河狸家公司与美睫人员之间不足以认定存在雇佣关系，最终酌情判令河狸家在 30% 的范围内承担补充赔偿责任。

业稳定性，职业生涯被分割成无数个片段，劳动技能和水平无法获得持续的提升。但由于网约工流动性强，网络平台不愿意支出培训费用，网约工不具备负担培训的能力因此培训热情不高，又加之培训制度不够完善，导致网约工的职业培训严重缺失，从而减少了其就业机会，也降低了其收入水平。又因为“网约工”大多为兼职，且注重短期效益，目前关于该群体权益保障的需求尚未充分释放。由于互联网的去中心化，分散且流动的网约工难以通过以集体谈判为核心的集体劳动权来维护权益。

（四）组织程度待加强

网约用工使得市场经济中的个人不再完全依附于企业，而是获得了更大的自由工作空间，企业也拥有用工的灵活性。此种用工关系对从业者来说是一把双刃剑，在获得相对自由工作时空的同时，其基本劳动权益可能被无形侵害。随着网约用工规模不断壮大，网约工数量日益增加，没有纳入组织化管理的网约工一旦权益受到大范围损害，其应激反应难以规范，对构建和谐社会是一大隐患。

网约工的工作比较分散、流动性强、工作时间比较灵活，劳动者之间常常缺乏联系与交往。此外，由于劳动者群体的区域分隔和员工利益的多元化，难以形成所有工人认可的共同利益。灵活松散、流动性强的网约工群体，由于组织化程度较低，一旦权益受到侵害，难以有效对抗强势的资方。作为弱者中的弱者（相对于存在劳动关系的劳动者而言），网约工只有加入工会组织，才能形成集体力量增强话语权，才能使得以集体协商为核心的集体劳动权充分发挥作用。

四、关于网约用工规制的措施及建议

由于现行相关制度主要是基于传统劳动关系而设计的，可以预见，随着共享经济的发展，网约工权益保障与现行制度的脱节将越发明显。因此，对于网约用工的规制势在必行。

（一）网约用工规制的指导思想

全面贯彻党的十九大精神，以习近平新时代中国特色社会主义思想为指导，坚持促进经济发展、全面促进就业、维护职工权益，坚持创新、协调、绿色、开放、共享的发展理念，坚持正确处理改革发展稳定的关系，推动中国特色和谐用工关系的建设和发展，实现人们对美好生活的追求和向往。

（二）网约用工关系的协调原则

1. 保护网约从业者

市场经济条件下，市场失灵的客观存在是政府干预网约用工关系领域的缘由所在。政府与市场是市场经济中两种基本的资源配置手段。但由于市场本身的滞后性和被动性，现实经济中往往会出现市场失灵现象。我国网约用工关系领域中的市场失灵现象主要表现在：劳动力供大于求的状况长期存在，劳资双方存在非均衡性，呈现明显的“资强劳弱”状况，从而导致用工协议的内容往往由平台企业单方决定，难免出现侵犯网约工权益的协议条款；在劳动协议的履行过程中，平台企业凭借所拥有的管理权和资源所有权，肆意侵害网约工利益的现象时有发生。政府通过网约用工关系领域的制度供给对网约工进行保护，平衡“资强劳弱”的网约用工关系失衡状况，从而实现实质公正。

2. 提升网约工组织化程度

针对网约用工关系明显的市场化特征，进一步平衡劳资双方力量的非均衡性，不仅需要通过国家立法干预对网约工进行倾斜性保护，还需要督促网约工组织起来以集体力量维护自身合法权益，即通过组建工会来维护自身合法权益。各级工会应不断创新建会入会的方式方法，提高网约工组织化程度，维护网约工队伍稳定和社会和谐。

3. 建立多方合作机制

为有效规制网约用工关系，维护网约工正当权益，针对网约用工模式的灵活性和网约工权益保障的复杂性，需要建立健全政府、企业、工会、行业协会、法院等多方联动的协调机制，需要对网络平台提供的服务和产品质量进行行业监管，对从业人员的工作健康安全、社会保障进行制度安排，也需要明确网络平台的监管责任和从业人员的个人责任。工会组织要充分发挥其独特作用，要积极协助党政解决好网约工群体普遍关心的社保、就业、培训、收入等问题；要主动适应现阶段用工关系的新变化，强化源头参与、集体协商、民主管理等工作，既要关心和维护网约工权益，也要教育和引导网约工理解改革支持改革，引导广大网约工正确对待社会利益关系调整，以理性合法形式表达利益诉求；要加强对网约用工领域社会组织的引领，加强维稳和防范抵御工作，以维护网约工队伍稳定，促进社会和谐稳定。

（三）网约用工规制的对策与建议

1. 完善现行劳动法律体系

网约用工的优势在于灵活性，劣势在于网约工权益保障方面的短板。如何实现就业灵活性又不伤及劳动者的就业安全是一个难点。对此，需要进行劳动立法目标和立法理念的定位思考。在目标定位上，劳动立法是坚守纯粹的社会目标还是同时纳入经济目标？在立法理念上，是放松管制还是强化管制？基于网约工相对于典型劳动者更为弱势的特点，在网约工权益保护方面不能完全市场化；否则，会走向劳资关系的冲突化。因此，需要国家公权力的介入，通过立法对其社会保险、劳动安全卫生等基本权益进行规制，同时还可以通过行业自律机制提供保护。在立法过程中，要本着“淡化劳动关系认定的法律意义、弱化社会保险与劳动基准对劳动关系的依附性、重在解决劳动者权益保护问题”的思路进行制度设计，对网约用工进行分类规制，即对正当网约用工可从宽规制，对不正当网约用工应从严规制。并通过一般法和特别法进行分层分类规范，用一般法规范网约用工中的标准劳动关系；用特别法规范网约用工中的非标准劳动关系。

2. 加强政府监管责任

对网络用工模式的规制，不仅涉及劳动法律层面，还涉及政府监管层面，需要在促进行业发展和实现有效监管之间寻求一种价值平衡。一方面，要规范新业态企业履行管理责任，建立用户权益保障机制，做好对各类平台合作人员的知识产权和隐私权等合法权利的保护工作，构建多元化在线争议处理机制，通过仲裁和司法判例的创新来引导和启发政府规制；另一方面，要加强维护市场竞争秩序和平台数据处理方面的监管，使数据的收集和处理公开透明，使监管部门能及时有效地发现、介入、制止、惩罚扰乱公平竞争的行为。

3. 加强网约工的职业培训

网约工的技能提升对于就业的促进、生产力的提升和社会的稳定都会产生积极影响。因此，网约工的职业培训具有准公共性，国家应建立健全培训机制，为网约工提供职业培训和就业服务。这也是党的十九大所要求的"开展大规模职业技能培训，提供全方位的公共就业服务"的应有之义。鉴于网约用工的特点，其培训体制应当采取由国家主导、平台企业兑现义务、工会组织适度负担的多元主体支撑模式，同时充分发挥公共教育培训机构和营利性培训机构的作用，并适度加强培训制度的刚性，明确政府、平台企业、培训机构、工会组织及劳动者的权利和义务。

4. 强化企业和行业自律

一方面，即便共享经济模式下的用工关系不完全遵循传统劳动关系的路径，但依然要认识到企业与劳动者不仅是利益共同体，更是命运共同体，劳动者需要公平的工资和保障以维持生计，企业要为劳动者提供平等协商的对话机制。另一方面，发挥行业协会的积极作用，采用第三方评估方式，对平台企业用工进行评估监测，做好跟踪落实；推动行业组织制定各类产品和服务标准，促进企业之间的业务交流和信息共享；完善行业纠纷解决机制，鼓励第三方及用户参与平台治理。

5. 发挥工会独特作用

鉴于网约工权益保障方面的现实困境，以维护职工合法权益为基本职责的工会组织，应主动适应网络用工模式的要求，切实维护网约工的合法权益。现行工会体制主要是以传统劳动关系和典型劳动者为基础和对象的，面对灵活松散、流动性强的网约用工，暴露出诸多不适应，尤其是在网约工入会方式、建会类型、经费保障、组织管理以及社会保险等方面缺乏制度支撑。这些均给网约工建会和权益保障带来挑战。为此，建议如下。

一是创新网约工入会方式方法。随着网络用工规模的不断扩大，工会要不断扩大工作覆盖面，将网约工这种新型的灵活就业者也纳入工会体系中，借助工会力量维护其合法权益。为此，要不断推进平台企业体外入会，依托园区、楼宇等联合工会和区域性、行业性工会联合会，建立综合分工会；推广网上入会的途径方法，宣传、动员、吸引网约工直接在网上申请入会。申工社 App 上线后，推出了职工线上入会方式，开辟网上申请入会通道，从而为网约工加入工会提供了便捷。

二是充分发挥行业工会的作用。行业工会是由同一行业从事相同或相近工作的人所组成的，更适合分散的、易流动的网约工个体，通过扁平化的管理机制将网约工组织起来，推动行业性集体协商、完善行业工时及行业劳动保护标准等。针对平台企业的性质认定及行业归类方面的困难，可依据网约工所从事的行业类型和区域范围，建立跨区域的行业工会联合会来吸纳网约工入会。

三是创新工会组织管理手段。借助互联网技术的应用，给网约工提供多样化的服务形式和服务内容，如法律援助、继续教育培训和咨询等，把分散的网约工吸引过来、组织起来、凝聚起来。针对网约工灵活松散、流动性强，网约工的会员意识和工会意识较为淡薄的特点，可考虑通过“先活动覆盖、再组织覆盖”的方式将网约工纳入工会系统。为此，建议在网约工集聚度高且流动频繁、工会覆盖不到的各类园区、社区及楼宇等地增设职工服务站，为网约工提供服务和权益保护，进而吸引网约工加入工会组织。

四是强化工会经费保障。针对网约用工模式灵活性和分散性的特点，即使网约工加入工会，但经费收缴难将会困扰工会工作的开展。为此，一方面，可将网约工纳入“两非一无”（非正规就业劳动组织、非标准用工关系组织及无工会组织）经费保障政策的覆盖范围，即按照会员缴纳的会费、市区总工会经费补助、市区财政补贴之间的适当比例，筹集保障资金。另一方面，可对网约工集中的工会组织实行工会经费差异化管理，健全工会经费对下补助机制，即工会组建第一年，由市区两级工会下拨运转启动资金；对运转积极但经费特别困难的工会组织，可予以专项经费补助等，把更多经费用到网约工身上。

五是将社保问题纳入工会视野。面对越来越多的网约工社保权益保护问题，工会应进一步推进在社保方面的立法参与和维权监督工作。探讨工会在立法参与、维权监督以及工会补充保障体系等方面的作用、经验、难点及对策等。将网约工的社保问题纳入工会视野，除了协助、督促执行社保政策外，还要倾听网约工们的呼声，反馈他们的要求，使政策更加完善。工会拥有完整的组织体系和严密的组织网络，通过工会组织的网络终端，可以调查了解、跟踪访谈、获得大量信息，工会的这种维权是有优势的、可行的。

参考文献

［1］滴滴政策研究院 . 2017 年滴滴出行平台就业研究报告［EB］. 微信公众号.

［2］蔡志濠 . 2020 年中国在线外卖行业市场发展现状分析［OL］. https：//www.qianzhan. com/analyst/detail/220/200825 －35f78c95. html.

［3］郭泽涵 . 人社部：“网约配送员”成新职业 几百万“外卖小哥”有了新称谓［OL］. 中国网，2020 年 4 月 26 日 .

广东省“三新”领域务工人员劳动经济权益和建会入会工作研究

张　曼　王吉龙　王贯军*

摘　要： 随着新经济的迅猛发展，“三新”领域成为创造新就业形态岗位的重要阵地。本文通过对广东省“三新”领域新就业形态典型群体的调查，分析其基本状况和构成特点，发现“三新”领域新就业形态务工人员的劳动经济权益保障和劳动关系都面临诸多问题，而且普遍存在工会组建率较低、务工人员入会率不高、工会作用发挥有限等情况。针对上述特点和问题，本文从完善劳动法律政策体系、加强行业管理和社会服务、推进建会入会工作、加强对新就业形态人员的思想政治引领，以及做好维权服务工作等方面提出了对策建议。

关键词： “三新”领域　新就业形态　劳动关系　建会入会

近年来，我国“三新”领域迅猛发展，创造了大量的新就业形态和灵活就业机会。据2017年国家统计局印发的《新产业新业态新商业模式统计分类》，就从业人数较多的领域来看，主要是平台型就业，包括互联网生产服务平台（是指专门为生产服务提供第三方服务平台的互联网活动，

---

* 张曼，广东省总工会研究室主任，研究方向为工人运动、劳动关系以及工会工作等；王吉龙、王贯军，广东省总工会研究室干部，研究方向为劳动关系和工会工作等。

包括互联网大宗商品交易平台、互联网货物运输平台等）和互联网生活服务平台（是指专门为居民生活服务提供第三方服务平台的互联网活动，包括互联网销售平台、互联网家政服务平台、互联网约车服务平台等）。随之而来的是务工人员队伍不断壮大、工作方式不断变化、就业形态和劳动关系发生重大变革。如何把“三新”领域新就业形态务工人员最大限度地组织到工会中来，做好维权服务工作，维护务工人员队伍和谐稳定，已成为新时代工会工作面临的紧迫而重大的课题。

为深入学习贯彻习近平新时代中国特色社会主义思想，贯彻落实习近平总书记对广东重要讲话和重要指示批示精神，进一步落实省委“大学习、深调研、真落实”和全总关于调查研究的工作部署，深入开展“不忘初心、牢记使命”主题教育活动，广东省总工会成立了“三新”领域新就业形态务工人员劳动经济权益状况和建会入会工作研究课题组。本研究根据广东实际情况，在以往研究的基础上，以新就业形态典型群体货车司机、快递员、网约车司机作为本次调研的重点对象，在茂名、佛山、珠海、东莞、惠州等地，通过召开座谈会、实地走访、个案访谈、问卷调查、文献研究等多种方式开展调研，先后组织召开“三新”领域务工人员座谈会6场次，参加座谈人员120余人，现场访谈人员30余人，补充发放调查问卷544份，收回有效问卷539份，以点带面，基本了解了广东货车司机、快递员、网约车司机等新就业形态群体的劳动经济权益情况和建会入会情况，并进行了研究分析，为探索“三新”领域工会工作的规律和工作模式，研究制定加强“三新”领域工会工作建设的意见，在营造共建共治共享的社会治理格局中为更好地发挥工会组织的积极作用打下坚实的基础。

一、“三新”领域新就业形态务工群体基本情况

据统计，2018年我国共享经济交易规模为29420亿元，比上年增长41.6%。共享经济参与者人数约为7.6亿人，参与提供服务者人数约为

7500万人，同比增长7.1%。平台员工数为598万人，同比增长7.5%（国家信息中心分享经济研究中心，2019）。共享经济成为新型的、弹性就业的一个重要源泉，也成为反映就业形势和经济走势的一个风向标。预计未来三年，共享经济增速仍将保持在30%以上。从广东务工人员数占全国的比重（约占十分之一）来推算，目前广东共享经济参与提供服务者（包括专职和兼职）不少于750万人，平台员工数约为60万人。

根据2018年广东“三新”领域调查数据，广东货运经营业户约53.81万户，其中企业业户5.53万户，个体业户48.28万户，共有道路货物运输经营务工人员112.9万人，其中普通货运务工人员103万人，危险品货运务工人员9.9万人（含押运人），按照车辆数与司机数1∶1比例估算，全省货运司机人数约为70万人。快递行业共有快递经营许可企业2576家，分支机构5805家，末端网点4万个，共有务工人员40万人，其中，快递员人数在20万人以上。2015—2018年，网约出租车客运量占出租车总客运量的比重从9.5%提高到36.3%，网约车用户在网民中的普及率由26.3%提高到43.2%。

本次调查显示，“三新”领域务工人员呈现以下特点：

一是性别上以男性为主。在“三新”领域务工人员中，男性占比85.4%，女性占比14.6%。具体分行业来看，在快递行业，男性占比78.1%；网约车行业，男性占比91.1%；货车运输行业，93%为男性。

二是在年龄结构上，以“80后”务工人员为主。在“三新”领域务工人员中，“80后”务工人员占比高达66%，已超过半数。40~50岁占比28.8%，50岁以上为5.2%。据问卷调查结果，在快递行业中，“80后”所占比例更高，达到82.96%（见表1）。所以社会上普遍称快递员为“快递小哥”也是有数据支撑的。

表1　“三新”领域不同群体务工人员中“80后”比重

务工人员	快递员	货车司机	网约车司机
“80后”所占比重	82.96%	35.94%	55.48%

三是在身份特征上以农民工为主。在“三新”领域务工人员中，农业户口的“三新”领域务工人员占57.1%。问卷调查结果显示，在快递行业中，农业户口的占比为61.5%；网约车司机中，农业户口的占比为71.2%；货车司机则为46.9%（见表2）。

表2 “三新”领域不同群体务工人员中农业户口比重

务工人员	快递员	货车司机	网约车司机
农业户口所占比重	61.5%	46.9%	71.2%

四是在学历上以高中水平为主。在“三新”领域务工人员中，高中学历占比为37.00%，中专或技校占比为20.10%，两者合计57.10%；大专占比17.40%，本科学历者占比5.40%（见图1）。由此可见，高中水平（含中专）是“三新”领域务工人员的主打学历。

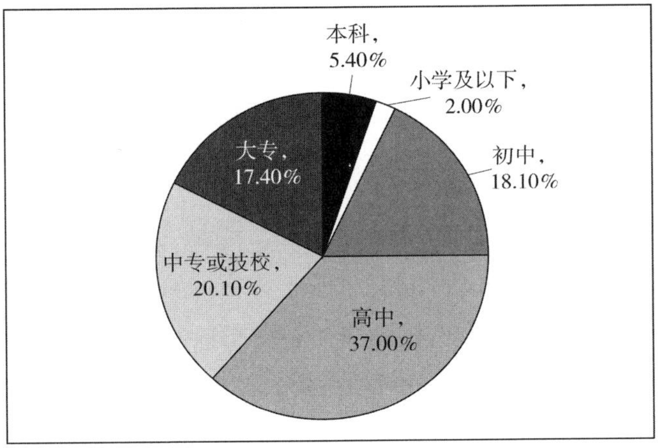

图1 “三新”领域务工人员学历结构

五是在地域上本省人占比过半。在“三新”领域务工人员中，广东本省籍贯人数占比为52.57%，外省籍贯占比47.43%，这说明本省籍务工人员是广东“三新”领域务工市场的主力军，对于促进本省就业发挥了积极的作用。外省人员比例接近一半，这也充分印证了广东作为外来人员务工大省的地位。

二、“三新”领域新就业形态群体劳动经济权益实现情况和劳动关系面临的问题

（一）劳动经济权益实现情况

1. 在劳动收入方面，多劳多得，但不稳定

总的来说，“三新”务工人员收入有一定保障。大多数务工人员表示，在平台企业就业后，收入增加了，因为与传统方式相比，平台提供了更多的就业机会。根据问卷调查结果，“三新”领域务工人员月平均收入为5478.41元，其中快递员月平均收入为4778.14元，网约车司机为6262.34元，货车司机为5708.09元（见表3）。

表3　“三新”领域不同群体务工人员月平均收入表

务工人员	快递员	货车司机	网约车司机
月平均收入（元）	4778.14	5708.09	6262.34

“三新”领域务工人员的收入待遇和劳动付出呈正相关，不同平台提成比例不一，如一线快递员的收入高低直接与收派量挂钩，普遍没有加班费；货车司机的收入一般根据货运量和距离与货主计酬，货运平台企业如货拉拉会收取司机每月99～729元的信息费，务工人员通过平台信息接单拉货，司机交给平台的信息费越高，获得优先单的机会更高，相对收入也越多；58速运则是每单按照一定比例（约10%）抽取信息费，剩余部分为司机的劳动收入。

“三新”领域务工人员对收入的满意度整体来说比较高，认为“比较满意”及“非常满意”的占32.70%，“一般”的占47.60%，“不太满意”及“非常不满意”的占19.70%（见图2）。

收入不稳定是平台就业者最担心的问题。很多务工人员反映“收入不稳定”“客流不稳定”“今朝有事做，明天要待业”是常态。“底薪＋浮动

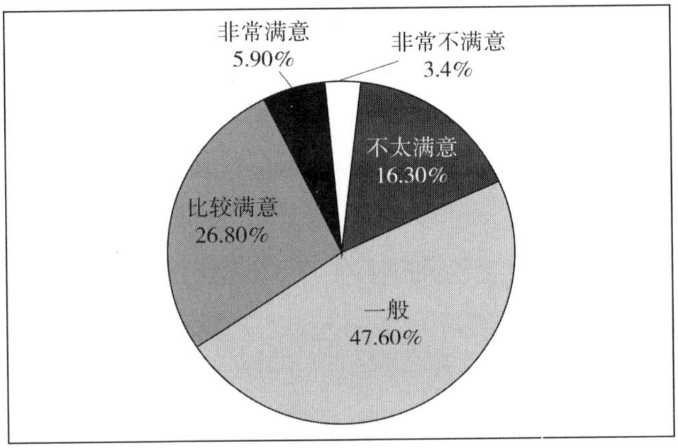

图 2 "三新"领域从业人员的收入满意度

部分"的工资结构带来的较高不确定性，导致该群体工资离散度相对较高；也有部分货车司机、快递员、网约车司机反映，由于市场竞争激烈，收入增长基本停滞，甚至收入相比前几年有所下降。

2. 在劳动时间方面，超时工作是常态，但工作时间满意度大

货运、快递、网约车行业都是"争时间、抢速度"的职业，"披星戴月"是工作常态，超时工作成为职业共性。调查显示：网约车司机平均从业时间是 2. 05 年，平均每天工作 9. 55 小时，每月平均休息 3. 72 天；货车司机平均从业时间是 11. 51 年，平均每天工作 9. 95 小时，每月平均休息 4. 25 天；快递员平均从业时间是 4. 63 年，平均每天工作 9. 96 小时，平均每日收发件在 80 件至 200 件，每月平均休息 3. 5 天（见表 4），超时工作现象严重，尤其是"双 11"和"双 12"的后半个月。由于计件提成的收入性质，快递员的休假制度难以落实。

表 4 "三新"领域不同群体务工人员的劳动与休息时间

务工人员	快递员	货车司机	网约车司机
平均从业时间（年）	4. 63	11. 51	2. 05
每天工作时间（小时）	9. 96	9. 95	9. 55
每月休息天数（天）	3. 5	4. 25	3. 72

网约车司机也普遍存在工作时间长的问题。访谈中，务工人员普遍反映实际工作时间不多，但路上消耗时间较长，来回奔波很累。据调查，网约车司机接单时长占在线时长的比例为46%，即有一半以上的时间是在路边趴活或在路上空驶。等待的时间和路上的时间不计收入，但这些时间大大超过实际工作时间。而货场装卸货物时间长，司机等待时间长，这也是货车司机无奈的一个问题。

我们同时发现，“三新”领域务工人员对工作时间的满意度还是比较高的，如图3所示，不满意者（包括不太满意和非常不满意）只占了15.00%，这是因为在传统经济条件下，劳动者的劳动时间、劳动地点和劳动任务都由雇主来严格规定；相较而言，共享平台既不规定也不限制劳动者的劳动时间，劳动者可以根据自己的预期收入自主决定劳动时间的长短，或者根据自己的意愿决定劳动时间的分配，这就使得劳动者对工作时间普遍比较满意。

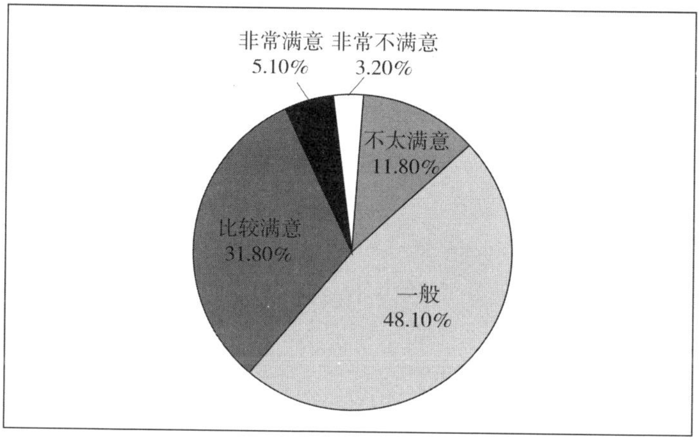

图3　“三新”领域务工人员对工作时间的满意度

3. 在社会保险方面，不同就业契约形式、不同群体差异较大，存在一定隐忧

“三新”领域的有关行业是在市场化条件下成长起来的，在劳动用工形式、劳动关系契约化程度等方面参差不齐。从调查情况来看，虽然快递员、网约车司机和货车司机都属于“三新”领域务工人员，但是由于管理

模式不同，其劳动关系存在较大差异。普通物流快递员，如顺丰、韵达等，一般都会与员工签订劳动合同，因此缴纳社会保险相对比较正规，数据显示快递员的五种基本保险的参保率都在70%左右，职工基本医疗保险达到83%。网约车行业除了曹操专车、神州专车等公司与部分员工具有传统劳动关系外，滴滴等公司与司机之间一般签订劳务合作协议，并非劳动合同，网约车行业劳动合同签订率远低于其他行业，调查数据显示，网约车司机五种基本保险的参保率都在40%左右，其中工伤保险的参保率只有36%。货车司机则介于快递员和网约车司机之间，平均参保率在60%左右，其中工伤保险最高为91%，这与货车司机的工作属性有很大关系。当前“三新”领域务工人员参保制度上有不兼容、认定上有难处、理念上有差异、替代上有空白四点难处。以工伤保险为例，现有工伤保险参保范围是以劳动关系为参保前提，由用人单位缴纳工伤保险费，而新业态就业人员在现实中是以灵活、弹性、自我雇佣等就业形式存在的，不具备法定意义上的劳动合同关系，缺少了明确的缴费主体。部分企业（平台）为每一单服务提供定制的意外伤害险，用于意外事故赔付，但意外险尚未覆盖所有“三新”领域职业，一些平台的意外险只针对主流业务，不能涵盖全体人员。总体而言，平台型务工人员以及自雇劳动者缺乏社会保障和商业保险，抵御风险能力弱，存在着较大的隐忧。

4. **在技能方面，管理培训动力不足，员工发展受限**

“三新”领域逐渐重视对务工人员的技能培训。以网约车公司为例，滴滴公司主要通过线上、线下培训以及对司机运营中的线上安全指引，实现对司机的安全管理。安全培训分为线上强制培训和线下培训两种形式，司机需要签订“安全责任书”。公司通过对责任事故处理、乘客投诉处理、疲劳驾驶控制、驾驶员与公安联动等措施，对安全隐患进行线上监控和排查，确保司机和乘客的人身安全。

调查发现，货拉拉、58速运、运满满、货车帮等货运平台，以及美团外卖等生活服务类平台，多数定位自身是提供信息服务、居间服务的中介组织，认为从业劳动者不是自己的员工且流动性大，在提升他们业务技能方面没有动力、不愿投入，对他们的职业发展规划更是无暇顾及。多数平台的上岗培训内容主要是平台规则以及 App 使用，涉及业务技能培训的很少。对于务工人员来说，主动参加技能培训的动力也不足。以快递业为例，一线快递员职业技能性不强，“吃的是青春饭，拼的是体力活”，多挣现钱是他们的目标追求。快递员工作又是高度流动和分散的，每天工作就是拼速度抢时间，参加技能培训的机会成本高昂，如果没有适合的低成本培训机会，快递员的动力也不足。技能培训不足，影响了务工人员技能的积累和职业空间拓展，社会普遍认为“三新”领域工作有市场而没前途。

5. 在劳动安全方面，普遍缺乏保障，职业风险较大

“三新”领域务工人员户外工作时间较长、劳动强度相对较高，企业（平台）提供的劳动安全培训和保护措施较少，务工人员安全意识比较薄弱，安全隐患较大。如快递员、送餐员使用的电动车具的安全性能、防护性能不强，一旦出现交通事故、工伤等问题，风险由本身抵御风险能力弱的务工人员自行承担。“交通、治安、工伤或其他意外事故”已经成为务工人员普遍担心的问题。调研发现，某些快递公司规定在接到投诉后就直接罚款而且不接受申诉。在过去的一年里，快递员被投诉后的罚款金额累计在 500 元以内的占 52.7%，500～1000 元的占 23.3%，罚款金额超过 1000 元的占 24%。恶意投诉成为快递员不可承受之苦，近年发生了多起快递员被恶意投诉而见诸报端的事件，如云南圆通快递员因为丢失一个杧果而下跪，江苏常州一顺丰快递员被恶意投诉愤而自杀等事件，都说明快递员的生存环境比较恶劣。

与此同时，企业（平台）一般追求轻资产化，重资产向个体务工人员转移，生产风险也从企业转移到个体务工人员身上。本次调查显示，34.6% 的货车司机遭遇过偷油、偷货、“碰瓷”等情况，只有 35.4% 的司机对工作的安全性表示满意；31.5% 的快递员遭遇电动车被扣押情况，40.2% 的快递员因为快递被盗、丢失等原因遭到公司罚款。如果企业（平台）与务工人员之间没有一个合理的风险负担机制，这必将埋下纠纷隐患。

（二）“三新”领域新就业形态群体劳动关系状况及问题

1. 劳动关系难以认定，劳动者权益缺乏法律保障

在“三新”领域，尤其是涉及共享经济模式，与传统经济相比，劳动关系存在较大不同。目前，我国劳动关系主管部门仍采用传统经济下的“三要素”标准来界定法律意义上的劳动关系，即用人单位和劳动者符合相关法律法规规定的主体资格，劳动者适用于用人单位的规章制度、接受用人单位管理并依据劳动获得收入，以及劳动者提供的劳动是用人单位业务的组成部分。然而，在共享平台与劳动者之间建立的关系中，相当多劳动者并不直接接受平台的管理，而主要是自己管理自己，自主决定工作时间、工作场所和工作任务；平台声称其业务主要是提供信息，故劳动者提供的劳动很难被定义为用人单位业务的组成部分。因此，平台公司与劳动者之间很难被判定为建立了劳动关系。换言之，当前我国《劳动法》等相关法律对劳动关系的界定，已经不能适应共享经济下劳动关系新的实践发展，致使劳动者在享有灵活工作模式与基本劳动权利保障之间面临两难选择，也使共享经济的稳定健康发展面临挑战。

2. 劳动管理灵活性高，但控制严苛

共享经济下的劳动关系和劳动过程发生了很多新变化，包括劳动者并入或退出平台的门槛更低、对平台的从属性弱化、工作场所和工作时间更加自由，以及劳动收入支付方式更加灵活多样等。相较而言，共享平台对劳动者的工作时间、地点、方式等控制更松，劳动者在劳动过程中的劳动定额压力更小，在劳动时间、劳动地点以及选择服务对象方面也有更多的自主权和灵活性。然而，值得强调的是，调查发现，“三新”领域务工人员的自由度是有限的，共享平台利用信息技术和大数据，提供了一个对劳动者而言更为隐蔽且严厉的监督渠道。一方面，平台公司将监督权利授予所有客户，这一评价机制使劳动者始终处于相关客户的监督之下，即“多管一”。同时，平台依据客户评价好坏决定劳动者的奖励和补贴，从而直接影响劳动者收入。另一方面，平台能够利用先进的信息技术手段对劳动

者的订单数量进行准确记录，然后根据大数据来不断提高其劳动效率、增加其劳动强度，最终达到降低劳动成本的目的。所以，在共享经济下，平台不仅可以更低成本且严格地监督劳动者的劳动过程，而且可以更加简单便捷地对劳动者实行制裁或处罚，从而获得更多的剩余价值并实现资本的快速循环和积累。

3. 劳动诉求高度集中，维权意识觉醒

调查发现，“三新”务工人员利益诉求高度集中。货车司机的诉求集中体现为希望出车过程中有车位充足的休息区（77.00%）、干净便宜的快餐（73.70%）、便宜可靠的车辆维修点（49.50%）、实惠的住宿（48.10%）（见图4）。快递员的诉求集中体现为希望有干净便宜的快餐（65.80%）、较为舒适的休息区（64.80%）、电动车能放心上路（63.90%）、实惠的住宿（33.00%）等（见图5）。网约车司机的利益诉求则集中在政府加强对平台的管理、与平台分成比例、从业资格以及交管、交警等部门的公平执法问题上。

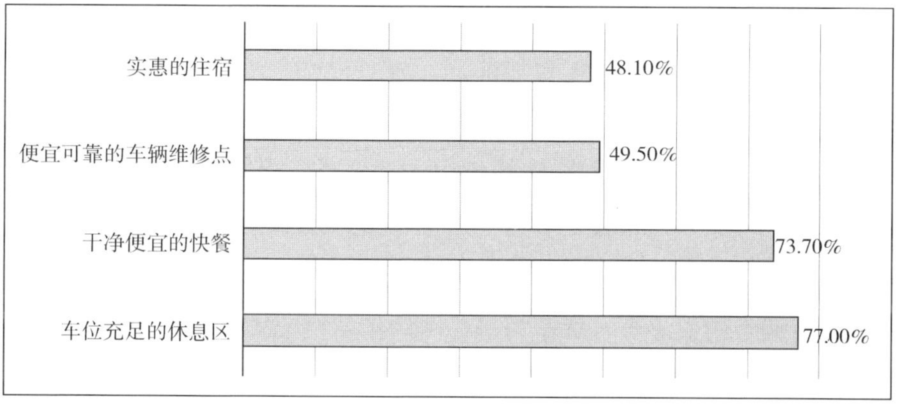

图4　货车司机的主要诉求

伴随着诸多的利益诉求，“三新”领域务工人员的维权意识也在觉醒。调查显示，在个人诉求表达方面，60.5%的司机和78.6%的快递员会直接向基层或部门领导反映，14.5%的司机和4.7%的快递员会通过微信群、QQ群等网络途径表达意见诉求，9.8%的司机和11.7%的快递员会向务工人员代表或企业工会组织反映。有72%的“三新”领域务工人员知道自己

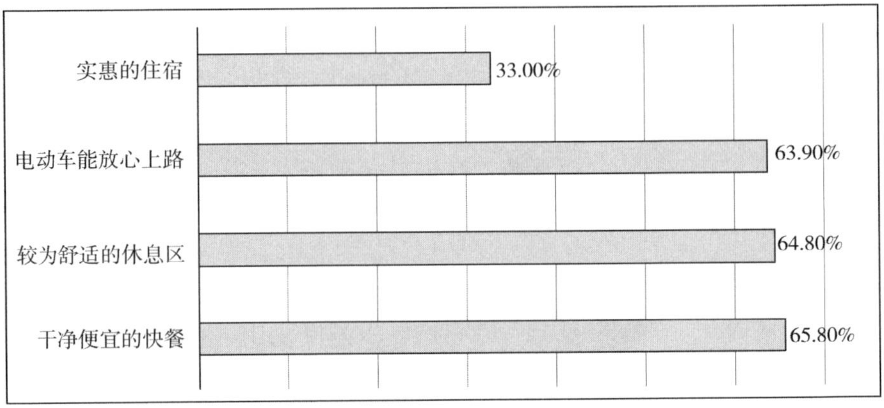

图5　快递员的主要诉求

有参加工会的权利，其中 79.7% 的务工人员是自愿加入工会组织的；在入会目的方面，81.6% 的务工人员是希望工会保障自己的合法权益，59% 的务工人员为了有“组织的依靠”。

三、“三新”领域务工人员建会入会情况和存在问题

2018 年，广东省总结合“农民工入会集中行动”，以货车司机为重点，推进“三新”领域和八大群体的建会入会工作，全省已经成立物流、快递、家政等行业工会联合会 29 个，新建企业工会 694 家，新发展农民工会员 83.2 万人，其中八大群体会员 26.8 万人，货车司机会员 8.6 万人。就本次重点调查的快递员、货车司机、网约车司机三大群体而言，53.7% 的“三新”领域从业人员加入了工会组织，67.9% 的受访人员所在单位已经成立工会组织。总体而言，广东“三新”领域建会入会工作稳中向好，工会组织影响力逐渐增长，同时也存在着一些亟待解决的问题。

（一）“三新”领域建会入会特点

1. 快递行业加快建立工会组织

在快递行业，从业人员与企业签订劳动合同的情况较好，调查显示，

93.44%的从业人员签订了劳动合同，在已建立工会的企业中，有93.3%的快递小哥加入了工会组织。快递行业的建会模式主要有两种类型：一是建立快递行业工联会。例如，珠海于2016年12月24日成立了珠海市快递行业工会联合会，已有圆通、中通、申通、韵达、联昊通、中外运敦豪、百世、天粤、品骏等9家快递企业成立基层工会，并由工联会直接管理，工联会现有会员约3500人，会员覆盖面达到85%。在茂名市，2018年9月21日成立了快递行业工联会，第一批吸纳会员500多人，并成立下属二级基层工会12个。二是快递企业自身成立基层工会。以珠海快递行业为例，未加入快递行业工联会的邮政速递公司、南方传媒、珠海报业投递等4家国有企业及德邦、骏豪、银雁等3家民营企业都成立了基层工会。

2. 货车司机建会入会进展良好

在调研中，我们发现货车司机从业人员流动性大、“小散乱”现象突出。佛山、广州等地的普遍做法是以村（社区）工业园区、专业市场、物流园区为依托实施区域联建，组织货车司机入会。例如，三水区的苏宁物流园区工会通过该方式发展会员700多人。高州市建立了货配中心工会联合会，并组织货车司机现场入会。另一种做法是建立“货车司机之家”，一般是在货运企业和临近道路、街镇的公路道班、邮政网点等场所成立司机之家。2018年，按照交通部、全国总工会部署，全省共试点建设“司机之家”20多个，其中广东省总与省粤运交通集团在全省高速公路长途货车集中的服务站点，高标准联建“司机之家”8个，并制定了《广东“司机之家”建设规范（试点稿）》。广州市总已建设“司机之家”示范点6个，新建物流行业等区级行业工联会5家，茂名市总已建有8家“货车司机之家”。本次调查显示，大货车司机的入会率为58.5%。

3. 网约车司机普遍没有建会入会

据调查，目前网约车平台主要有滴滴出行、神州行、货拉拉等，从业人员普遍没有签订规范的劳动合同，也没有加入工会组织。在珠海调研时发现，网约车平台公司不赞同建立工会组织，相关组织存在畏难情绪。

4. 工会作用进一步彰显，务工人员认可程度较高

调查显示，85%的受访者认为，所在单位的工会组织能发挥作用，54.6%认为工会在参与制定设计务工人员利益的有关制度方面发挥了作用；43.8%则认为工会在务工人员福利方面作用较大；43.1%则认为工会在争取社会保障方面发挥了作用。在发表意见和反映愿望的渠道方面，有40.7%通过单位工会组织或务工人员代表进行反映。在面对企业不公正对待或发生劳资纠纷时，有59.6%的受访者表示会找工会或者劳动争议调解委员会帮助解决。然而在最终解决问题上，54.7%的受访者表示是工会帮助他们解决了问题。调研过程中，一线快递员诚恳地表示：省总工会组织力量对他们的生产生活及职业发展状况进行调研，体现了对他们的关心爱护，他们希望能够尽快加入工会组织。

在希望获得工会的帮助方面，务工人员总体上希望工会在就业帮扶、生活困难救助等方面给予高度关注，能送上关怀和温暖，在自身权益受到侵害时希望工会能为自己提供支持，不同群体对工会组织的要求则不尽相同。表5显示，提高工资收入、开展职业技能培训是他们共同的愿望。另外，快递员还希望工会能解决子女教育托管等问题，这可能与快递员年龄层次相关，该行业人员年龄普遍不高，子女多处于学龄前阶段，教育托管的需求比较强烈。网约车司机还希望工会能帮忙解决与客户的矛盾纠纷，这可能与相关主管部门监管相对滞后、平台监管不力有关。

表5 “三新”领域不同群体从业人员最希望获得工会帮助的项目顺序表

	快递员	货车司机	网约车司机
最希望获得的帮助（四个方面，顺序按1～4排列）	（1）提高工资收入 （2）开展职业技能培训 （3）组织参与企业管理 （4）解决子女教育托管等	（1）提高工资收入 （2）开展职业技能培训 （3）组织参与企业管理 （4）调解劳动争议	（1）提高工资收入 （2）开展职业技能培训 （3）调解劳动争议 （4）解决和客户的矛盾纠纷

（二）“三新”领域务工人员建会入会存在的问题

1. “三新”领域企业工会组建率和务工人员入会率不高

调查显示，网约车平台公司和相关组织建立工会组织的积极性均不高。原因主要有：一是从法律和政策层面来看，“三新”企业特别是网约车平台与从业人员的劳动关系难以确认，务工人员依法组织和参加工会的权利不易实现。二是从组织形态来看，平台企业的组织形态与传统机关事业单位和企业差别较大，务工人员普遍流动性强，建会依托不足。三是“三新”行业发展较快，行业管理较为松散，行业协会发展相对滞后。四是部分“三新”领域企业对工会存有抵触情绪，不愿意建会。五是“三新”领域务工人员对工会组织的了解不够多，认识不够到位，影响其加入工会的意愿。六是已建工会的“三新”企业大多存在工会组织网络不健全、总部建会无法覆盖网点职工、会员会籍管理困难、工会工作下沉不够等问题。

2. “三新”领域工会工作开展难

首先，“三新”领域有些企业对工会组织的作用缺乏认识，认为工会工作相比企业生产经营工作显得无足轻重，在组织机构、资金支持、人员保障等方面都不给予重视支持。其次，规范化运作程度低。有的企业虽然已建立工会组织，但离规范化运作还有不少差距，在劳动合同、集体合同、集体协商等制度建设方面难于开展工作。再次，“三新”领域务工人员规模大、分布点散面广、工作场景特殊，开展工会工作成本较高，而新成立的企业工会或工联会在人力物力方面比较薄弱。最后，“三新”务工人员用工形式复杂，存在劳动合同工、劳务协议工、劳务派遣工等多种形式，诉求各有侧重，开展具体工作时存在各方利益难以平衡和协调的问题。

3. 工会的宣传力度不够，社会影响力尚待提高

调查显示，尚有28%的受访人员不知道自己有参加工会的权利。未加入工会的主要原因中，有49.1%是因为不知道工会组织的存在，这说明工会组织的影响力有限，还没有被广大“三新”领域务工人员了解。

四、对策建议

2018 年，习近平总书记在同全国总工会新一届领导班子成员集体谈话时指出：“要做好快递员、送餐员、卡车司机等灵活就业群体的入会和维权工作，这些新技术、新业态、新模式下出现的新就业形态群体，既是劳动关系领域中相对弱势的群体，又是容易出现风险矛盾的群体，要通过多种有效方式，把他们吸引过来、组织起来、稳固下来，使工会成为他们愿意依靠的组织。”政府各有关部门和工会组织应以开放的心态、发展的眼光，拥抱新经济、新就业形态发展趋势，努力解决平台经济发展过程中出现的用工关系界定、劳动权益保障等问题，实现促进平台经济发展与就业质量提升的良性互动，实现新就业形态职工队伍的发展和稳定，巩固和扩大党的执政基础。

（一）对政府部门的对策建议

1. 进一步完善劳动法律政策体系

一是合理区分、界定各类新就业形态用工关系。充分尊重客观存在的合理合法的新就业形态（如加盟、合伙、众包、无车承运人等），出台新的劳动关系认定标准和方法，突出企业（平台）用工特点在劳动关系认定中的作用，建立实质审查标准。适时修订《劳动法》及相关劳动法律法规中对用工灵活性有较大限制的条款，进一步明确政府、平台、相关企业、务工人员在新就业形态中的权利义务关系，探索增加新就业形态务工人员作为特殊劳动法律保护主体，加大对平台、企业转移经营风险、逃避用工责任的规制力度。

二是坚持法律底线思维，保障劳动者基本权益。将新就业形态务工人员获取劳动收入、劳动时间及休息权、劳动安全保障权等基本权益纳入劳动法律政策体系，从法律层面把薪酬保护、劳动时间、劳动安全同劳动权益、用工性质、合同管理、集体协商及对企业的监管统一起来。例如，劳动收入方面，可适时出台相关政策进一步规范支付形式、支付周期、支付时间，要求企业（平台）与务工人员平等协商服务价格、提成比例、劳动收入，并在双方所签订的合同或合作协议中予以明确，对不及时支付劳动收入的行为予以严厉处罚。例如，在工伤保险方面，可在坚持“雇主缴费”的原则上，从“三新”用工主体和个人缴费方面明确相应的法律规定和途径。

三是发挥司法判例的实践指引作用。在相关法律法规和政策出台之前，建议司法部门通过劳动争议仲裁或法院的判例对平台用工等新型用工行为进行引导，明确劳动关系从属性认定的统一标准，使平台和务工人员明白什么情况下认定为劳动关系、什么情况下认定为劳务关系、什么情况下认定为合作关系。建立基于互联网交易特点的劳动关系测试体系，避免同样的事实在不同案件中被赋予不同的意义，从而导致不同的判决结果，为将来出台相关法律法规政策奠定基础。

2. 进一步加强行业管理和社会服务

一是提升行业主管部门的管理服务水平。建议政府相关主管部门以新就业形态务工人员需求为导向，加大对相关行业的管理服务力度。针对快递业，邮政管理部门应着力推进出台快递专用电动三轮车、快递封装用品、收派件提成标准等国家标准，并做好标准执行的监督工作，确保国家和行业出台的利好政策能够落实到底，不断提升行业发展标准化、规范化水平。针对大货车运输业，深入推进交通运输物流公共信息平台建设，引导和规范无车承运人等物流平台企业发展，鼓励和支持中小物流企业的联盟合作、引导货运业集约发展；进一步规范路检执法，清理不合理收费，加快推进相关资质的网上办理、异地年审、网上年审等便民措施，简化资质办理和年审手续。在“三新”务工人员最为关心的子女入学、公租房等城市公共服务方面，加大财政投入供给，推动基本公共服务均等化。

二是完善社会保障制度。建立适应新就业形态特点的社会保障制度，打破灵活就业人员以个人名义加入社保的地域壁垒，允许外地人在工作地以灵活就业人员身份参保。建立针对平台工作交易特点的特别社保系统，实时按单提取一定比例的费用，用于劳动者的社会保障。强制要求为“三新”领域务工人员购买人身意外伤害保险，以应对职业伤害、安全事故给劳动者与平台带来的风险。

三是建立快递专项统计制度。交通、邮政、交警、工信、统计、工商、人社等各部门加强沟通协作，健全“三新”领域信息沟通、数据共享、协调处理制度，建立“三新”企业（平台）联合工作机制，对货运、快递、网约车等重点行业开展全省性统计和分析，全盘掌控“三新”领域务工人员就业动态，加强行业监管监测，提升服务水平。

（二）对工会组织的对策建议

1. 进一步推进“三新”领域建会入会工作

一是建立党委领导下的齐抓共推建会工作格局。坚持党建带工建的工作思路，依托党建抓工建，探索将“三新”领域建会工作纳入党建考核体系，坚持在同级党委的领导下，有力有序推进“三新”建会。发挥工会组织的主导作用，并积极争取行业协会、基层党组织、主管部门等主体的支持配合，形成齐抓共推的建会工作格局。以滴滴深圳分公司建会为例，深圳市总工会发挥主导作用，指导滴滴深圳分公司及其线下两个合作公司分别成立基层工会，进而组建工会联合会（三个基层工会联合而成），并负责指导其发展会员、工会选举等具体工作。同时，深圳市总工会积极争取市交通运输局（主管部门）、市出租汽车协会（行业协会）及该会党委的支持，协调做好工会联合会组建、会员发展、选举会议召开等工作。

二是创新建会机制。抓住关键“牵头建”，重点突破规模以上龙头企业单独建会（如快递业“四通一达”等）和行业垄断性网络平台（如货拉拉、美团等）本身建会，通过企业（平台）总部规范建会发挥示范带动作用，加强对下属企业建会的指导。借力行业“依托建”，可以依托省市快递、货运、家庭服务业、建筑工程、物业管理、房地产等“三新”行业协会组织，重点推进行业工会联合会建设。同时发挥省市工会产业工会职能，全面推进所属行业员工入会，如省财贸工会可以积极指导商场、网约平台建会，发展商场信息员、网约送餐员等入会。立足区域“联合建”，在企业（网点）相对集中的区域，如物流园区、创业园区、港口码头站场、快递电商货运公司聚集区等，按照联合制、代表制原则建设行业性区域性工联会，扩大对中小微企业和非公企业的有效覆盖。

三是创新入会方式。坚持先做好服务工作，再吸引入会的工作思路，逐步将“三新”领域会员纳入实名制服务管理平台，建立会员组织关系随劳动关系流动接转机制，广泛地把灵活就业的农民工、劳务派遣工等吸收到工会中来。根据互联网平台用工方式和就业特点，引导“三新”领域务工人员通过网站、微信公众号、手机 App 等服务平台表达建会、入会愿望，实现线上提交入会申请、线下及时跟进审核确认会员身份。

2. 进一步加强对“三新”领域务工人员的思想政治引领

一是广泛组织开展各类宣讲教育活动。要以“三新”领域务工人员喜闻乐见的各种载体和形式方式，以社会主义核心价值观为引领，深化“中国梦·劳动美”主题宣传教育，引导广大“三新”务工人员听党话、跟党走。

二是强化舆论宣传引导。在舆论宣传和评选表彰上向“三新”领域务工人员适度倾斜，常态化开展“最美货车司机”“最美骑手”“最美快递小哥”等行业先进典型评选，大力宣传他们为经济社会发展所作的贡献和工作中的感人事迹，弘扬行业正能量，为“三新”从业者体面工作、幸福生活创造良好的社会氛围。

三是创新思想政治工作方式方法。充分运用“三新”领域务工人员喜欢和熟悉的时尚元素、话语体系，建设有高度黏性的思想政治工作新媒体矩阵，强化互联网服务和引领功能。特别要针对劳务派遣工、项目外包工、平台网约工等“三新”务工群体归属感不强、情感和精神需求不能很好地得到满足等问题，加强人文关怀和心理疏导，帮助解疑释惑、排忧解难、增进共识，深入细致地做好思想教育工作，不断增强“三新”务工群体对党的思想认同、政治认同、理论认同、情感认同。

3. 坚持以职工需求为导向开展“三新”领域务工人员维权服务工作

一是在提高技能上有作为。加强“三新”领域人才培养和技能培训，根据行业发展和技术要求以及务工人员的培训需求，和政府部门合作，充分发挥线上、线下教育基地等阵地作用，深入持久地开展“三新”员工继续教育、在职培训活动，提高“三新”领域务工人员的职业稳定性。利用工会的优势和资源，在评选和表彰先进中对“三新”领域务工人员给予适当倾斜，向社会传递更多的正能量，引导“三新”领域务工人员用更加优质的服务赢得社会的认可和尊重。

二是加强维权机制建设。指导“三新”领域劳动合同与集体合同签订，配合执法监督，切实查处违法用工、侵权案件，鼓励通过法律途径解决争议和纠纷。以提质增效为重点，加大区域性行业工资集体协商力度，建立行业劳动标准和工资标准，完善企业工资决定机制、正常增长机制、支付保障机制，让广大职工有更多获得感。健全劳动关系协商协调机制，探索建立传统协商模式与互联网相结合的协商模式，健全以职工代表大会为基本形式的民主管理制度，积极参与涉及职工切身利益相关方案的制定。进一步完善与“三新”领域用工模式及劳动特点相适应的工会劳动保护监督机制，深入开展安全生产、职业病防治工作，加大安全生产知识培训，督促企业落实员工体检、疗休养等制度。

三是开展普惠性服务。适应移动互联网发展和“三新”领域就业特点，推进“货车司机之家”“快递员之家”等工会“实体+网络”服务平台建设，打造方便快捷、务实高效的“三新”领域服务新通道。探索将所有“三新”领域务工人员纳入行动计划，扩大法律援助服务的覆盖面。在“三新”领域探索开展务工人员社团创投活动，通过资助有创意、有想法的“三新”务工人员社团和基层工会，自下而上地为员工、基层工会提供更加多元化、个性化的服务。

参考文献

[1] 国家信息中心分享经济研究中心．中国分享经济发展年度报告 2019 [OL]. http：//www. sic. gov. cn.

浙江省新就业形态从业人员劳动权益保障问题研究

陆海深　秦　一[*]

摘　要： 随着互联网技术的广泛应用，就业方式出现新的变化。如何坚持包容审慎的原则，既促进新业态蓬勃发展，又加强对新业态劳动用工的规范管理，切实维护新就业形态从业人员的合法权益，是亟须研究解决的问题。本研究通过实地调研浙江省新就业形态从业人员劳动权益保障的现状，剖析其问题和成因，并从工资待遇、社会保障、民主参与等方面提出了对策建议。

关键词： 新就业形态　权益保障

随着我国经济发展进入新常态，以互联网为基础平台，云计算、大数据、物联网、智能终端等技术与实体经济深度融合，培育了许多新的经济增长点，新业态新模式层出不穷。与之相伴，主要依托互联网等新科技手段，一种具有灵活性、平台化特点的组织用工形式和新就业形态开始涌现。根据国家信息中心（2020）发布的数据：2019 年，我国共享经济提供服务者近 7800 万人。新业态的就业人群规模已越来越大，相伴而生的劳动用工问题也逐渐出现，引起了全社会的广泛关注。在新的历史条件下，顺

---

* 陆海深，浙江省人力资源和社会保障科学研究院副院长、副研究员，主要研究方向为就业、劳动关系、社会保障等；秦一，浙江省人力资源和社会保障科学研究院助理研究员，主要研究方向为法律、劳动关系、人才等。该课题为浙江省工人运动研究会 2019 年度委托课题研究成果，在浙江省总工会保障部、政策研究室指导下完成。

应市场发展和科技进步的需要，如何坚持包容审慎的原则，既促进新业态的蓬勃发展，又加强对新就业形态劳动用工的规范管理，切实保护相关从业人员的合法权益，是一个重要的研究课题。本研究通过实地调研浙江省新就业形态从业人员权益保障的现状，剖析了浙江省在劳动和社会保障权益等方面存在的问题和面临的困境，为解决相关从业人员工资待遇、社会保障权利、民主参与等一系列权益保障问题提供参考依据，为支持新业态、新模式发展，促进平台经济、共享经济健康成长保驾护航。

一、浙江省新就业形态概况

浙江省是信息经济大省，在全国有着举足轻重的地位。据统计，2018 年，浙江省数字经济总量达到 2. 33 万亿元，同比增长 19. 26%，占 GDP 的比重达到 41. 54%，总量、增速和占比均居全国前列；2019 年上半年，浙江省数字经济核心产业实现增加值 2696. 4 亿元，同比增长 14. 8%，对全省 GDP 增长贡献率达到 13. 5%，数字经济日益成为经济增长的重要引擎（李剑平，2019）。在此背景下，依托于数字经济发展演变而来的新业态蓬勃发展，新业态吸纳就业的能力以其灵活性、高效性表现出较强的生命力，许多传统制造业一线工人转移到电商、平台、快递等新业态企业就业。据不完全统计，目前浙江省电子商务行业直接就业和间接就业创业人数共有 800 多万人；其中，仅快递行业就有 25 万人，占全国总数的五分之一。

为了摸清浙江省相关从业人员的基本状况、员工合法权益保障情况及存在的问题，课题组于 2019 年 7—8 月在杭州、金华、义乌、嘉兴、绍兴等市进行实地调研、发放调查问卷和员工访谈，邀请当地新业态典型企业、人力资源和社会保障部门以及工会组织相关人员参加座谈研讨，并组织相关领域专家就新业态劳动用工进行专题研讨，掌握了大量一手资料。

（一）群体构成

从调查数据看，群体特点主要表现为几个方面：一是年轻。从业人员总体上偏年轻。“70后”62人，占12.6%；“80后”161人，占32.5%；“90后”249人，占49.9%。二是男性占比高。从业人员中男性占64.2%，女性占33.4%，总体上以男性为主。三是与传统产业相比，学历较高。文化程度为“初中及以下”的占7.2%，“中专、职高、技校”的占17.5%，“普通高中”的占21.7%；文化程度为“大专（高职）”的占27.4%，“本科”的占20.7%，“硕士及以上”的占比1.3%，大专及以上合计占近五成。四是流动性大，据统计，流动性在60%～70%，多数一线从业人员从事1～2年后即选择转行。

（二）劳动用工形式

新就业形态从业人员的用工主要形式可以分为自雇型（从业人员既是老板又是员工）和他雇型。他雇型主要包括劳务外包（一个单位将自身业务分包给另一个合作单位）、经济合作（单位与劳动者个人之间是经济合作关系）、人力资源共享（一个劳动者与数个用人单位产生雇佣关系）等模式。同时，也可以将其划分为员工制和非员工制两大类，其中非员工制的比例要远远大于员工制的比例。比如，在快递行业，顺丰、京东、EMS等快递公司大多采用员工制的用工形式，与一线快递人员签订劳动合同，劳动用工比较规范，与传统用工形式基本一致。但圆通、中通、申通、韵达等快递企业，一般都是通过层层加盟方式分包业务，各承包主体大部分都不与一线快递员签订劳动合同，劳动用工相对较为混乱。网络约车、网络送餐等行业虽然也有采用员工制用工形式的情况，但大部分网约车司机、外卖骑手都是非员工制，采用的都是业务提成的劳务关系或经济关系。

（三）劳动用工特征

与传统的雇佣制用工形式相比，新就业形态用工形式表现出更加多元、灵活、分散的特征，实现了用工方式由“单位+劳动者”变为“平台+服务者”的革新，“关系灵活化、工作碎片化、工作安排去组织化”

的趋势比较明显。在就业关系上弱化了传统的劳动关系的从属属性，表现为管理上的松散性，更表现为企业和任务承揽者间建立彼此信任、相互投资、共同受益的合作关系和经济关系。随着人力资源共享模式的流行，劳动者不再局限于单个企业就业，而是由多个企业共享劳动力，劳动者与企业之间的从属关系弱化。

二、浙江省新就业形态人员劳动权益保障情况

（一）工资待遇方面

新经济、新业态推动传统商业模式革新、价值链重组和生产流程再造，与此同时，直接改善了企业经济效益和行业薪资水平。2014 年以来的行业投资热潮也进一步助推薪资水平上涨。新就业形态从业人员的工资基本上是以计件为主，在完成相应工作量的前提下一般设有保底工资（2000～3000 元/月），与传统行业相比，其工资要高出 30% 左右，月收入 5000 元以上 10000 元以下的占 46.70%，月收入 10000 元及以上的占 6%（见图 1）。

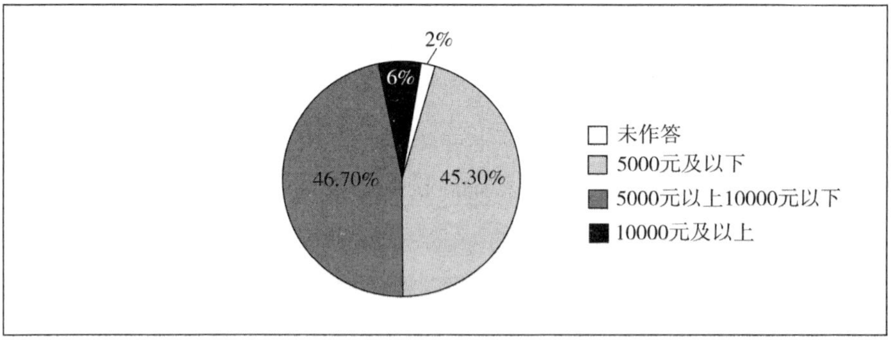

图 1　新就业形态从业人员的月收入情况

（二）工作时间休息休假方面

与传统行业从业人员工作地点、工作岗位、工作时间的相对固定不同，新就业形态首先表现出的是工作时间较为灵活，“没有固定的上下班时间，完全看工作需要，由本人安排”的有 81 人，占 16. 30%；“有基本固定的上下班时间，但有一定的灵活空间可自由安排”的有 251 人，占 50. 5%（见图 2）。从业人员工作时间较长，普遍“做六休一”，他们希望有更多的休息时间。

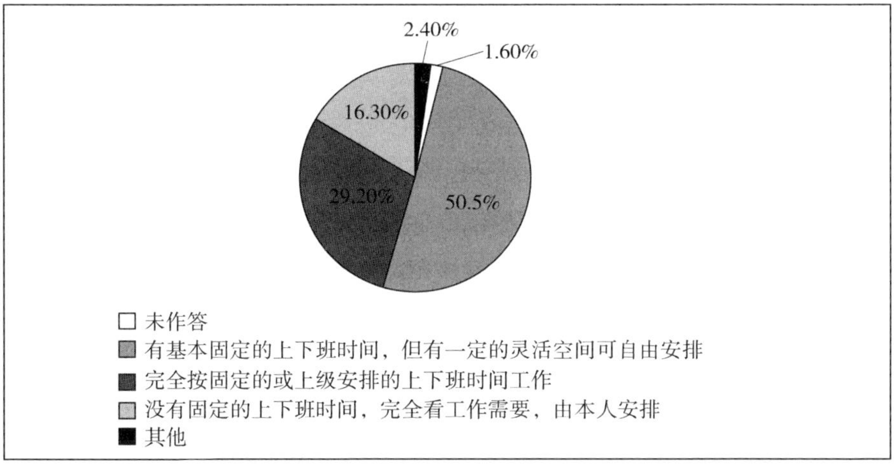

图 2　新就业形态从业人员工作时间的安排情况

（三）社会保险方面

一是参保路径与用工类型密切关联。基本社会保险制度呈现出“双层”架构特征，面向城镇职工和城镇灵活就业人员建立了职工基本养老保险和医疗保险制度，面向城乡居民和其他人员建立了城乡居民基本养老和医疗保险制度。根据《社会保险法》及相关规定，新就业形态从业人员中建立劳动关系的人员需要依法参加五项社会保险制度，而其中满足灵活就业资格的从业人员可以根据其个人意愿和经济组织的具体性质在“职工保”和“居民保”之间进行选择（见表1）。

表1　新业态从业者参保路径选择

保险项目	参保和待遇享有条件	待遇水平
职工基本养老保险	参保资格以建立劳动关系为主；缴费基数比照社会平均工资，缴费率低于企业职工8个百分点；执行与企业职工相同的退休政策；允许未满最低缴费年限参保人员补缴相关费用	职工基本养老保险缴费工资替代率持续保持65%以上
职工基本医疗保险	参保资格以建立劳动关系为主；缴费标准参照企业职工；实施最低缴费年限享有退休待遇政策；部分地区允许灵活就业人员按退休时本地上年度职工平均工资为基数一次性补足	2016年政策范围内住院报销比例为81.7%，实际报销比例为72.2%
城乡居民基本养老保险	参保资格仅面向户籍人员；年缴费标准从100元到2000元共12个档次；参保人员满60岁且缴满15年可领取基础养老金和个人账户养老金，不允许补缴享受待遇	2018年城乡居民基本养老保险月人均养老金为150元
城乡居民基本医疗保险	参保资格仅面向户籍人员；按年缴纳保费，标准普遍为100～300元；年满60岁后需要继续缴费参保	2016年城乡居民基本医疗保险政策内报销比例为71.1%，实际报销比例为62.8%

资料来源：根据现有政策整理。

二是参保缺口依然存在。“已经参加”职工基本养老保险的有212人，占42.70%（见图3）；“已经参加”职工基本医疗保险的有215人，占43.30%（见图4）；“已经参加”失业保险的有224人，占45.10%（见图5）；“已经参加”工伤保险的有223人，占44.90%（见图6）；“已经参加”生育保险的有212人，占42.70%（见图7）。可以发现，相当一部分从业者实质上处于无保障状态，直接面临着疾病、工伤、失业等社会风险。

三是社保信息认知有偏差。调研发现，相对于电视、广播等传统声

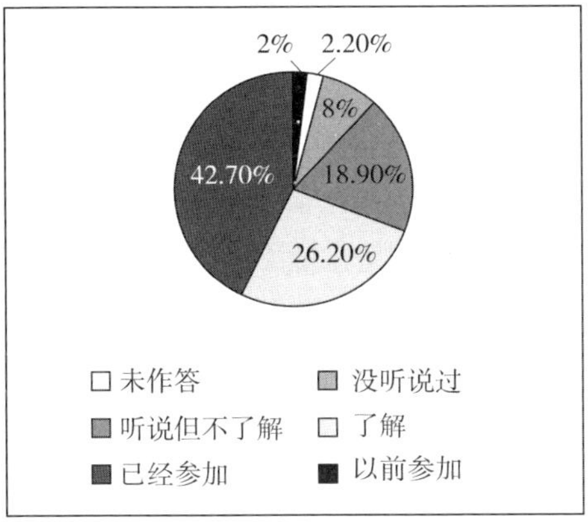

图3 职工基本养老保险参加情况

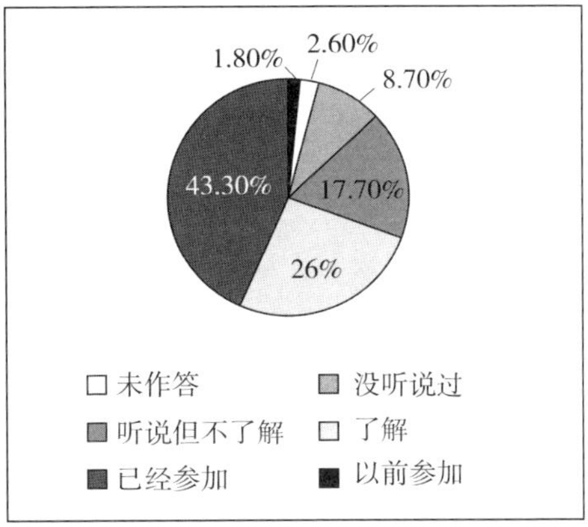

图4 职工基本医疗保险参加情况

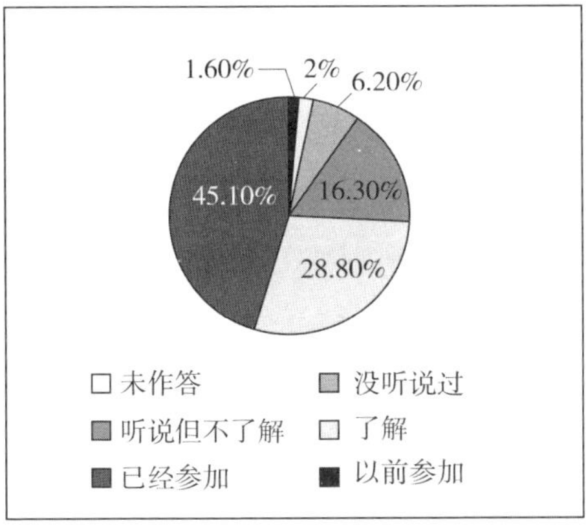

图5 失业保险参加情况

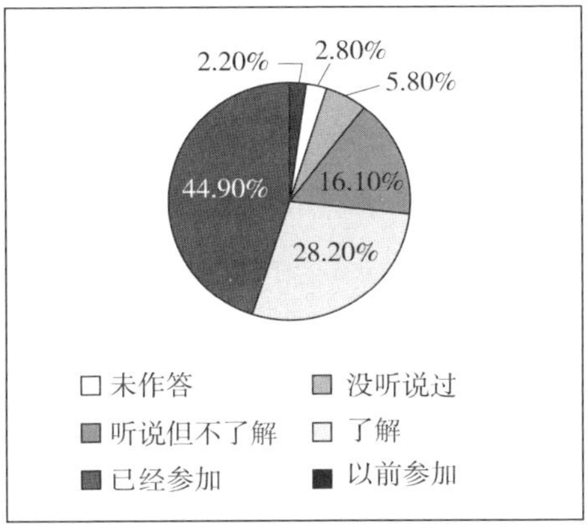

图6 工伤保险参加情况

讯媒体，新就业形态从业者更偏好通过微信、微博等新媒体获取社保信息，网络媒体在其认知影响上起到重要作用。而部分微信公众号、微博，为获取流量、博取点击率或营销保险产品，会刻意夸大未来社保制度可能面临的相关财务风险，故意强调“个人账户空账运行”“养老基金支快于收”等社保制度改革发展中面临的局部困难，散播“社保面临破产”“买社保不值”等错误观念，致使新业态从业人员对社保制度缺乏正确认识，未能充分理解社会保险的托底保障功能和公共服务性质，从而缺乏参保动力。

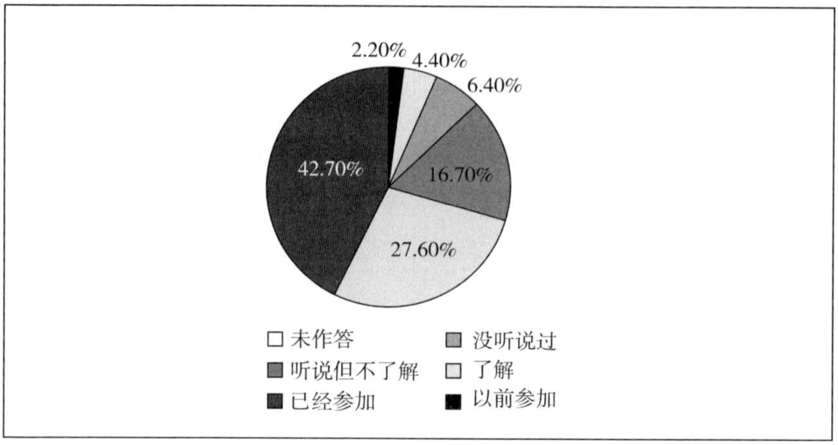

图7　生育保险参加情况

（四）民主参与等其他权益

从业者在规章制度制定时参与不足。传统企业一般通过劳动规章等制度方式规范员工的劳动过程，员工对企业相关规则制定及权益保障也有发声渠道和途径。而在新业态领域中，平台企业常常把管理劳动过程的相关规则和市场运营的规则杂糅在一起。平台企业虽然对劳动者制定了一些书面规则，但这种书面规则依托于信息技术手段实现，通过计算机程序贯彻企业意志，将管理用工的相关规定和企业经营规则杂糅其中，并借助相关信息系统软件自动运行。比如，在外卖行业，随着行业洗牌、补贴时代的终结，平台开始降低派单价格，而派单价格直接和骑手收入息息相关，骑手缺乏民主协商的途径，收入水平受平台规则影响较大。

此外，由于工会等组织的建立还存在一定“量”的缺位和“质”的缺陷，导致新就业形态从业者缺少民主参与的渠道和途径。据调研显示，“未加入”工会的新就业形态从业者有344人，占比69.20%（见图8）。

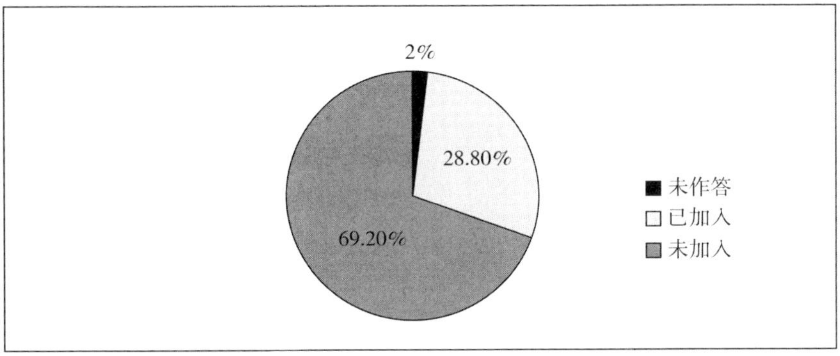

图8　从业人员参加工会情况

三、劳动权益保障存在的主要问题与困境

（一）用工模式“去劳动关系化”，就业安全性不足

当前，新就业形态从业人员按照受雇方式可分为自雇型和他雇型两种，由于用工者和劳动者是同一主体，自雇型基本不存在相关劳动保障权益争议问题。而他雇型的双方主体关系复杂，同时具有劳动关系和劳务关系的部分特征，在用工形式上有雇员制、非雇员制之分，在劳动法律上未能针对互联网带来的新型劳动用工做出及时有效的应对措施。调研发现，一些新业态企业为了降低人工成本、应对激烈的市场竞争，“去劳动关系化”倾向越来越突出。“去劳动关系化”的主要表现形式有两类。一类是被迫“去劳动关系化”，如顺丰快递、神州专车等新业态企业原有的用工模式为传统劳动关系类型，劳动关系相对和谐稳定，从业人员的合法权益能得到较好保障，人工成本相对较高；但为了应对市场激烈的低价竞争，在经营模式上不断缩减自营规模、扩大劳务派遣甚至劳务加盟的范围，逐步缩减自雇用工比例，加大非雇员制用工力度，呈现出“去劳动关系化”特征。另一类是通过自雇模式“去劳动关系化”。以外卖骑手行业为例，部分人力资源机构有针对性地推出帮助外卖骑手在线注册成为个体工商户

的业务项目，包括资料准备、注册流程、政策解读、发票开具等一条龙服务，让平台企业与外卖骑手形成纯粹的承揽合作关系，从源头上实现平台与外卖骑手的劳动关系剥离。劳动用工“去劳动关系化”的趋势演变，造成劳动关系认定难，基于传统劳动关系基础上的工会组织建立难，从业人员利益受损后维权困难重重的问题。此外，新业态模式下，大多数从业人员借助于平台取得岗位和收入，其就业岗位和收入容易受到平台交易规则调整等因素的影响和冲击，合法权益难以得到有效保护。

（二）平台就业“去中心化”，用工权益难以保障

新业态发展具有去中心化、跨区域的特征，与当下条块分割明晰的行政管理体制相冲突。比如，现有税收制度都是基于区域行政的管理模式，而一些规模较大的平台型企业都是跨区域的，地区相关职能部门对跨区域平台容易产生排挤心理，思想认识上还不够解放，不利于平台资源整合，也不利于对新就业形态从业人员的情况摸底和公共管理服务的有效供给。

由于新就业形态从业人员工作时间、地点相对自由，大部分没有与平台签署劳动合同，加上平台对从业者有意识地规避雇主责任，导致对从业人员相关劳动权益的保障不足。一些从业人员存在着工作时间偏长、劳动收入低、工资支付保障缺失、无加班工资等权益受损的情况，特别是发生拖欠工资纠纷时维权困难。以网络主播为例，主播群体一般都是在家里或者私人场所开展直播工作，政府市场监管和执法部门对主播的管理服务难以深入这类群体，无法了解其利益诉求、面临的困难和政策需求等；同时，网络平台会利用自身技术优势，掩藏很多证据，造成主播对市场监管部门进行举报难、开展维权难。

（三）就业形式“灵活多元化”，社会保障供给结构性失衡

新业态的蓬勃发展带来了就业形式的改变和创新，对原来传统行业就业岗位有一定的替代效应。这些灵活化、多元化和短期化的就业与传统以劳动关系为基础、单位参保为依托的社会保险供给模式之间无法协调匹

配，导致社会保险供给发生结构性失衡。

在参保资格上，企业职工社会保险制度依然把劳动关系作为参保的主要依据，新就业形态从业人员以自由职业者身份参保需要同时参考户籍条件，致使大量从业人员不具备参保资格。按现行相关政策，拥有本地户籍是以灵活就业身份参加职工基本养老、医疗保险的前提条件。但调研发现，新就业形态从业者中异地就业的情况比重比较高，存在群体性参保机会缺失和“保不上”的现象。

应该说，当前我国社会保险制度依然采取与劳动关系捆绑的制度模式，难以适应新业态灵活化、多元化的用工形式。对大部分新就业形态从业者而言，没有签订劳动合同未建立稳定的劳动关系，就难以在工作所在地参加职工基本养老保险和医疗保险，会引发政策性保障缺项。至于城乡居民保险保障，总体保障水平偏低，且异地待遇享受不便，与大部分劳动者的保障期望和实际保费负担能力相背离，参保吸引力不足。

从社保经办服务来看，经办管理和服务能力跟不上新业态领域快速调整的行业特征。调研显示，相较于传统就业岗位，新就业形态从业者具有流动性高的特点，工作更换频繁。当前，社保关系同城接续需要耗费 15 个工作日，跨省转移流程耗时更长，流程也更为复杂。

（四）公共就业服务“传统化”，尚未覆盖新就业形态

当前，我国经济下行压力仍然存在，稳就业促就业仍是公共政策主要选择。国家决定于 2019 年从失业保险基金结余中拿出 1000 亿元来加大职业技能培训，并对生产经营中不裁员、少裁员的企业给予稳岗补贴支持，通过各种措施促进就业稳定。但实践中，公共就业政策对新就业形态发展的研判和扶持还不够。调研发现，在职业指导方面，对引导劳动者进入低门槛、灵活化、网络化的新就业形态重视不够。在重点群体精准帮扶方面，地方政府部门对新就业形态的扶持也不够，政策出台和制定依旧以“稳”字当头，与平台企业配合意愿不强，对新就业形态解决就业困难、创造就业机会的能力认识不充分。公共就业政策性补贴、职业技能培训补

贴等仍主要惠及和覆盖传统就业，尚未覆盖新就业形态。

（五）组织建构带来建会困难，利益表达渠道不畅通

新业态企业的工会发展面临建会难、缴费难等困难。调研发现，在外卖配送企业，存在上级主管部门不明确、企业运行不稳定等问题，加上该类型企业工商注册时多以××网络科技公司为企业名称，有一定隐蔽性，对情况进行摸底难。查询该类企业社保缴纳人数可以发现，缴纳社保的人数较少，且多以骨干管理人员为主，很难达到25人这一建立工会的标准。若是以企业主要办公场所为准，进行属地管理，将其纳入所在地的镇或街道的联合工会，工会经费收缴又是一大难题。据了解，将小微企业纳入联合工会，也很难收到工会经费。因此，怎样处理活动费用，也是摆在各级工会面前的一道难题。

同时，新就业形态从业人员之间关系疏离化，平台企业把碎片化工作任务分发给从业者由其独立完成，同事间缺乏工作协作，少有面对面交流，分散化、个体化状况明显，同事间关联程度较低，造成同事关系疏离化。虽然信息技术为劳动者群体间的联合创造了相对便利的条件，如微信等社交软件可提供相应的群体性互动交流平台，但虚拟网络空间的沟通便利并不能替代现实生活中实时沟通的真实互动。这对工会和劳动关系协调机制作用的发挥带来了挑战。

四、对策建议

新业态是未来经济社会发展的一种趋势，其相应劳动用工形式的出现有着历史的必然性。这要求我们坚持包容审慎的原则，充分认识新业态经济发展的积极意义，尊重新业态劳动用工的市场规律，对发展过程中出现的问题从实际出发加以解决。要统筹处理新业态经济发展和新就业形态从业人员利益之间的关系，做到“双维护”，既要维护企业经营管理的自主权，又要维护广大从业人员的合法权益。要针对新就业形态的特点，注重

政策和制度创新，发挥工会组织、行业协会在新业态从业人员维权中的作用，用创新的思路解决新业态从业者权益保障不健全的问题，形成劳动者权益维护与新业态发展的良性互动。

（一）探索建立合理规范、灵活多样的劳动用工模式

首先，对于与新业态企业建立劳动关系的从业人员，企业应当与其依法签订书面劳动合同，在确保合同内容是新业态企业和从业人员双方的真实意愿，并确保合同内容不被篡改的情况下，可以尝试签订电子劳动合同。其次，对于新业态企业临时性、辅助性、替代性的岗位，可以采用劳务派遣等用工方式，劳务派遣企业应与新业态从业人员签订劳动合同，与派遣企业建立劳动关系。再次，可以与从业人员建立劳动关系，也可以建立其他协议的新业态企业，要充分尊重事实、尊重劳动用工双方真实意愿，属于事实劳动关系的建立劳动合同关系，非事实劳动关系的建立其他协议。最后，新业态企业通过劳务外包、加盟协作和其他合作关系等形式与从业人员建立关系的，建议新业态企业与从业人员签订规范民事协议，合理确定企业、从业人员、合作单位三方的权利义务关系。

（二）加强对新就业形态从业者社会保险权益的保护

通过构建多层次的社会保险体系，助力新就业形态从业者社会权益的保障。以继续推进“全民参保计划”为契机，积极推进社保制度向新就业形态从业人员延伸，引导更多从业人员参加社会保险。例如，与企业建立劳动关系的新业态从业人员，应依法参加社会保险；而非全日制用工和未与新业态企业建立劳动关系的从业人员，建议以灵活就业人员身份参加社会保险。加快实施农村户籍职工与城镇户籍职工失业保险待遇并轨，推动各项社保制度惠及更多人群。

探索建立适合新就业形态从业者的工伤保险制度。随着新业态领域风险点越来越集中，部分行业事故易发、多发，解决职业伤害保障的呼声越来越高。可以从优化工伤保险制度出发，将新就业形态从业者纳入现行工

伤保险统筹管理：由从业者个人缴纳保费的，可考虑不同行业分类收费，并按以支定收等原则确定费率；要对接相关社保体系，加入工伤保险即可获得工伤保障待遇。

积极引导新业态企业和从业人员参加商业保险，为从业人员提供人身意外保障。鼓励平台企业建立专项商业保险，在工伤保险制度改革完善前，商业保险可发挥阶段性保障作用。推动新业态从业者参加工会，由工会为加入工会的灵活就业群体提供疾病和意外伤害保险。

（三）畅通新就业形态从业人员的权益维护和救济渠道

创新劳动保障监察和劳动争议仲裁等维护劳动者合法权益的有效机制，探索新业态劳动用工的矛盾调处机制，保障新业态从业者的基本权益。一是要加强对新业态用工的劳动保障监察和日常巡查，及时发现、纠正和处理侵害劳动者合法权益的行为，对严重违反法律法规、侵害劳动者权益的平台企业，纳入社会信用惩戒体系。二是要规范新业态劳动纠纷的调解仲裁机制，探索把新业态劳动用工纠纷纳入劳动争议调解仲裁范围，为新业态从业人员提供权益保护的法律途径。三是要畅通新业态从业人员的权益维护和救济渠道，探索试点跨地区联动监察和仲裁模式，切实保护新业态从业人员的合法权益。

（四）引导平台企业承担相应的社会治理责任

探索政府与平台企业协同治理，充分发挥平台企业自我监管的能力。例如，劳动监察部门可尝试与平台开展协作式监管，利用平台企业自我监管的需求和能力，向平台提出最高工作时间、最低工时等劳动标准的要求，使平台交易规则的设定符合劳动标准或监管标准的要求。以平台企业为基础，设计劳动标准、社会保障等制度，形成政府与平台协同治理的良性互动。

鼓励企业围绕收入报酬、福利待遇、休息休假、考核奖惩、劳动定额、劳动保护等事项，通过开展民主、平等协商签订集体合同或者依法制定规章制度明确企业和从业人员双方的权利义务，推动企业和从业人员建立健全共建共享的工资正常增长机制，促进从业人员工资随企业效益同步增长，分享企业发展成果。

支持和利用平台企业的培训需求和培训能力，为新业态从业者开展有关法律法规、服务规范、职业道德、安全运营等方面的岗前培训和职业培训，提升从业者专业知识与技能水平，特别是人际交往、相互协作、信息沟通、创新和创造等新业态领域从业过程中需要的软技能。

（五）充分发挥工会组织在新就业形态从业者维权服务中的作用

工会组织是劳动者的“娘家人”，在维权服务上有天然的优势。在新就业形态从业人员维权服务领域，要充分发挥工会组织自身优势，主动介入、主动优化服务。一方面，扩大新业态领域的建会率和从业人员的入会率。着力拓展以往传统模式下依托劳动关系为纽带的工会组建形式，依靠互联网平台企业、社会组织、社区、园区等建立覆盖互联网时代各种新就业形态的工会。以平台企业为例，可由地方总工会出面，从有较强诉求的平台从业人员中选取代表，与平台就规则制定、劳动安全保护、收入报酬等方面进行集体协商，签订平台集体合同。同时，强化新就业形态从业人员的具体权责，组织平台从业人员，在制定规章制度和决定重大事项的过程中行使民主参与权利，保障其劳动权益。另一方面，强化“网上工会”建设，健全职工企业外单体入会和网上申请入会机制，加强工会对新就业形态从业人员的服务效能。将新就业形态从业人员纳入工会服务体系，将“互联网＋”工会服务拓展到电脑端和手机端，促进工会强基层、补短板、增活力。同时，完善政府、工会、行业协会共同参与的协商协调机制。鼓励以新业态中小企业为重点，大力开展区域性行业性集体协商活动，着重就行业计件工资单价、劳动定额标准等内容开展集体协商。推动行业协会制定行业用工规范和劳动标准，通过行业自律来规范新业态企业劳动用工，保障新就业形态从业者的合法劳动权益。

参考文献

［1］国家信息中心分享经济研究中心．中国分享经济发展年度报告 2020［OL］．http：//www. sic. gov. cn.

［2］李剑平．2018 年浙江数字经济总量突破 2 万亿［OL］．中国青年网官方账号，https：//baijiahao. baidu. com/s？id = 1643924575609931924&wfr = spider&for = pc.

［3］曹佳．经济新业态下劳动用工和社会保障制度相关问题研究［J］．中国劳动，2018，414（6）．

［4］唐鑛、徐景昀．共享经济中的企业劳动用工管理研究——以专车服务企业为例［J］．中国工人，2016（1）．

［5］涂永前．大众创业时代亟须完善自雇劳动者的政策和法律保障［N］．法制日报，2015 年 12 月 16 日．

［6］王全兴．“互联网 +”背景下劳动用工形式和劳动关系问题的初步思考［J］．中国劳动，2017（8）．

［7］杨宜勇、关博．老龄化背景下推进养老保障供给侧结构性改的思路［J］．经济学家，2017，29（3）．

江苏省平台经济新就业形态从业人员社会保险权益状况调查报告

曹佳丽　臧铁柱*

摘　要： 近年来，随着新经济快速发展，新产业、新业态、新模式不断涌现，平台经济新就业形态从业人员数量增速较快。在稳定就业、获得收入的同时，这一新就业群体的社会保险权益实现存在的问题也逐渐显现。从业人员参保率较低、参保质量有待提升等问题，反映出平台经济劳动关系与现行社会保险制度基础的不适应以及政策执行层面的不通畅，社会保险企业责任主体的缺失现象比较严重。本文建议，可从合理界定劳动关系、完善劳动法律制度、创新社会保险制度、强化责任主体作用、多方力量协同等方面探索从业人员社会保险权益的实现路径。

关键词： 平台经济　新就业形态　社会保险　劳动关系

近年来，新经济快速发展超出预期，移动支付、大数据、云计算、“互联网+”等持续带动产业革命与产品创新，新产业、新业态、新模式不断涌现，平台经济蓬勃兴起，成为经济发展的重要引擎，吸纳了大量新就业形态从业人员，其劳动经济权益的维护存在着许多新的情况和问题。国家信息中心发布的《中国共享经济发展年度报告（2019）》显

* 曹佳丽，江苏省总工会法律工作部副部长，主要研究方向为困难帮扶、社会保险、职工权益等。臧铁柱，江苏省总工会权益保障部部长、一级调研员，主要研究方向为困难帮扶，就业服务，劳动关系，社会保险，安全生产等。

示，2018 年我国共享经济市场交易额为 2.942 万亿元，同比增长 41.6%；平台员工 598 万人，同比增长 7.5%；共享经济参与者人数约 7.6 亿人，其中提供服务者人数约 7500 万人，同比增长 7.1%。报告预测，未来三年，我国共享经济在稳就业、促消费等方面的潜力将得到进一步释放。为了解平台经济新就业形态从业人员在劳动关系、工资收入、社会保障等方面的基本情况和存在的问题，探讨完善社会保险制度的可行措施，为政府制定相关政策提供依据，省总工会于 2019 年 1—5 月开展了平台经济新就业形态从业人员社会保险权益状况调查。

一、平台经济新就业形态从业人员基本状况

（一）样本的地域分布与职业类别

调查涵盖苏南、苏中、苏北三个不同地域，并根据经济发达地区平台经济发展势头较好的特点，选择南京、无锡、南通和徐州作为调研城市，调查对象为全职从事新型就业岗位的人员，具体职业以快递员、外卖送餐员和网约车司机为主，要求从事本职工作满 6 个月以上，且年龄在 18 ~60 周岁。本次调查样本总数为 604 人，其中快递员 202 人、外卖送餐员 200 人、网约车司机 202 人，分别占 33.3%、33.2% 和 36.3%。调查主要采用流动街访和电话调查两种方式，其中对快递员和外卖送餐员的调查采用流动街访方式，对网约车司机的调查采用电话调查方式。

（二）年龄结构与教育程度

本次调查对象中，男性占 84.40%，数量远多于女性。年龄主要集中在 26 ~40 岁，其中 26 ~30 岁的占 27.20%，在各年龄组中占比最高。教育程度主要集中在大专及以下学历，高中/中专学历占比最高，为 46.70%。61.00% 的人员为本地户口（见表 1）。

表1　样本个人属性分布

分类	细分	合计（人）	占比
性别	男	510	84.40%
	女	94	15.60%
年龄分布	18～25岁	69	11.40%
	26～30岁	164	27.20%
	31～35岁	124	20.50%
	36～40岁	113	18.70%
	41～45岁	64	10.60%
	46～60岁	70	11.60%
教育程度	初中及以下	132	21.90%
	高中/中专	282	46.70%
	大专	149	24.70%
	本科	40	6.60%
	研究生及以上	1	0.10%
婚育程度	单身无子女	136	22.50%
	有配偶无子女	30	5.00%
	单身有子女	12	2.00%
	有配偶	426	70.50%
户口性质	本地农业户口	101	16.70%
	本地非农业户口	127	21.00%
	本地统一居民户口	141	23.30%
	外地农业户口	192	31.80%
	外地非农业户口	36	6.00%
	外地统一居民户口	7	1.20%
样本整体		604	100.0%

（三）劳动合同签订情况

53%的样本群体与平台用工主体之间签订了劳动合同，其中与平台企业（包括直营或加盟店）签订劳动合同的占37.70%，与平台合作的劳务派遣公司签订劳动合同的占14.70%。44.90%的样本群体表示其“直接在网络平台注册，不需要签订劳动合同”（见图1）。分职业看，快递员和外卖送餐员与平台企业之间签订劳动合同的比例高于整体平均水平，分别有80.20%和60.50%；81.20%的网约车司机“直接在网络平台注册，不需要签订劳动合同”。

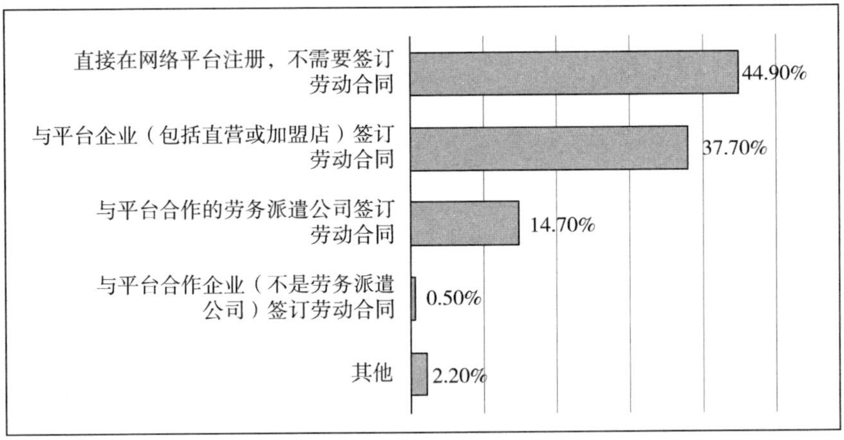

图1　从业人员与平台（或企业）签订劳动合同情况

（四）工资收入情况

所调查从业人员当前月均收入为5808元，较上一职业增加834元，增长率为16.8%。高收入是从业者转行的重要因素。快递员、外卖送餐员和网约车司机当前月均收入分别为5792元、5820元和5813元（见图2），较上一职业分别增长34.60%、11.50%和8%。42.70%的从业人员对当前工资收入表示满意，其中快递员的满意率达53%。14.10%的从业人员对工资收入表示不满意（比较不满意和非常不满意），其中网约车司机的不满意率达21.30%。

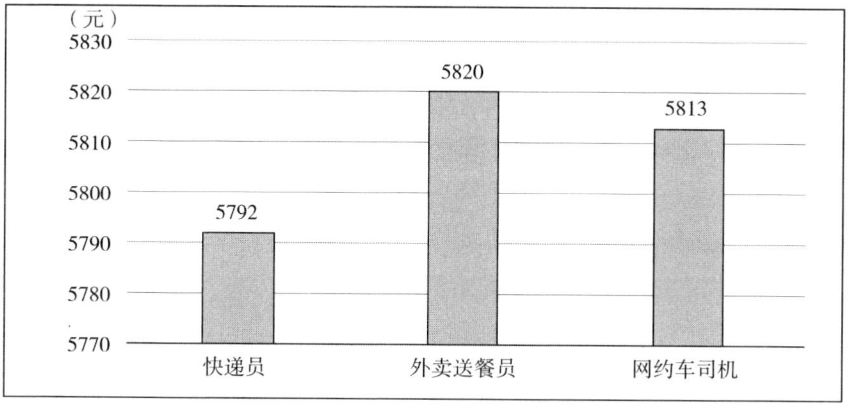

图2 从业人员当前月均工资收入状况（元）

二、平台经济新就业形态从业人员社会保险权益状况

（一）参保率依然较低

仅有18%的被调查者所在平台用工主体为其办理了社会保险，主要集中在快递员群体，占71.60%。具体来说，为从业人员办理“五险”的占12.90%，办理“三险”的占5%，其他情况占0.20%（指工作时间满半年后平台用工主体才为其办理社会保险等）。分职业看，因快递员与快递公司的劳动关系比较明确，参保率最高为38.10%，明显高于外卖送餐员（11%）和网约车司机（4.50%），详见表2。

表2 平台用工主体为不同职业人群办理“五险/三险”情况

	行业细分	“五险”	“三险”
职业	快递员	32.70%	5.40%
	外卖送餐员	4%	7%
	网约车司机	2%	2.50%
整体		12.90%	5%

（二）参保质量有待提升

在参加社会保险的从业人员中，有65.80%的人所在平台用工主体按社会保险缴费基数下限为从业人员缴纳社会保险费，其中快递员达70.90%。此外，有24.80%的从业人员不清楚个人社会保险缴费标准（见图3）。

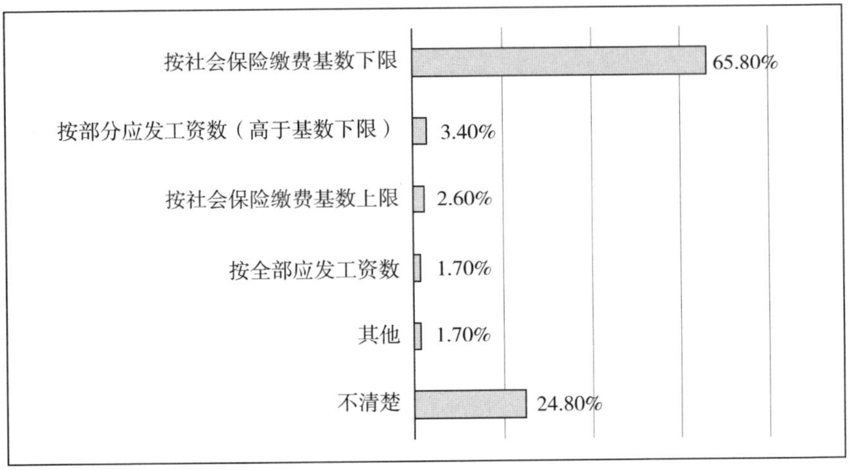

图3　从业人员社会保险缴费标准

在以社会保险缴费基数下限为标准缴纳社会保险费的从业人员中，88.30%表示实际工资高于社会保险缴费基数下限，3.90%表示工资低于社会保险缴费基数下限（见图4）。

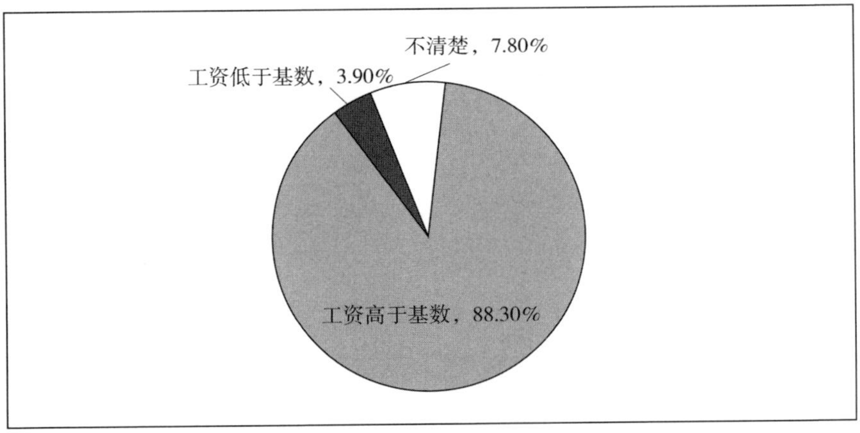

图4　从业人员实际工资与社会保险缴费基数下限的比较

在与平台用工主体之间签订劳动合同的从业人员中，一部分从业人员所在平台用工主体为其购买了其他种类的保险，主要为商业意外伤害保险、商业医疗保险和补充养老保险（企业年金）等（见图5）。

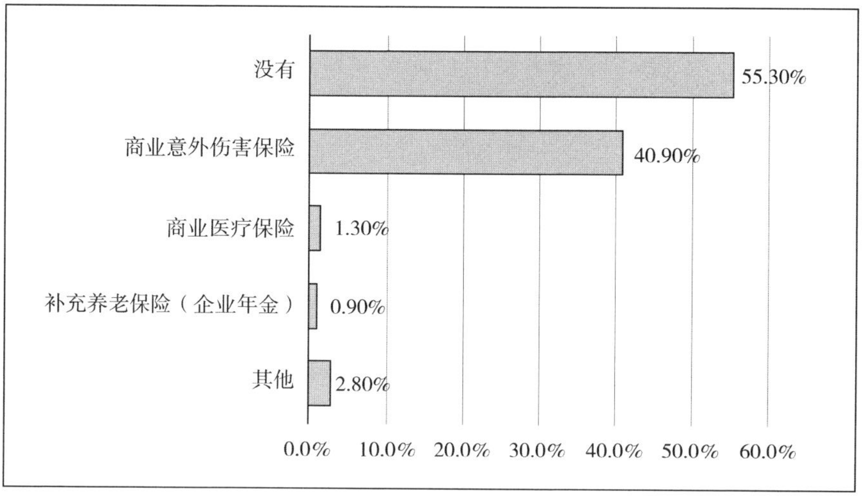

图5　平台用工主体为从业人员购买其他保险的情况

（三）参保意愿比较强烈

在20.30%未参加任何保险的从业人员中，有81.20%知晓用人单位为劳动者办理社会保险的义务，希望平台用工主体为其办理社会保险的占65.90%，希望以个人名义（灵活就业人员身份）参加社会保险的占15.40%；在参保险种上，优先考虑职工基本养老保险、职工基本医疗保险和失业保险的，占比均在70%以上；希望平台用工主体在为自己办理社会保险外，同时购买其他商业保险的占13.80%；希望自己在参加社会保险外，同时购买其他商业保险的占4.90%；在参保险种上，优先考虑商业医疗保险和商业意外保险（见图6）。

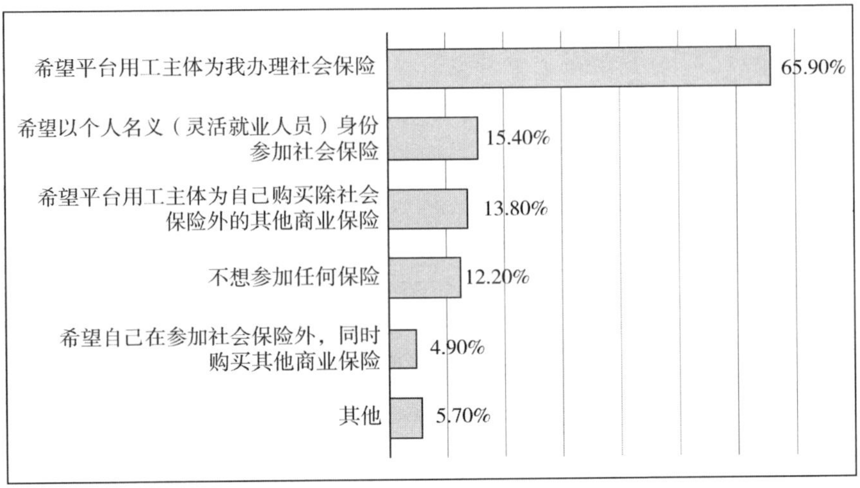

图6　未参加任何社会保险的从业人员参保意愿

三、平台经济新就业形态从业人员社会保险权益存在的问题及成因

（一）平台经济多元复杂的新型劳动关系与现行社会保险的制度基础不相适应

平台经济正处于蓬勃发展阶段，以互联网为依托，其经济活动主体呈现多元化特征，涉及平台企业、平台上的经营企业和平台服务提供人员等，其从业人员准入条件更加简便、退出机制也更加灵活。同时，主体间的关系更加复杂，有标准劳动关系，也有劳务合作关系等，对传统劳动关系认定标准提出了挑战。传统的劳动者分类制度、与劳动关系绑定的社会保险制度与平台经济带来的工作形态上的转变不再完全匹配。劳动领域法律法规修订的相对滞后、平台经济经营小微化的发展趋势等新情况新问题，使政府劳动保障监察工作的难度日益加大，客观上为平台用工主体规避社会保险责任提供了条件。

（二）平台经济从业人员参加社会保险存在一定的制度障碍

现行社会保险制度下，劳动者必须与用人单位存在劳动关系才能享受到全面的劳动权益，这种将劳动关系与社会保障捆绑的方式，主要适用于有固定用人单位的常规就业形式，存在基数高、费率高、待遇高的“三高”特征，用人单位承担了大部分的缴费比例。在这一制度下，平台经济从业人员参加社会保险存在一定的制度障碍。一是劳动关系、用人单位主体不明确，要求平台用工主体为从业人员办理社会保险并缴纳社会保险费是缺乏法律制度支撑的。二是《社会保险法》规定“灵活就业人员可以参加职工基本养老保险、职工基本医疗保险等”，其可选择性的表述降低了法律条文的强制性，且对灵活就业人员参加其他社会保险项目未作明确规定，导致灵活就业人员参保难、自我参保缴费额度较高，压力较大的问题。以南京市为例，2018 年度（2018 年 7 月—2019 年 6 月）灵活就业人员社会保险缴费标准下限为每月 916 元。三是部分政策落实不到位。在实际操作中，部分政策落实有附加条件，一些地区对参保人员有户籍要求，只有本地居民中的灵活就业人员才能参加职工基本养老、医疗保险。为鼓励农村劳动力转移，解决劳动力转移人员参保问题，2016 年国务院《关于实施支持农业转移人口市民化若干财政政策的通知》要求“对于居住证持有人选择参加城镇居民医保的，个人按城镇居民相同标准缴费，各级财政按照参保城镇居民相同标准给予补助”。但在实践中，该项政策落实并不到位，不少地方对非本地户籍人员参加城镇居民医保作了诸多限制，劳动年龄范围内的非本地户籍劳动者无法参加城镇居民医保。

（三）平台经济社会保险责任主体职责义务不清、责任缺位的问题较为突出

在传统劳动关系中，用人单位负有保障劳动者社会保险权利的法定义务，用人单位有义务为劳动者办理社会保险、缴纳相应的社会保险费，劳动者也有参加社会保险并缴纳社会保险费的义务。国家和政府在建立社会保障

制度过程中应承担制度建设、财政支持和监督管理的责任，并以行政权力监督用人单位履行其职责义务。在现有制度条件下，平台经济部分从业人员的用人单位不确定、不唯一，松散的劳动或劳务关系，在一定程度上造成政府监管责任落实不到位、平台用工主体规避社会保险责任义务等问题。

四、平台经济新就业形态从业人员社会保险权益状况实现路径

社会保障覆盖率是衡量全面建成小康社会的基本指标之一。社会保险制度作为社会保障制度的重要组成部分，是保障社会成员基本生活、维护社会成员人格尊严必不可少的基本制度。平台经济的发展带来的就业形态多样化，迫切要求调整以标准化劳动关系为基础的社会保险制度。

（一）科学合理界定劳动关系标准，完善劳动法律制度

劳动关系的认定涉及劳动法律法规体系的配套完善，是一项系统工程。一要防止“一刀切”。在当前平台经济发展的起步阶段，劳动者与平台之间的关系复杂多元，简单“一刀切”的认定标准会对平台经济发展带来不利影响，应视实际情况慎重考虑。二要禁止“擦边球”。有些平台经济模式与传统的劳动关系并无根本性的差别，如快递员与快递公司的劳动关系认定相对简单，要防止某些用工主体假借平台化规避传统劳动关系的用工责任。三要修订“标准尺”。对于与传统劳动关系存在实质性不同的，要充分权衡、适度放宽认定标准，既要将大部分的平台从业人员纳入正规劳动体系中，又要保持该行业原有的灵活性，保持行业发展的活性。

（二）大力推进社会保险制度创新，强化责任主体作用

为进一步扩大社会保险制度覆盖面，将更多平台经济从业人员纳入社会保险保障体系，同时避免社会保险制度进一步“碎片化”，有必要进一步完善现有灵活就业人员参保制度。一是将平台经济从业人员作为参保缴

费主体，以灵活就业人员身份参加职工社会保险。二是尽快打破部分地区对灵活就业人员参加职工基本养老、医疗保险的户籍限制，加大地方财政对社会保险基金筹集的支持力度。三是建立政府、平台企业、从业人员三方社会保险费用共担制度，推动各方切实履行社会保险责任。政府可通过给予平台用工主体社会保险费补贴等方式，强化财政支持；平台用工主体作为直接或间接的用工主体，需要履行企业的社会保险法定责任，缴纳企业社会保险费，作为从业人员社会保险缴费的补充，缴费标准可参考行业平均利润、人力资本成本、从业人员工作时长和业绩等合理确定。此外，目前税务代征社会保险费的政策，使税收与社会保险建立了互通机制，也可以税收情况作为确定社会保险缴费责任主体和社会保险费缴费标准的重要参考因素，提高平台经济从业人员的社会保险覆盖率。

（三）多方力量协同，提高平台经济从业人员维护社会保险权益能力

一是利用各种有效形式，加强对社会保险法律法规和政策规定的解读，宣传参加社会保险的重要性、参保途径以及权益受损时的救济途径，提高平台经济从业人员的社会保险意识和维权能力。二是通过组建平台经济行业工会保障从业者的权益，提供相关援助服务。三是通过依托行业工会开展集体协商等方法，进一步明确劳动关系主体，将社会保险等作为协商内容，提高维护平台经济从业人员社会保险权益的水平。

参考文献

［1］涂伟．新就业形态下劳动权益保护的主要国际趋势及对我国劳动立法改革的启示［J］．中国劳动，2021（1）：64－74.

［2］张成刚．问题与对策：我国新就业形态发展中的公共政策研究［J］．中国人力资源开发，2019，36（2）：74－82.

第三部分

重点群体篇

关于电子商务等新型服务业态蓬勃发展形势下如何把物流货运司机组织到工会中来的调研报告

刘路刚　汤洪伟　汪　雁　张晓莹等*

摘　要： 随着电商经济、平台经济的蓬勃发展，物流货运司机群体规模越来越大。在电子商务等新型服务业态加速发展的形势下，把物流货运司机吸引到工会组织中来，维护好他们的合法权益，对于努力造就一支有理想守信念、懂技术会创新、敢担当讲奉献的货运司机队伍，巩固党的执政基础、促进经济社会持续健康发展具有重要意义。本报告调研物流货运行业发展现状及货运司机队伍特点，分析物流货运司机入会情况和存在的问题及原因，提出进一步推进物流货运司机入会工作的意见建议。

关键词： 物流货运司机群体　加入工会　意见建议

随着电商经济、平台经济的蓬勃发展，物流货运行业加快转型，物流货运司机群体规模越来越大，他们的工作生活状况不仅关系我国物流货运

* 本课题组由中国海员建设工会、全总基层工作部、全总网络工作部、中国工运研究所联合组成，本报告执笔人刘路刚、汤洪伟、汪雁、孙向南、王锦、王萌、张晓莹、唐尹彦等。本报告中所称“物流货运行业”，仅指公路货运行业，所称“物流货运司机”，仅指从事公路货物运输的驾驶员。未标注来源的数据均来自交通运输部发布的《2016 年交通运输行业发展统计公报》和交通运输部运输服务司、中国海员建设工会、交通运输部职业资格中心联合发布的《物流货运驾驶员从业状况调查报告》。

行业的持续健康发展、数千万家庭的生活福祉，还关系我国社会的和谐稳定。在电子商务等新型服务业态加速发展的形势下，如何把物流货运司机吸引到工会组织中来，维护好他们的合法权益，努力造就一支有理想守信念、懂技术会创新、敢担当讲奉献的货运司机队伍，巩固党的执政基础、促进经济社会持续健康发展，是一个十分重要的课题。按照全总书记处的部署和要求，全总基层工作部、中国海员建设工会、网络工作部、中国工运研究所组成联合调研组，于 2017 年 7—8 月，在全国范围内深入开展了“电子商务等新型服务业态蓬勃发展形势下如何把物流货运司机组织到工会中来”专题调研工作。

该调研采取实地调查、书面调查、网络调查等多种方式同步进行。调研组分赴北京、河北、黑龙江、上海、浙江、山东、广东、贵州、陕西、新疆等 10 个省（区、市）开展实地调研；各省（区、市）总工会均按全总要求开展了专题调研；中国海员建设工会与交通运输部联合开展了实地调研和问卷调查。调研共走访货运企业 50 余家，召开各类座谈会 57 次，与货运司机座谈 100 余人次，收回有效调查问卷 23123 份。经综合分析，形成本专题调研报告。

一、物流货运行业发展现状及货运司机队伍特点

物流货运行业是国民经济发展的基础性服务行业，对促进经济发展、服务改善民生、推进就业创业等发挥了举足轻重的作用。2016 年，全行业 679.1 万家运输业户，完成总产值约 3 万亿元，超过全社会 GDP 的 5%；全行业 1351.8 万辆货车完成货运量 334.1 亿吨，占全社会货运总量的 76%；1898.2 万名货运司机约占服务业就业总人数的 9%，肩负着超过 5000 万人口的生计问题。

（一）物流货运行业发展现状

物流货运业规模大、从业人员多、市场化程度高、与百姓生产生活密

切相关，属于典型的传统劳动密集型服务行业。随着“互联网+”技术变革的突飞猛进，新技术新业态新模式不断涌入，物流货运行业呈现出传统模式与新技术、新业态并存，并加速转型升级的态势。

1. 市场高度开放

物流货运业开放时间早、准入门槛低、市场化程度高。2016年，全国从事道路货物运输的经营业户共计679.1万户，其中个体经营业户占91.5%；拥有100辆及以上营运车辆的道路运输企业1.38万户，仅占业户总数的2‰，绝大多数货运业户仅能提供非常传统的、低端的运力和劳务服务。可以说，是“一家一户一辆车”的“小业主”，托起了公路货运这个“大行业”。

2. 行业生态脆弱

物流货运市场主体“多、小、散、弱”特征突出。国有、集体、民营、外资、个体等多种所有制形式同台竞争，自有车辆经营、挂靠经营、分包经营等经营方式并存互补。货运行业运力已总体供过于求，但从业者仍在盲目进入，市场竞争激烈，运价长期低迷，10多年来，普货运价基本维持在0.2～0.4元/吨公里，个别情况跌至0.2元/吨公里以下，比2000年的运价水平还低，而人工、设备、燃油等成本较10多年前已成倍增长，造成货运企业经营压力加大、整个行业生态比较脆弱的现状。

3. 转型升级加快

伴随“互联网+”时代的到来，新技术引领行业发展升级，新业态引发市场要素重构，交通运输部积极推广甩挂运输、多式联运、无车承运人等先进运输组织模式，促进行业集约化、规范化发展。货车帮、运满满、传化易货嘀等一批无车承运人①平台型物流企业成为行业变革的重要力量。大量的个体车主不再通过企业，而是通过注册平台会员成为实际承运人，从事货物运输。为规范平台企业运行，交通运输部出台相关意见，确定了

① 无车承运人，是指自身不拥有运输车辆，以承运人身份与托运人签订运输合同，承担承运人的责任和义务，依托互联网平台，委托实际承运人完成运输任务的道路货物运输经营者。

283 家无车承运人试点企业，并依托国家交通运输物流公共信息平台对无车承运人进行规范和监管。

（二）货运司机队伍特点

与物流业快速发展相伴，物流货运司机队伍不断壮大，已成为一支规模庞大的新型劳动大军。主要有以下几个特点。

1. 群体庞大，农民工占主体

目前，全国共有货运司机 1898.2 万名，占全国 2100 万货运从业人员的 90.4%，其中 76% 为农民工①，物流货运行业已成为农民工创业择业的主阵地之一。据抽样调查显示，物流货运司机群体呈现“三个为主”的特点：男性为主，占比 98.5%；中青年为主，26～45 岁人员占比 82.4%；高中及以下学历为主，占比 93.2%。这些特点与物流货运的行业特性、工作环境、劳动强度等密切相关。

2. 用工多元，劳动关系契约率低

物流货运行业劳动用工形式比较复杂，主要为四种类型：第一类是司机受雇于物流企业或个体运输业户；第二类是司机受雇于劳务派遣公司，被派遣到物流企业工作；第三类是司机受雇于个人；第四类是司机本人为个体运输业户经营者。抽样调查显示，货运司机的劳动合同签订率只有 25%，企业用工不规范，司机权益难保障。

3. 流动性强，组织化程度低

货运司机不像其他行业有固定工作区域，而是哪里有货源就往哪里去，一些个体司机带着老婆和孩子跑运输，车就是他们流动的家。抽样调查显示，省内流动的司机占 53.1%，跨省流动的司机占 46.9%。物流货运行业以个体运输业户为主，企业经营业户仅占 8.5%，大部分货运司机游离于企业之外。同时，货运司机就业稳定性差，52.3% 的被调查企业反映

---

① 数据来源：中国物流与采购联合会公路货运分会《卡车司机从业状况调查报告》（2016 年 1 月）。

存在留不住人的难题，最主要的原因是司机跳槽现象突出。

4. 生活压力大，职业认同感低

货车司机普遍存在工作强度大、工作时间不规律、工作环境艰苦、收入待遇低等问题。抽样调查显示，货车司机每天累计工作时长（含车上等待时间）多为12小时以上，平均一个月只能休息3~5天，一年也回不了几次家的司机高达23.4%，与家人聚少离多；83.1%的司机出车时无法按时吃饭，55%的司机直接睡在车上，54.5%的司机因长期驾驶患有颈椎病、胃病等慢性病；平均月收入为7474元，其中3000~6000元的占48.6%，与他们高强度劳动不成正比，64.8%的司机对收入不满意。加之一些地方存在乱收费、乱罚款等不规范执法行为，多数司机认为自身社会地位低，职业“只是谋生手段”，期盼社会给予应有的尊重与关爱。

5. 诉求趋同，行业稳定情况不容乐观

货运司机工作同质性高，利益诉求高度一致。座谈中发现，个体货运司机普遍期盼“多拉货、多挣钱、少收费、少罚款、少限行”，但由于组织化程度低，没有正常的利益诉求渠道，容易导致负面情绪积聚。随着“互联网+”在物流货运行业的应用，78%的货运司机经常使用手机或电脑上网①，线上线下联系紧密，极易在流动中组织起来，甚至发生群体性事件。据交通运输部掌握的情况，2017年1—8月份，客货运输从业人员上访1.93万人次，发生货运司机网上串联、煽动罢运事件18起，给社会和谐稳定带来隐患。

二、物流货运司机入会情况和存在的问题及原因分析

顺应物流货运行业发展实际，各级工会积极创新工作思路和工作举措，不断扩大工会组织对物流货运企业和司机的有效覆盖，取得了初步成效。但从总体情况看，物流货运企业建会和司机入会工作基础薄弱，企业

① 数据来源：中国物流与采购联合会公路货运分会《卡车司机从业状况调查报告》(2016年1月)。

建会率和司机入会率低，与行业发展现状及货运司机的期盼还有较大差距，需要各级工会高度重视，下大气力加以解决。

（一）组织货运司机入会的主要做法及创新实践

面对不断发展壮大的货运司机队伍，各级工会主动担当、顺势而为，努力推进货运司机入会工作。

1. 积极谋划推动

各级工会坚持从实际出发，自觉将货运司机入会纳入总体工作部署。一是加强顶层设计。在2015年初开展“农民工入会集中行动”伊始，全总就明确将快递物流行业作为农民工入会的五大重点领域之一，引导各地工会密切关注、扎实推进货运司机入会工作。二是抓好落地落实。各地工会结合实际，通过开展集中行动、召开现场会、寄发公开信等多种措施积极推进。例如，上海市总工会建立“先服务后入会”“先活动覆盖再组织覆盖”“先企业外入会再推进企业建会”的“三先三再”工作法，推动建立交通运输、仓储物流及邮政快递等企业工会2062个，覆盖单位2995个、职工48万人。广东省总工会在2015年即实现物流企业95.6%建会率、职工92.9%入会率。三是借势发力推进。2017年7月以来，各地工会紧抓全总调研的契机，迅速开展摸底调查，研究部署货运司机入会工作。例如，浙江省总、西安市总先后组织开展了货运司机入会集中行动，并取得阶段性成效。

2. 突出建会重点

各级工会将物流货运企业作为组织司机入会的主阵地，突出重点，因企制宜。一是规模企业单独建。聚焦25人以上职工的物流货运企业，特别是规模企业和业内知名企业，依法推动单独建会。目前，传化智联、货车帮、德邦物流等知名物流货运企业均已成立工会，较好地发挥了示范带动作用。二是小微企业联合建。按照区域相近、行业相同原则，将点多面广、小型分散的小微物流企业通过组建联合基层工会的方式纳入工会组织体系。例如，江西永新县15家物流企业成立物流行业联合工会，吸纳工会会员300余人。三是“二次覆盖”面上建，即在物流货运企业规范组建工会的基础上，组建物流园区等区域（行业）工会联合会，实现对企业工会的组织和工作再覆盖，有效解决小微企业建会后难以发挥作用的问题。例如，黑龙江省哈尔滨市道外区禧龙国际商贸物流园区、河北省安平县聚成国际物流园区分别依托园区工会成立物流行业工会联合会；广东省深圳市盐田港汽车运输行业工会联合会下辖基层工会665家、会员1.5万人，基本实现了辖区内物流货运企业全覆盖。

3. **创新入会方式**

各级工会积极适应货运司机高度分散、流动性强等特点，创新思路、大胆探索，着力打通三个渠道。一是坚持企业内入会主渠道。充分发挥物流企业工会作用，积极组织货运司机入会。例如，江苏省南京市金陵交运集团有限公司工会加强宣传引导，先后发展1830名货运司机成为工会会员，入会率达83.2%。河北省衡水市衡东物流有限公司工会将挂靠的30名货运司机组织到本企业工会中，参与工会活动、享受工会服务。二是拓展企业外入会新渠道。对流动分散和未建会企业的货运司机，积极探索企业外入会形式，通过乡镇（街道）、村（社区）、物流园区等工会组织入会，建立发展会员的“蓄水池”，扩大工会组织覆盖。例如，宁夏青原区总工会采取就近方式，推动青原区贸易广场管理处工会将13名流动货运司机全部吸纳为工会会员，青原区每年拨付一定的资金补助其工会经费，使司机感受到工会的温暖。三是开辟网上申请入会快车道。通过开发网站、微信公众号、手机App等服务平台，引导货运司机网上申请入会，更加方便、快捷地把他们组织到工会中来，如北京、南京、苏州等地打造工会信息服务平台，畅通了货运司机表达入会意愿的网上渠道。

4. **拓展服务手段**

针对物流货运行业农民工比例大、对工会认知度较低的状况，各级工会主动作为，面向广大货运司机开展广泛宣传和维权服务工作。一是强化普惠吸引。坚持以职工需求为导向，充分依托“互联网+”，面向物流货运司机开展工会普惠性服务，通过发放工会会员卡，免费提供货源信息、交通路况、安全培训等，让货运司机切实感受到加入工会带来的好处。二是建设平台阵地。以推进“六有”工会建设为抓手，按照“会、站、家”一体化思路，努力将物流园区工会和货运企业工会打造成职工信赖的“职工之家”。例如，浙江省霞浦现代国际物流园区成立“集卡司机之家”，从工作年限、安全出车率、安全培训到课率、企业评定及活动积分卡5个方面对集卡司机进行考核，并进行表彰奖励；浙江省衢州市危化品物流企业联合工会建立“驾驶员之家”，成立法律援助中心和民事调解中心，为企业和企业之间、企业和驾驶员之间的纠纷提供法律帮助，有力地促进了园区劳动关系和谐发展。

（二）组织物流货运司机入会的主要问题及原因分析

综合各地工作进展情况看，物流货运司机入会工作虽然有了积极进展，但当前工会组建和司机入会工作的短板集中表现为“三低”。

1. 物流货运企业建会率低

据对全国853家物流货运企业抽样调查显示，物流货运企业建会率为31.7%，其中，私营企业建会率仅为25.4%，远低于全国平均水平，物流货运企业建会还有很多的盲点和空白点。

2. 货运司机入会率低

据对全国21659名货运司机调查显示，建立了工会的企业中，仅有12.3%的货运司机加入工会，69.7%的货运司机没有加入工会，其余18%的货运司机不清楚自己是否是工会会员。从用工方式看，非企业用工的货运司机入会率只有4.4%。绝大多数货运司机还没有加入工会。

3. 货运司机对工会认可度低

调研发现，一些物流货运企业虽然建立了工会，但没有发挥应有的作用，工会工作和工会活动没有覆盖到货运司机，成为事实上的“牌子工会”“空壳工会”。据对货运司机的抽样调查显示，认为工会最主要作用是“维护职工权益”的占31.9%；认为“工会发挥不了作用”的占19.4%；认为工会“维权服务效果不理想”的占15.1%。此外，还有33.5%的货运司机“不知道工会是干什么的”。而在没有加入工会的货运司机中，仅有 33.6% 的司机想加入工会。

分析产生上述问题的原因，主要有以下两个方面。

1. 客观原因

一是法律规定制约。《工会法》和《中国工会章程》关于“以工资收入为主要生活来源或者与用人单位建立劳动关系”这一入会条件的制度限定，将不具备劳动关系的大多数个体货运司机挡在工会门外。二是职业特点所限。货运司机高度流动分散，不是在路上拉货，就是在外地等货，无论在居住地还是工作地入会都有较大难度，即便入会也很难进行有效管理和服务。三是行业基础薄弱。物流货运行业以个体运输业户为主，小微企业又占企业主体，大多经营不规范，生存压力大，普遍对组建工会持消极态度。四是对工会缺乏了解。货运司机以农民工为主，对工会认知不足。座谈中，有司机直言：“加入工会对我有什么好处？能给我配货吗？能提高运价吗？能不限行吗？能少罚款吗？油被盗能管吗？”

2. 主观原因

一是重视程度不够。调研发现，多数地方工会对个体货运司机关注不够，对“互联网＋货运”新业态了解不多，工会工作相对滞后。一些地方虽然提出建会入会工作要求，但没有具体规划和落实举措，缺乏对基层的有效指导服务，货运司机入会工作呈现边缘化。二是存在畏难情绪。面对物流货运行业复杂的组织形式和用工现状，加之现行体制制约和工作力量所限，一些地方工会在推动物流货运行业建会入会上消极等待，缺乏担当。三是缺乏创新意识。一些地方和基层工会依然沿用传统观念、固有思路开展工作，不敢创新、不会创新、不善创新，无法满足货运司机多样性、多元化需求，难以有效吸引和凝聚货运司机。

三、进一步推进物流货运司机入会工作的意见建议

货运司机是货运行业发展的中坚力量，已经成为新时期产业工人队伍的重要组成部分。各级工会要积极适应电子商务蓬勃发展的新形势，把组

织货运司机入会作为工会义不容辞的政治责任，坚持服务大局、党建引领，属地管理、分类指导，鼓励创新、合力推进的基本原则，最大限度地把货运司机组织到工会中来，团结引领他们听党话、跟党走，切实实现好、维护好、发展好他们的切身利益，推动物流货运行业健康稳定发展。

（一）提高政治站位，凝聚全会力量推进货运司机入会工作

各级工会要站在服务党和国家工作大局以及工会工作全局的高度，充分认识组织货运司机入会的重要意义，统一思想，凝聚共识，全面推进货运司机入会工作。坚持党建带工建。始终在党的领导下推进物流货运行业建会入会工作，推动将其纳入各地党建工作目标考核体系，一同规划部署、一同检查考核、一同推动落实，加强整体部署。以贯彻落实《新时期产业工人队伍建设改革方案》为契机，将推进物流货运行业建会入会作为全总重点工作，作为农民工入会工作的重要组成部分，研究出台加强货运司机入会和服务工作的相关意见，适时召开全国工会推进货运司机入会工作现场推进会，交流经验做法，部署推动工作。强化合力推动。坚持各级工会上下联动、左右互动，加强工会相关部门和产业工会的协同配合，形成工作合力，共同谋划推动货运司机入会工作。加强与行业主管部门的联系沟通，及时反映货运司机的利益诉求，建立货运司机权益保障联系机制，做好源头维权，推动形成公开公平的行业政策环境。

（二）加强分类指导，补齐货运行业建会入会工作短板

坚持从货运行业实际出发，因地制宜、因企制宜、分类施策，有针对性地提出目标任务和具体举措，到2018年底实现物流货运司机入会率超过全国农民工平均入会率。推动物流货运企业普遍建会。组织各地工会开展摸底调查，明确任务目标和工作措施，集中力量推动物流货运企业普遍建会、货运司机普遍入会。推动各类物流园区普遍建会。努力实现各类物流园区普遍建立区域（行业）工会联合会或联合工会，积极发挥园区工会和龙头企业优势，扩大工会组织的有效覆盖。货运行业发达、货运司机较多

的地方，可以依托物流园区或龙头企业组建县级以下物流行业工会联合会，配备专职工会工作者。推动货运司机企业外单体入会。大力推广顾村经验，积极依托物流货运企业所在区域、货运司机户籍地（经常居住地）或经营地的乡镇（街道）、村（社区）等区域（行业）工会，把流动分散的以及未建会企业的货运司机组织到工会中来。

（三）注重探索创新，努力推动货运司机入会取得突破

坚持问题导向，鼓励基层创新，不断拓展物流行业建会入会工作新思路新举措。推行网上申请入会，依托工会官方网站、手机 App 等形式，实现线上提交入会申请、线下及时跟进审核，方便快捷地把货运司机组织到工会中来。依托挂靠企业组织入会，加强对有挂靠方式运营的企业工会的指导和服务，引导其将挂靠经营的货运司机视同本企业职工，积极组织加入本企业工会。借助货运网络平台组织入会，充分利用国家交通运输物流公共信息平台和无车承运人平台，对货运司机开展工会知识宣传。有条件的地方，可在坚持属地原则的基础上，探索依托无车承运人平台工会，将本区域内（一般县级以下）在平台注册、联系紧密的个体司机组织入会，确保会籍落地，扩大有效覆盖。

（四）切实履行职责，逐步建立网上网下深度融合的服务格局

主动适应电子商务等新型业态蓬勃发展的新形势，建设工会网上工作平台，用信息化手段掌握职工需求动态，畅通职工诉求表达渠道。深化普惠服务，坚持以货运司机需求为导向，整合社会资源，加强区域合作，面向广大司机开展维权帮扶、技能培训和各种商惠等“互联网＋”工会普惠性服务，打造方便快捷、务实高效的服务新通道。推进实名管理，结合开展基层工会组织和工会会员实名制管理工作，逐步将广大货运司机纳入实名制管理，增强工会服务的针对性和实效性，确保货运司机会员流动不流失。建设工作平台，依托各级工会职工服务中心等工会阵地和普惠服务网络平台，依托物流园区（公路港）、货运集散地、高速公路服务

区等建立“货车司机之家”或工会服务点，提供适应货运司机需求的“网上网下”服务，自下而上打造面向货运司机的“工惠驿家”服务品牌。全总在条件成熟时可适时建立一个全国性的网上服务平台。提升职业认同，广泛开展货运物流行业爱岗敬业楷模、感动交通人物等先进典型选树活动，将货运司机劳动和技能竞赛列入全总重点竞赛项目，依法设立货车司机互助基金，开展多种形式的关爱活动，提升货运司机的归属感、荣誉感。

（五）加强研究指导，规范有序推进货运司机入会工作

针对物流货运企业建会和货运司机入会工作中存在的现实问题和制度障碍，加强调查研究和服务指导。注重经验总结，密切关注杭州传化公路港司机联合工会等无车承运人试点企业（平台）工会建设，及时指导，逐步规范。认真总结各地工会在推进货运司机入会方面的探索实践，积极推广成功经验，在全国选树一批组织货运司机入会工作先进典型。防范平台风险，在肯定基层工会和企业首创精神的同时，要高度关注并坚决防止出现“网络工会”“虚拟工会”，切实防范网络平台可能产生的社会聚合风险。加强理论研究，建议由全总组织部牵头，全总基层部、法律部等相关部门和全国产业工会参与，对电子商务等新型服务业态蓬勃发展形势下的劳动关系特点、入会资格条件、行业工会设置等问题开展专题调研，打通制度壁垒，不断扩大工会组织覆盖面。

网约车驾驶员劳动经济权益调查报告

冯丽君　冯　晶　陈丽丽*

摘　要： 网约车司机作为新就业形态下的典型就业群体代表，在就业方面遇到的法律关系问题、权益保障问题非常值得研究探讨，已成为理论和实践中的热点。本文通过查阅相关文献资料，对网约车司机进行抽样问卷调查、个案访谈，实地调研部分网约车平台企业，与专家学者以及政府相关管理部门人员进行座谈等研究方式，了解网约车发展的基本情况，重点分析网约车司机与平台的法律关系，以及在劳动权益保障方面主要存在的问题，讨论网约车司机与平台之间的法律关系定性，以及对网约车司机的保护机制。

关键词： 网约车驾驶员　劳动权益　工会

按照中华全国总工会《第八次中国职工队伍状况调查方案》中关于开展“新技术新业态新模式蓬勃发展对职工队伍和劳动关系的影响及应对举措”专题调研的要求，北京市总工会工运史和劳动保护研究室、北京市交通运输工会于2017年3—5月联合开展了北京市网约车驾驶员劳动经济权益状况调查。课题组采取线上调查和拦截访问相结合的方式，对滴滴出

---

* 冯丽君，北京市总工会工运史和劳动保护研究室主任，主要研究方向为劳动关系和工会领域的理论研究、历史研究；冯晶，北京市总工会工运史和劳动保护研究室干部，主要研究方向为劳动关系领域的法律研究；陈丽丽，北京市总工会工运史和劳动保护研究室干部，主要研究方向为劳动关系领域的社会调查研究。

行、神州专车、易到用车、首汽约车、e代驾、PP租车、AA拼车7家平台618名网约车驾驶员实施了问卷抽样调查，对滴滴出行多名快车、专车和顺风车司机做了个案访谈，对首汽约车做了典型调查，并邀请市运输局出租车管理处、市人保局劳动关系处、市网信办综合处有关领导和中国人民大学劳动人事学院、北京物资学院劳动科学与法律学院专家学者进行专题研讨。通过调查初步了解了北京市行政区域内网约车驾驶员队伍基本情况、劳动经济权益和劳动关系状况，对当前网约车平台劳动用工和劳动者权益保障方面存在的问题做了初步梳理，并提出相关对策建议。

一、网约车行业发展概况

网约车的发展起步于2010年。2010年5月，易到在北京成立，同年9月上线测试并开始提供北京地区预订用车服务，成为中国第一家专业提供专乘约车服务的电子商务网站。2012年9月9日，滴滴打车软件在北京上线。到2012年底，全国成立的各类大中网约车平台已达10家以上。2013年起开始大规模洗牌，经过竞争洗礼，目前基本形成“一超多强”局面。截至2015年底，接入滴滴出行平台的汽车数量（即注册司机数）已达1423万，成为业内的“超级平台”；嘀嗒拼车的汽车数量为700万，神州、易到各10万，占全国汽车总量6.5%以上，覆盖用户2.5亿人，占全国人口18.3%，覆盖全国约60%的城市，成为业内主流平台。即便汽车数量只有1.8万的首约，目前也遍布全国36个城市，除个别西北城市之外，主流的一、二、三线城市都有分布。

在北京主要有滴滴、易到、神州、首约四大网约车平台。滴滴号称在北京有注册司机近百万人，活跃的司机（4个月内接单时间超过1小时）近50万人，每天至少接一单的司机大概11万人。易到有1万~2万辆车，首约有近5000辆。神州在北京也有几千辆车，比首约略多一些。

从经营模式来说，滴滴、易到以P2P（个人对个人）模式为主，即个人车辆或驾驶员接入互联网平台，平台只为驾驶员和乘客提供信息对接服务；首约和神州是B2C（商对客）模式，即平台拥有车辆及职业驾驶员，在接到消费者出行需求后指派专车为其服务。同样是 B2C 模式，首约和神州并不完全相同。首约平台只管营销、服务，车和人都由首汽集团直接管理或由祥龙等出租汽车公司提供，车辆都由传统的巡游车转化而来。神州的车以租赁车为主（自己的租车公司），驾驶员由劳务公司派遣（自己的劳务公司），平台与租车公司、劳务公司、司机签订四方协议。

二、网约车驾驶员队伍状况

（一）基本情况

调查表明，网约车驾驶员以拥有家庭和孩子的“70 后”“80 后”本地户籍男性为主。男性占 74. 11%，年龄段在“25 ~34 岁”“35 ~44 岁”的分别占 39. 64% 和 33. 50%，已婚的占 80. 91%，有 1 个及以上子女的占 72. 33%。受“京人京牌”政策的影响，外地户口比重下降，本地户口占比上升至 60. 36%。学历以“高中或中专”“大专或高职”为主，分别占 32. 52% 和 26. 86%（见表 1）。

表 1　网约车驾驶员基本情况

		数量（人）	占比（%）
性别	女	458	74. 11
	男	160	25. 89
年龄	24 岁及以下	46	7. 44
	25 ~34 岁	245	39. 64
	35 ~44 岁	207	33. 50
	45 ~54 岁	105	16. 99
	55 ~64 岁	15	2. 43

续表

		数量（人）	占比（%）
户籍	本地户口	373	60.36
	非本地户口	245	39.64
学历	初中及以下	98	15.86
	高中或中专	201	32.52
	大专或高职	166	26.86
	大学本科	125	20.23
	硕士及以上	28	4.53
婚姻	已婚	500	80.91
	未婚	115	18.61
子女	无	167	27.02
	1 个	337	54.53
	2 个	106	17.15
	3 个及以上	4	0.65

（二）就业状况和就业观念

1. 专兼职情况

网约车驾驶员以兼职为主，占59.87%。兼职驾驶员主要来自私营企业，占43.78%，其次是事业单位和国有、集体企业，分别占19.46%和17.03%（见图1）。85.92%的驾驶员只使用一个网约车平台，14.08%的驾驶员同时使用多个平台。

2. 从业时间

网约车驾驶员从业时间普遍较短，1年及以下的占比最大，为57.28%，2年以上的仅占15.53%（见图2）。从不同平台来看，首汽约车驾驶员从业时间相对较长，其次是e代驾和神州专车，从业1年以上的占比分别为57.33%、55.56%、46.42%。

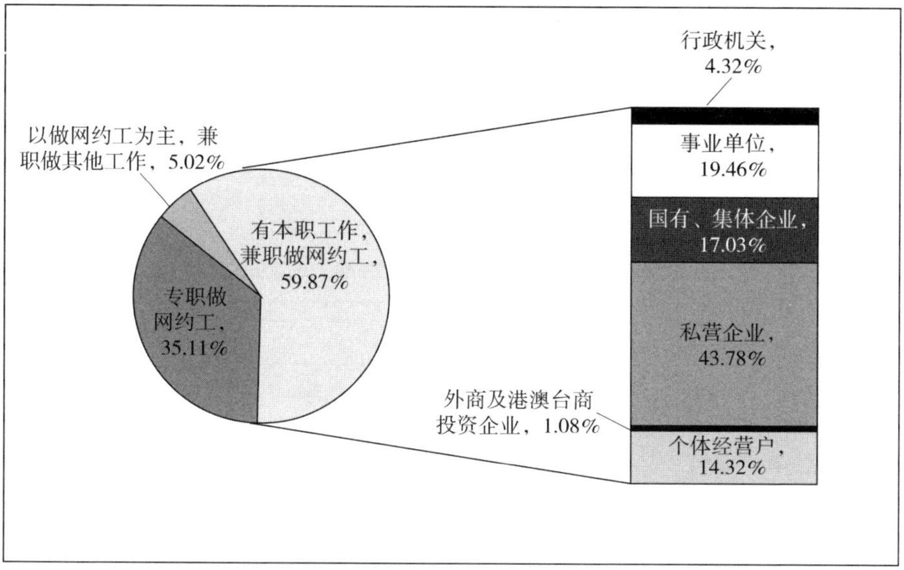

图1　网约车驾驶员专兼职情况

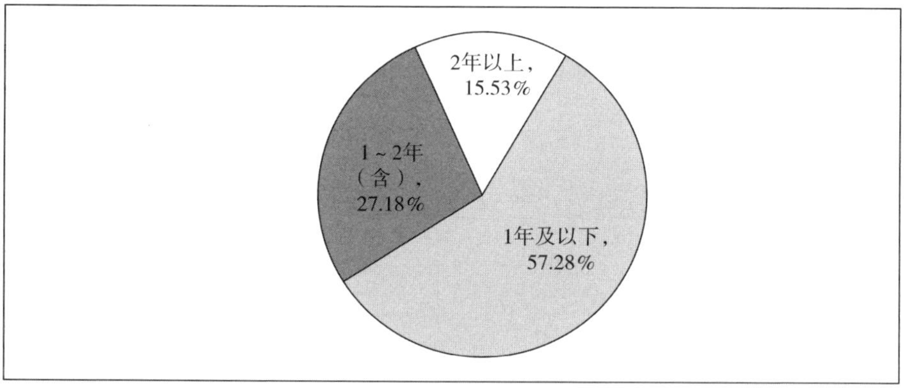

图2　网约车驾驶员从业时间

3. **工作时间**

专职网约车驾驶员比较辛苦，平均每周工作6.13天，其中有35.48%的专职驾驶员每周工作7天，即便限号日也在五环以外拉活（见表2）；每天工作8~11小时的占43.78%，11小时以上的占17.05%。兼职网约车驾驶员平均每周工作3.42天，每天工作4小时以下的占53.78%。

据访谈，滴滴对快车、顺风车没有在线时间要求，但要求认证专车司机（即专职司机，不允许在别的平台兼职）每天至少在线 8 个小时，每月流水不低于 8000 元。首约约车驾驶员全部为专职，要求每天在线 8 小时，实际平均在线时间为 9. 9 个小时。

无论专兼职人员，绝大多数网约车驾驶员表示自己能够自主安排工作时间和休息时间，占比 88. 35%。

表 2　专兼职网约车驾驶员每周工作时间

		专职做网约工	有本职工作，兼职做网约工	以做网约工为主，兼职做其他工作
7 天	数量	77	22	8
	占比	35. 48%	5. 95%	25. 81%
6 天	数量	111	22	8
	占比	51. 15%	5. 95%	25. 81%
5 天	数量	21	65	3
	占比	9. 68%	17. 58%	9. 68%
4 天	数量	2	56	4
	占比	0. 92%	15. 14%	12. 90%
3 天	数量	1	69	4
	占比	0. 46%	18. 65%	12. 90%
2 天	数量	5	89	4
	占比	2. 30%	24. 05%	12. 90%
1 天及以下	数量	0	47	0
	占比	0	12. 70%	0
合计	数量	217	370	31
	占比	100%	100%	100%

4. 从业原因

增加收入是网约车驾驶员从业的首要原因，其次是工作自由度更高、平衡工作和家庭生活、进入门槛较低；在本职工作以外获得额外收入是兼职驾驶员从业的主要原因，占 51. 08%，下岗失业后再就业是专职驾驶员从业的重要原因，占 30. 88%；将增加收入作为首选，表明驾驶员选择平台就业主要为了解决生存问题，但对工作自由度更高、平衡工作和家庭生活的重视，反映了驾驶员全新的就业观念。相比较而言，外地人更注重生存问题，选择增加收入的比北京人高 10.6%，而北京人选择工作自由更度的比例略高于外地人（见表 3）。

表 3　专兼职、不同户籍网约车驾驶员从业原因（%）

	本地户口	外地户口	专职做网约工	有本职工作，兼职做网约工	以做网约工为主，兼职做其他工作
增加收入	70.24	80.80	71.89	76.22	70.97
平衡工作和家庭生活	28.9	29.30	35.02	25.41	32.26
下岗失业后再就业	14.75	13.47	30.88	3.51	25.81
工作自由度更高	36.73	33.47	43.78	28.38	61.29
平台就业机会多，传统方式机会少	20.64	20.00	25.35	16.76	29.03
进入门槛较低	22.52	22.45	27.65	19.19	25.81
一边挣钱一边寻求稳定的全职工作	13.40	18.78	26.73	7.84	29.03
在本职工作以外获得额外收入	30.83	33.88	1.38	51.08	19.35
顺应互联网趋势	0.27	0.00	0.00	0.27	0
其他	0.54	0.41	0.46	0.54	0

（三）劳动经济权益状况

1. 收入情况

据访谈，专职网约车驾驶员的月收入一般在 7000 ~ 8000 元，每天工作时间 11 ~ 12 小时及以上的人，月收入能达到一万元左右。调查显示，76.22% 的兼职驾驶员开网约车的月收入在 3000 元以下。

64.72% 的网约车驾驶员表示开网约车以后收入比以前增加了。首汽的巡游车转化成网约车之后，司机不用缴份钱，油钱由单位根据科学配比提供，车辆维修也由公司承担，驾驶员收入比以前提高了2000元左右。

网约车驾驶员对收入非常满意和比较满意的分别占18.45%、41.59%，收入满意度得分为73.37分①。

平台的提成比例在10%～20%（含）的占比最大，为37.49%；其次是20%～30%（含），占31.39%（见图3）。滴滴出行平台提成比例在10%及以下的比重最高，为29.47%。易到用车、首约和e代驾三个平台提成比例在20%～30%（含）的比重最高，分别为56%、58.67%和55.56%。

访谈中了解到，滴滴对不同业务提成比例不同，对快车提成在20%～30%，对专车提成在15%～20%，对顺风车提成10%。

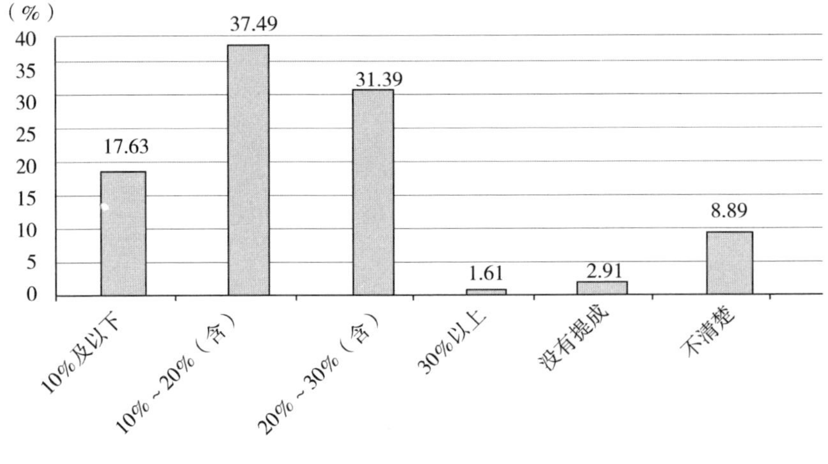

图3　平台提成比例情况

2. 社会保险缴纳情况

根据调查，绝大多数的网约车驾驶员缴纳了社会保险，其中70.81%的兼职驾驶员由个人与本职工作单位或原单位共同缴纳；专职驾驶员全部自己缴纳的占45.62%，均未缴纳的占17.05%，在回答从事网约工作最担心的问题时，27.20%的专职驾驶员选择“没有缴纳社保，

① 对满意度评价结果进行等权重赋分（非常满意＝100；比较满意＝80；一般＝60；比较不满意＝40；非常不满意＝20），计算出满意度得分，以下各项满意度均按此方法计算。

存在后顾之忧”（见表4）。

本地人以个人与本职工作单位或原单位共同缴纳社会保险为主，占56.84%；外地人以全部自己缴纳或均未缴纳为主，占51.83%。在回答从事网约工作最担心的问题时，外地人选择“没有缴纳社保，存在后顾之忧”的比例比本地人高，分别为28.98%、20.64%（见表4）。

表4　专兼职、不同户籍网约车驾驶员缴纳社保情况（%）

	专职做网约工	有本职工作，兼职做网约工	以做网约工为主，兼职做其他工作	本地户口	外地户口
全部自己缴纳	45.62	19.73	41.94	29.49	30.61
个人与本职单位或原单位共同缴纳	22.58	70.81	16.13	56.84	42.45
个人与平台共同缴纳	14.75	3.78	3.23	8.85	5.71
均未缴纳	17.05	5.68	38.71	4.83	21.22
没有缴纳社保，存在后顾之忧	27.20	20.00	48.39	20.64	28.98

3. 平台提供的服务项目

平台为驾驶员提供最多的项目是上岗再培训和日常线上学习，分别占64.40%和54.05%，其次是积分奖励、奖品、奖金、奖励性旅游，占32.69%（见表5）；平台为专职驾驶员提供的服务项目普遍多于兼职驾驶员；首汽约车提供的服务项目普遍多于其他平台。驾驶员对平台服务非常满意和比较满意的分别占17.48%、44.34%，满意度得分为74.25分。

表5　平台提供的服务项目

	数量（人）	占比（%）
上岗培训	398	64.40
日常线上学习	334	54.05
积分奖励、奖品、奖金、奖励性旅游	202	32.69

续表

	数量（人）	占比（%）
商业保险（意外险）	102	16. 50
生产工具	101	16. 34
劳动保护用品	72	11. 65
年节发放米面油等福利	33	5. 34
不提供以上项目	20	3. 24
不清楚	2	0. 32

4. 加入工会情况

33. 17%的网约车驾驶员是工会会员；本地人加入工会的比例比外地人高，分别为44. 5%、15. 92%；不是工会会员的驾驶员，近四成希望加入工会组织，占37. 05%（见图4）。

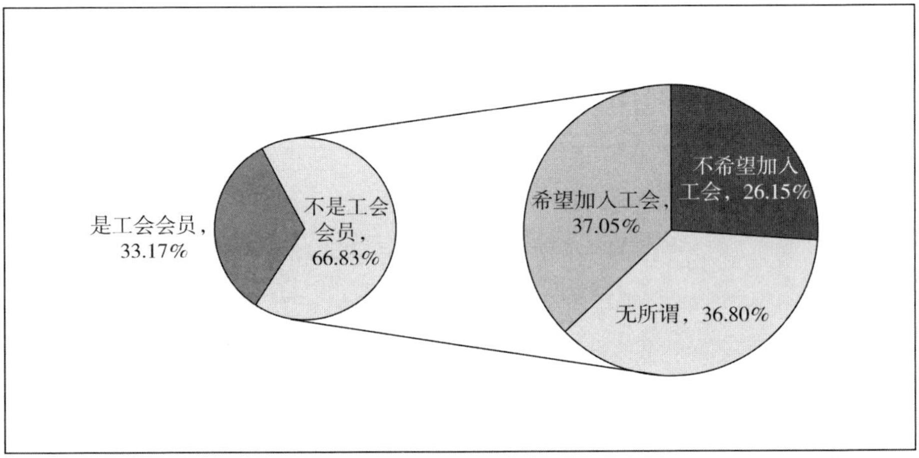

图4　入会情况和入会意愿

（四）劳动关系状况

1. 签订劳动合同或协议情况

网约车驾驶员签订劳动合同或协议主要有以下三种模式。

一是与平台签订合作协议，以滴滴为典型代表。滴滴在与驾驶员签订的服务合作协议第九条“特殊约定”里明确规定：“我司与所有提供网约车服务的司机仅存在挂靠合作关系，不存在任何直接或间接的劳动关系，不适用《劳动法》《劳动合同法》《社会保险法》《住房公积金管理条例》等法律法规。”

二是与劳务派遣公司签订劳动合同，以神州为典型代表，驾驶员由神州自己的劳务公司派遣到自己的平台。

三是与原单位签订劳动合同，以首汽约车为典型代表，首汽、祥龙的巡游车转化为网约车之后，驾驶员与原单位签订的劳动合同不变。

以上三种模式有一个共同点：没有任何一家平台与驾驶员签订劳动合同，包括首约在内。

问卷调查表明，网约车驾驶员签订劳动合同的比例为42.07%，其中与本职工作单位或原单位签订劳动合同的占38.51%，与第三方（外包公司、劳务派遣公司）签订劳动合同的占3.56%。多数驾驶员没有签订劳动合同。

专职驾驶员签订劳动合同的比例较低，为18.89%；兼职驾驶员签订劳动合同的比例为58.1%，其中与本职工作单位或原单位签订劳动合同的占55.41%。

2. 平台对驾驶员的要求和管理

在回答“平台对您在以下哪些方面有要求”时，69.42%的驾驶员选择了服务质量，其次是服务用语、在线时间、接单量，分别占50.49%、40.61%、37.06%（见表6）。平台对专职驾驶员的要求高于兼职，首约对驾驶员的要求高于其他平台。

表6　平台对驾驶员的要求

	数量（人）	占比（%）
服务质量	429	69.42
服务用语	312	50.49
在线时间	251	40.61
接单量	229	37.06

续表

	数量（人）	占比（%）
着装	185	29.94
持证上岗	178	28.80
生产工具	130	21.04
配备有平台名称和 LOGO 的衣、物、标牌等	126	20.39
服务用品	122	19.74
无任何要求	11	1.78

72.17%的驾驶员表示平台对驾驶员有评价考核与奖惩机制。60.52%的驾驶员表示平台制定规章制度时不会征求其意见。驾驶员对平台管理非常满意和比较满意的分别占16.18%、41.24%，满意度得分为72.72分。

3. 争议情况

26.86%的驾驶员表示本人或同事与平台发生过争议。滴滴的驾驶员表示本人或同事与平台发生过争议的比例最高，占37.47%；其次为易到和神州，分别占21.59%和17.78%。

4. 最担心的问题

交通事故、治安事故、工伤事故或其他意外事故是网约车驾驶员最担心的问题，占比为54.05%；其次为收入不稳定和客流不稳定，分别占49.35%和47.57%（见表7）。本地人更担心客流不稳定，外地人更担心安全问题，分别占56.57%、55.51%。

表7　驾驶员最担心的问题

	数量（人）	占比（%）
交通事故、治安事故、工伤事故或其他意外事故	334	54.05
收入不稳定	305	49.35
客流不稳定	294	47.57

续表

	数量（人）	占比（%）
工作不稳定	178	28.80
没有缴纳社保，存在后顾之忧	148	23.95
职业发展	148	23.95
没有问题	12	1.94
网约工作合法性问题	5	0.81
其他	1	0.16

5. 网约工作满意度

驾驶员网约工作非常满意和比较满意的分别占16.50%、42.39%（见图5），满意度得分为74.22分。滴滴的驾驶员对网约工作满意度最高，首约的驾驶员对平台管理与服务满意度最高，e代驾的驾驶员对收入的满意度最高。

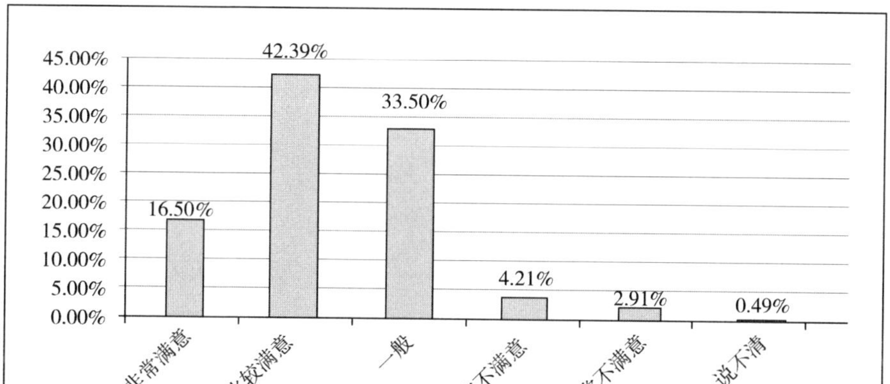

图5　网约工作满意度

（五）网约车驾驶员的主要诉求

根据访谈了解的情况和对调查问卷开放题的整理，网约车驾驶员主要有以下四点诉求：一是希望政府部门加强对平台的监管，降低平台提成比例，提高司机的收入，增加福利待遇（包括社保）；二是外地户籍的驾驶员认为“京人京牌”政策太苛刻，希望政府取消户籍限制，给外地人一个公平的就业机会；三是反映平台单方面说了算，司机没有话语权，希望平台与司机多沟通，多征求司机的意见；四是专职司机希望能转成平台正式员工，签订劳动合同，缴纳社会保险。

三、存在的问题

（一）法律关系不清

网约车驾驶员与平台之间的法律关系问题近些年成为理论界和法律界的热点话题。国务院《网络预约出租汽车经营服务管理暂行办法》和《北京市网络预约出租汽车经营服务管理实施细则》（以下简称《实施细则》）规定“平台公司应当与驾驶员依法签订劳动合同或者协议”。该规定认可平台与驾驶员之间可以是劳动关系，也可以是民事关系。为什么没有强制规定必须是劳动关系？各方争论非常激烈。

劳动关系说认为，驾驶员在工作中受到平台严格管控，其客运行为是平台经营业务的重要构成部分，双方已经形成事实劳动关系，发生争执时适用劳动法和劳动争议处理程序；劳务关系说认为，驾驶员与平台是地位平等的民事主体，适用民法和一般民事诉讼程序处理双方争议，驾驶员在进行劳务的过程中遭受侵害或致第三人损害，平台作为接受劳务的一方有赔偿责任；合作关系说认为，驾驶员与平台之间相互独立，没有隶属关系，平台提供信息、撮合交易，驾驶员完成客运任务并自担风险。此前北京海淀法院宣判的首例涉网约车交通案件，法院认定驾驶员系在接受滴滴平台指派，履行滴滴与乘客的客运合同，故在履行合同过程中，驾驶员属于提供劳务的一方，因提供劳务造成他人损害，滴滴平台作为接受劳务的一方应当承担相应的侵权责任。法院的这一观点采用了劳务关系说。

（二）缺乏社会保障

1. 缺乏社会保险

驾驶员与平台之间是否存在劳动关系尚存争议，社会保险应由谁来承担又如何缴纳更无法确定。兼职驾驶员可以在原单位参保，但专职驾驶员如何参保并无具体规定。问卷调查表明，虽然有 82.95% 的专职驾驶员缴纳了社会保险，但是全部由自己缴纳的占 45.62%。在回答从事网约工作最担心的问题时，27.20% 的专职驾驶员选择“没有缴纳社保，存在后顾之忧”。在开放题和访谈中也有驾驶员呼吁“增加福利缴纳社保”“签合同上社保”等。据悉，滴滴的本地驾驶员曾向平台提出保底工资和社保要求，但是滴滴公司并未给出具体答复。

2. 缺乏安全保障

调查显示，交通事故、治安事故、工伤事故或其他意外事故是网约车驾驶员最担心的问题。驾驶行业具备一定的职业风险，交通事故严重威胁着驾驶员的生命财产安全。e 代驾曾发生过司机垫付交通事故维修款而无法追回的事件，最后只能通过法院诉讼解决。《实施细则》中明确规定：“平台公司应当与驾驶员依法签订劳动合同或者协议，签订协议的平台公司应当为驾驶员购买人身意外伤害保险。”但是仅有 16.5% 的驾驶员表示平台为其购买了商业保险（意外险）。据悉，滴滴曾在 2015 年 10 月与平安产险上海分公司合作，推出“滴滴平台司乘意外综合险”，为滴滴驾驶员和乘客投保。但在访谈中，大多数驾驶员对此都不太了解，身边也没有发生过保险理赔事件。

（三）争议处理和沟通机制不完善

26.86% 的驾驶员表示本人或同事与平台发生过争议，其中滴滴、易到和神州发生争议的数量排在所有平台的前三位。引发争议的原因主要有罚款、克扣司机收入、拖欠劳动报酬、无法提现等。e 代驾曾因罚款和拖欠劳动报酬发生 3 起争议案件，最后都是通过诉讼解决纠纷。在开放题中，很多驾驶员反映平台制定的规则不合理，如派单、乘客恶评等，对驾驶员太苛刻，但是驾驶员没有话语权，希望平台能够多听听他们的意见，多和他们沟通。60.52%的驾驶员认为平台在制定各项规章制度时不会征求他们的意见。沟通不畅会使矛盾进一步恶化，易产生群体事件。因不能及时提现，易到于2014年5月和2017年4月两次发生数百名驾驶员围堵公司总部的群体性事件。因平台单方降低补贴，滴滴和优步驾驶员于2016年4月在北京地区联合发起了“万人大罢工”，社会影响极大。

（四）网约车与巡游车经营环境不平等

从运营成本上看，网约车优势明显。网约车企业不与驾驶员签订劳动合同，不为其缴纳社会保险，逃避用工责任。相比于巡游车企业，网约车企业的用工成本大幅降低，造成双方不平等竞争。

从运营环境上看，网约车不如巡游车。如网约车不允许像出租车一样排队进入“四站两场”（4个火车站、2个机场）接送乘客，只能跟私家车一样在停车场等候。出租车进入小区接送乘客是不收费的，但是部分小区却存在对网约车进出收费的情况。

四、对策建议

（一）加强政府监管

政府职能部门应在新业态发展之初就提前治理，不能任其野蛮生长以后再治，否则将来政府不得不投入更大的成本，社会资源付出的代价太大。在开放题中，很多驾驶员提出希望能够规范行业制度、加强管理、降低平台提成比例、保障驾驶员权益。

1. 督促平台建立内部争议处理机制，搭建双方沟通渠道

政府监管部门应指导平台建立健全内部调解组织，明确争议处理程序，实现劳动者“零距离”维权，将矛盾化解在企业内部。美国优步平台

于2016年6月与38.5万名驾驶员达成和解协议，优步同意建立一个内部逐级申诉程序，专门处理驾驶员的报酬纠纷。同时，建立一个申诉委员会（大部分成员由驾驶员组成），任何发生争议的驾驶员都可以向委员会提交他们的申诉请求。对于申诉委员会的申诉结果不满意的驾驶员，可以向中立仲裁员提出申请，由仲裁员裁决争议事项，仲裁费用由优步承担。我们应当借鉴优步的经验，在平台内部建立争议处理机制，拓展驾驶员与平台的常态化沟通渠道。

2. 平等对待网约车和巡游车

一方面，政府部门应规范平台劳动用工，督促平台承担用工责任，保障劳动者的合法权益，促进网约车企业与传统巡游车企业公平竞争。另一方面，应允许网约车和巡游车一样自由进出“四站两场”和居民小区，保障网约车与巡游车具有平等的外部运营环境。

（二）明确法律关系

驾驶员与平台之间是否构成劳动关系，直接影响双方的权利义务分配，确定这一关系是保障劳动者合法权益的前提。车辆由平台或第三方提供，驾驶员与平台或第三方构成劳动关系，应当签订劳动合同；个人带车接入平台的，应当根据驾驶员的不同情况，作出不同判断。

1. 以网约车收入为主要生活来源的专职驾驶员，应认定与平台为劳动关系

平台在发展过程中为了提高服务质量、增加营业收入，对驾驶员的管控越来越强。问卷调查表明，平台对专职驾驶员在服务质量、服务用语、在线时间、接单量、着装等方面的要求均高于兼职驾驶员。滴滴要求认证的专车驾驶员每天在线时间至少8小时，对形象、服务用品、服务规范方面也有严格规定，并且不允许兼职，规定时间以外的休息还需提前请假，病假需提交医院证明。平台对专职驾驶员的严格管控，证明双方之间的隶属关系已然形成，构成事实劳动关系。只在一家平台接单的驾驶员应视为平台的全职员工，在多个平台接单的驾驶员应视为平台的非全日制用工。

2. 有本职工作，利用闲暇时间兼职开网约车的驾驶员，可认定与平台为劳务关系

有本职工作的兼职驾驶员带着自有车辆加入平台，自主安排工作时间，受平台的管控较为宽松，双方并不构成隶属关系。网约车作为共享经济下的新兴产业，其最大的社会价值就是提高了单体车辆的使用效率，避免了交通拥堵，同时为有车的工薪阶层提供了业余时间挣钱的机会。如果任意扩大平台的责任，将所有驾驶员都认定为与平台是劳动关系，则有悖于共享经济的理念，也加重了企业负担，阻碍了市场发展。因此，认定双方为劳务关系，用《民法典》《合同法》来保护和规范双方的权利义务最为恰当。

3. 顺风车驾驶员，应认定与平台为合作关系

顺风车，又称拼车、合乘，顺风车驾驶员作为合乘服务的提供者在平台软件上事先发布出行信息，乘客自由选择出行线路相同的车辆乘坐，并分摊出行成本。《北京市私人小客车合乘出行指导意见》中规定，顺风车每天服务次数不能超过 2 次，并且只能分担燃料成本和道路通行费，平台在其中只起到了提供信息、撮合交易的作用，对驾驶员的接单量、在线时间、行车路线均无管控。2016 年 12 月，海淀法院在审理滴滴顺风车案例中判定，顺风车平台作为软件的运营商，只收取信息费用，与乘客之间并未直接成立合乘运输合同。由此推断，驾驶员应承担主要的承运人责任，平台为提供合乘信息的服务方，驾驶员与平台之间应属于商业合作关系。

（三）完善社会保障

1. 完善社会保险制度

依法享受社会保险待遇是劳动者的基本权利，《国务院关于进一步做好促进就业创业工作的意见》和《关于促进分享经济发展的指导性意见》等都强调要完善适应新就业形态特点的用工和社保等制度。平台公司不能披着互联网的外衣，打着共享经济的旗号，实际却是在减少人工成本求发展，逃避为职工缴纳社会保险的责任。驾驶员为平台带来了经济效益，平台理应为驾驶员缴纳社会保险，应该按照“谁受益，谁负责；受益多少，负责多少”的原则承担社保责任。

有本职工作单位的兼职驾驶员由原单位为其缴纳社会保险；只在一家平台接单的专职驾驶员，应与该平台签订劳动合同，由平台为其缴纳社会保险，平台应当在自身提成里留足企业应缴纳“五险一金”的部分；在多家平台接单的驾驶员，可按灵活就业人员身份参加养老、医疗、失业保险。

2. 落实商业保险

《实施细则》中明确规定，平台公司应当承担驾驶员权益保护责任，为其购买人身意外伤害保险。同时，平台公司还应当承担旅客伤亡的损害赔偿责任，按照营运客车类保险费率，投保交强险、赔付额度不低于100万元的第三者责任险和乘客意外伤害险。由此可见，平台购买商业保险既是法定义务，也是减轻自身经济损失的有效手段，应当按照网约车新规缴纳相关商业保险，保障法律规定落实到位。

（四）发挥工会的作用

1. 督促平台组建工会

上级工会应督促平台依法组建工会，只在一家平台接单的专职驾驶员在平台加入工会，以网约车收入为主要生活来源但在多家平台接单的驾驶员在社区加入工会。在平台组建工会的基础上成立市级行业工会，覆盖所有专兼职驾驶员。

2. 开展行业集体协商

北京出租汽车暨汽车租赁协会应吸纳平台企业为会员，成立网约车分会，与行业工会就社会保险、平台提成比例、工作时间、抢单与派单规则、补贴与罚款制度、乘客投诉如何处理等方面开展协商，签订集体合同。

3. 加强对网约车驾驶员的服务

工会的职工服务站、职工之家应对网约车驾驶员全面开放，供其休息和活动。网约车工作比较辛苦，驾驶员长期在狭窄空间从事注意力高度紧张的驾驶工作，极易造成身体疲劳。根据访谈了解的情况，2016 年初，一位 30 多岁的滴滴驾驶员把被褥放在后备厢，吃住在车里，连续工作多日，造成休息不足，引发猝死。行业工会应加强对网约车驾驶员身体健康方面的保护和心理疏导，通过心灵驿站和各种丰富多彩的文体活动来缓解驾驶员的身心压力。此外，当驾驶员与平台发生争议时，工会还可以为其提供免费的法律援助，工会对职工的小额贷款服务也可以向网约车驾驶员开放。

互联网经济下外卖行业劳动关系现状调查报告

孙　萍*

摘　要： 随着社会生活与互联网经济的发展，外卖行业不断发展，进而催生出一个新的就业群体，即外卖送餐员。本课题的主要调研对象是北京市外卖送餐员，包括全职、兼职和自营送餐员，以美团、饿了么（包括百度外卖）等第三方订餐平台为主，兼顾闪送、到家、达达等众包、外包以及餐饮商家自建网络送餐平台的就业者。了解外卖行业的概况与基本特征，探究外卖送餐员劳动现状与特点，分析其存在的问题和挑战，并提出对策建议。

关键词： 外卖员　劳动权益　工会

在“互联网+”大力发展下，我国餐饮行业快速转型，在线餐饮飞速发展，新就业形态的典型群体之一——外卖员规模越来越大，其就业和劳动关系面临新情况新问题。据《第41次中国互联网络状况发展统计报告》，截至2017年12月，中国在线订餐市场规模达到2046亿元，同比增长23%；网上外卖用户规模达3.43亿，同比增长64.6%。同时，外卖行业市场格局进一步集中，2017年8月24日，饿了么收购百度外卖，平台

* 孙萍，中国社会科学院新闻与传播研究所，助理研究员。博士毕业于香港中文大学新闻与传播学院，主要研究方向是平台经济和数字劳动、信息与传播技术（ICTs）、新媒体与社会。本课题为北京市总工会委托课题。

资源和劳动力市场进一步整合细化，外卖市场也由“三分天下”变为美团和饿了么“双雄争霸”，两家平台占据 90% 以上的市场份额。在不断创造经济增长点的同时，外卖行业的物流配送成为支撑和促进就业的新渠道。据报道，截至 2017 年，外卖行业直接和间接创造就业岗位 2000 多万个。外卖行业就业是传统服务业的延续和发展，在线外卖员群体新形态就业也为解决新型劳动关系问题提出了与时俱进的新要求。基于此，本项研究旨在通过对外卖平台的劳动用工和劳动关系现状进行调查，为互联网平台用工、政府相关政策的提出以及工会的劳动保障决策提供可行建议。

一、调研内容与方法

（一）调研对象和调研目的

本课题的主要调研对象是北京市外卖送餐员，包括全职、兼职和自营送餐员，以美团、饿了么（包括百度外卖）等第三方订餐平台为主，兼顾闪送、到家、达达等众包、外包以及餐饮商家自建网络送餐平台的就业者。主要的调研目的包括以下几个方面：

一是了解外卖订餐平台劳动者的就业状况（包括劳动者的基本情况、劳动权益状况、就业状况、劳动关系状况，基本特点，存在的问题）；

二是探究外卖平台和企业多元化的用工形式（众包、外包、自营等），多层面的运营关系以及多方面的运营问题；

三是探讨在互联网背景下，外卖平台劳动者的就业观念、社会保障、劳动保护、职业发展等劳动权益的实现途径；

四是发现外卖领域灵活用工、不规范用工存在的矛盾和问题；为政府治理和工会应对提供对策建议。

（二）调研方法与数据收集

本次调研时间为 2018 年 1—7 月，为期半年。调研主要对象为北京地区网络餐饮平台的送餐人员。调研采用问卷调查、个案访谈、参与式观察、文献资料研究以及研讨会论证等多途径、多角度的数据收集和反馈方法，回收有效问卷 1300 余份，个案访谈 80 余人。主要研究方法具体情况如下。

1. 问卷调查

针对北京地区外卖平台的用工现状，项目组对包括美团外卖、饿了么等在内的主要网络订餐平台的送餐员进行了问卷调查，问卷调查采用随机抽样和滚雪球抽样的方式同时进行，由研究团队成员在北京主要送餐员聚集的站点同时进行纸质版问卷和电子版发放。纸质版问卷在回收后由研究者录入并整理为电子版。本次调研共回收问卷 1599 份，有效问卷 1399 份。问卷的主要内容涉及外卖员工的基本个人信息、居住情况、劳动状况、劳动安全与意外伤害保险、手机使用以及劳动权利保护等。

2. 个案访谈

调研团队对北京地区送餐员进行了调研访谈，共采访外卖送餐员 60 人。除此之外，调研团队也与第三方人力资源管理者、送餐 App 研发团队、餐厅外卖出餐员、外包公司管理者等 20 余名相关人员进行了个案访谈。单次访谈时间为 60 ~ 90 分钟，对部分送餐员进行了 2 ~ 3 次的回访。访谈采取滚雪球的方式推进，由建立熟悉关系的送餐员介绍同事或老乡，以展开采访。研究组成员分别在朝阳区、海淀区、西城区、东城区的送餐员站点、餐馆、街头、送餐员宿舍等地方进行了采访。经过受访者的同意，部分访谈有录音记录，并已做文字转录。

3. 参与式观察

参与式观察是问卷和访谈的补充，调研组部分研究成员通过与送餐员建立信任关系，设法参与到送餐员的日常工作和生活中。其中包括与送餐员工一起取餐送餐、从送餐员的角度感受并关注劳动过程，重点关注送餐员在此过程中对送餐平台 App 的使用情况，观察送餐员的日常交流和社交娱乐等。参与式观察作为一种补充方式，用以弥补送餐员劳动强度大、时间紧而无法完成的个案访谈，同时也能够帮助获得送餐员劳动过程的立体图景。

4. **文献资料研究**

研究组对国际、国内的相关论文、报告、新闻报道、数据材料进行了归纳梳理，以保证研究的客观、公正立场，同时也为提出对策建议提供理论基础。目前主要关注的文献资料包括：中西方专著与期刊、中国互联网信息中心的研究报告、美团等第三方平台相关报告等。

5. **研讨会论证**

调研组围绕“数字劳动与城市包容性发展”，邀请来自中国社科院、香港中文大学、复旦大学等科研机构从事数字劳工研究的专家学者，就外卖送餐平台的劳动现状展开研讨。

二、外卖员就业现状与特点分析

（一）群体特征与生活概况

1. **就业队伍趋于年轻化，以男性为主，京外户籍人口居多**

调查结果显示，目前在北京市从事外卖配送服务业的劳动者中，大部分为“90后”，近80%的外卖配送员年龄在30岁以下，年龄在18～25岁的外卖员占到一半以上（见图1），未婚人员占到总调查人数的70.5%；同时，男性占到总调查人数的80%以上；91%的外卖配送员来自北京以外的其他地区。

可以看到，外卖配送行业还是以“吃青春饭”为主，并体现出明显的性别差异。这与传统餐饮服务行业中以女性服务员为主有所不同。外卖配送工作被认为是“体力活，一直在外面跑”的工作，受访者也多认为此种工作更“适合男性”。值得关注的是，外卖配送员群体主要是未婚，这一群体作为外来务工人口，在北京市工作期间面临着人生阶段中的恋爱、结婚、生育及子女上学等系列问题，因此该群体的生活和工作压力较大。

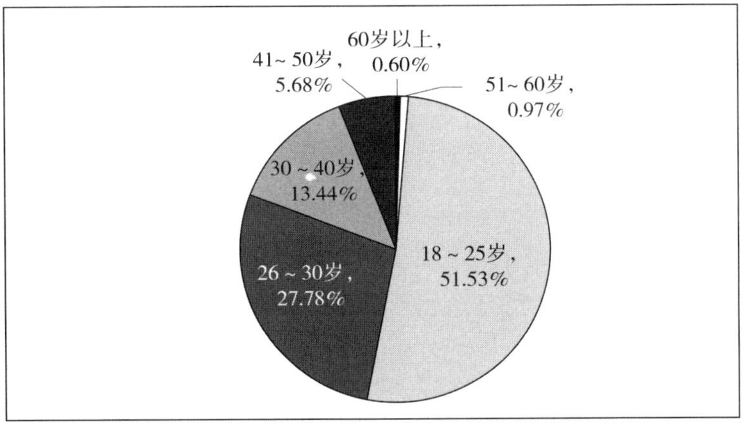

图1　各年龄阶段外卖员的比例

2. **总体教育背景较好**

北京外卖配送员的受教育程度总体较好，以大专/高职以下为主。其中，48.09%的外卖配送员接受过大专/高职及以上教育，接受过高中/中专教育的比例为33.68%，初中及以下的受访者比例为18.22%（见图2）。在北京地区从事外卖配送服务的劳动者的受教育程度整体较好，职业素质较高。不过，大学本科及硕士学历以上的比例则低于北京市平均水平，这说明外卖配送行业仍旧是低技能、低知识群体聚集的就业领域。

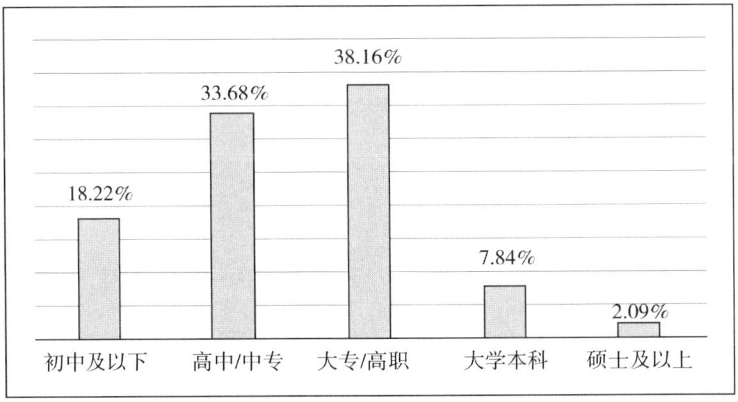

图2　在京外卖员教育背景

3. 居住情况有所改善，但北京房租居高不下，成为务工最大花销之一

相较于传统农民工，外卖员的居住情况有所改善。问卷结果显示，单独租房居住的人数占到31%，与1~2人合租的占28.83%，与3~5人同住的占24.20%。选择单独租房有以下原因，一是与家人如配偶、孩子等合住；二是追求居住的舒适程度；三是经济条件允许，这种情况多见于兼职外卖配送员。另外，因为北京市对群租房的严格管理，群租现象在外卖配送员中已不是主流，仅有近15%的外卖员与超过6人合租。访谈发现，外卖员在租房过程中主要考虑以下因素：租金是否便宜、到工作地点的距离、居住的舒适方便程度、是否允许给电瓶车充电。

居住条件的改善也带来生活成本上升。居住租金成为外卖配送员最大开支之一。根据问卷调查显示，近半数劳动者的月租超过500元/月（见图3）。在访谈中，受访者也表示房租仍是开销“大头”，每月吃住加充电开销近2000元。

案例1 >>>

男，36岁，美团直营配送员，河南人

“我和我老婆孩子一起住。在双桥那里租了一个一室一厅，一个月2500元。这已经算便宜的了，房东跟我认识。就说我上个月，送了800多份（外卖），税后差不多挣了6000多元，但是我这房子就2500元，加上水电费还有网费一个月得500元，这就去掉了一半。但还得吃饭吧？又1000元多，所以这样算一下，基本攒不下钱。”

（二）劳动状况与职业特点

1. 平均收入呈现持续下滑趋势，收入不稳定且无明显优势

调查显示，北京全职外卖员的平均收入为4047.80元，低于2018年北京市餐饮业城镇单位在岗职工的月平均工资5135元。2016年，外卖行业实现井喷式发展，外卖配送员的工资水平达到较高水平，部分受访外卖员表示月收入可过万元。一方面是因为平台企业补贴促使订单大幅度增加，另一方面是因为当时外卖行业从业人员紧缺。但是，随着外卖行业发展趋

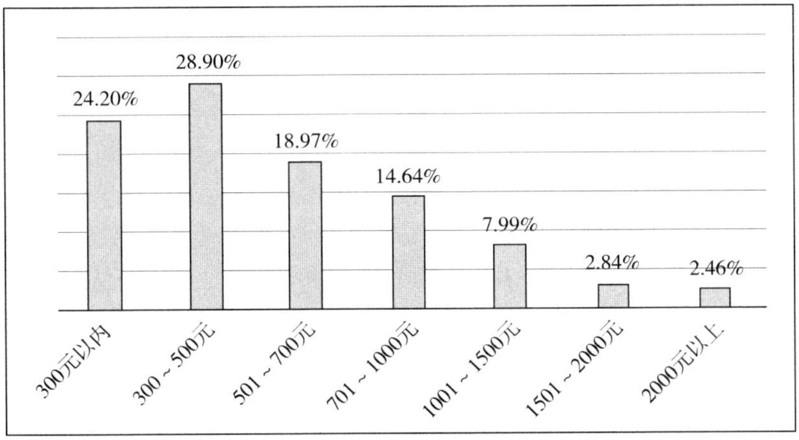

图3　居住月租金统计表

稳，就业人数增加，平台奖励和补贴减少，订单量减少，导致外卖配送员月均工资明显下降。本次调查显示，近半数的受访者表示月工资不足3000元（见图4）。

总体来看，外卖配送员的工资水平与送单量直接挂钩，在旺季，外卖配送员可以平均达到每日20单以上，更有7.62%可送31单以上。因此在旺季，北京市的外卖配送员的工资水平可以达到7000元及以上。但是因为外卖配送行业的季节波动性大，在淡季收入会大幅度减少。

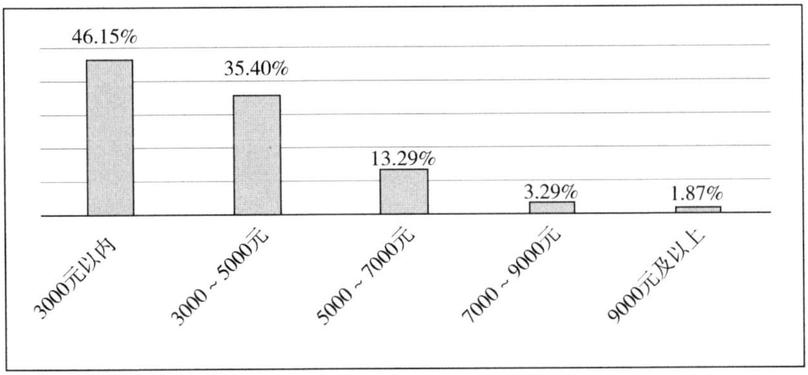

图4　全职外卖人员月工资分布图

案例2 >>>

男，美团外卖员，安徽人

"2017 年那会儿挣得多，我想想那是几月份，四五月份吧，一个月跑好了能挣一万多。那时候人少啊，而且补贴多。后来大家听见外卖挣钱就都来了，人多了，平台补贴也少了，挣不了多少钱……相对而言，冬天的时候，收入要高一点。一个月跑 1200 单，挣 8000 元。加上低温补助，一天二三十元，还有奖金，最多一个月可以拿 11000 元。"

2. **整体工作时间长、强度大，峰值与闲暇时段分割明显**

外卖配送服务具有很强的时间周期性，订单高峰期主要集中在早餐、午餐和晚餐时间，高峰期外卖配送员工作繁忙、工作强度大。美团外卖、饿了么（包括百度外卖）等商家均要求外卖员 11：00～14：00，17：00～20：00 这两个高峰时段必须在线。早餐高峰时段，各平台会安排外卖员轮流值班，以保证在岗人数可以满足订餐配送需求。

在非高峰期时，订单量较少，配送员可自行决定下线休息还是继续在线等订单。为保证日单量和工资水平，绝大部分外卖员会保证闲暇时段在线。因此，虽然工作强度具有周期性，但外卖员整体工作时间较长。根据调查显示，超过 65% 的全职外卖配送员需每天工作超过 8 小时。超过 1/4 的全职外卖员工作超过 10 个小时（见图 5）。而在高峰季节或者核心商圈，则可能需要工作更长时间。兼职外卖员虽有工作时间灵活的特点，但仅有 39. 8% 的人工作时间在 8 小时以内，31. 2% 的人表示每天的工作时间为8～10 小时，16. 8% 的人表示工作时间在 10～12 小时。大部分外卖配送员的休息时间严重不足，调查显示，全职外卖员中每月有 35. 92% 的外卖员选择不休息，有 46% 以上的休息 1～4 天。

案例3 >>>

来自饿了么的两位外卖员

外卖员 1："八九个单子都是饭点，30 分钟、40 分钟或者 50 分钟之内必须送到。所以，心理压力还是挺大的。"

外卖员 2："Pizza 做不出来，叫我怎么送？眼看系统给派的下一单快

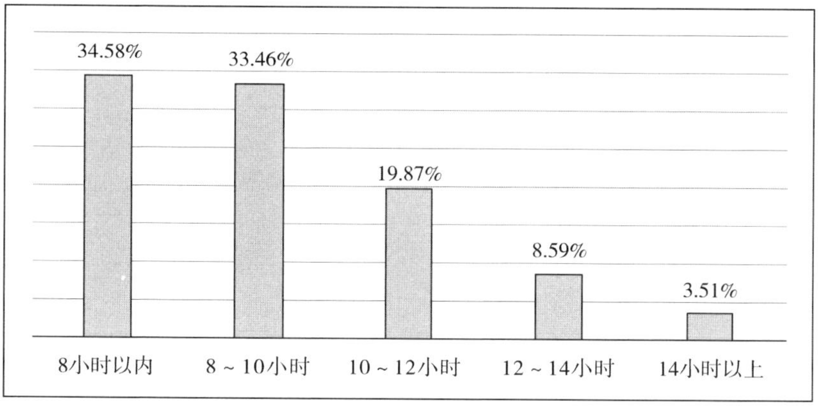

图5　全职外卖员的日工作时间

要超时了，我心里特别急。还能等下去吗？”

3. 外卖配送员兼职为主，流转性强、稳定性差

外卖行业从2013年开始初步发展，2016年进入上升发展阶段，属于新兴服务产业。调研发现，74.31%的外卖配送员从事该职业的时间短于一年，且有超过65%的外卖员更换过外卖平台，仅有10.75%的人数从业时间超过2年（见图6）。这说明外卖配送服务业虽然增长势头迅猛，但尚未成为稳定就业的提供者，该行业的流动频率高、稳定性低。调查发现，40%的受访者将外卖配送作为全职工作，另外60%则全部为兼职，比例明显高于全职人员，在一定程度上增加了外卖业的人员流转度和不稳定性。兼职人员的数据分析发现，有33.20%的受访者在一家平台工作，35.30%同时在两家平台工作，19.80%在三家平台工作，另有11.70%在四家及以上工作，即多家兼职的比例高达66.80%。访谈中发现，加入外卖配送服务的从业人员多为传统产业转行而来，或将送外卖作为过渡就业和灵活就业，并未将其纳入长久职业规划；而兼职人员主要为餐馆服务员、保安员、商场售货员。

4. 数字化劳动程度高，劳动过程和个人收入受到平台的严格管控

外卖员属于新型平台经济下的数字劳工，对以手机为主的智能移动工具依赖性强。美团外卖、饿了么（包括百度外卖）相继推出顾客使用的App和骑手App（包括美团骑手、小度骑士、蜂鸟配送等），实现劳动过程全面电子化。从骑手注册、顾客订单、平台派单（或抢单）、骑手接单、

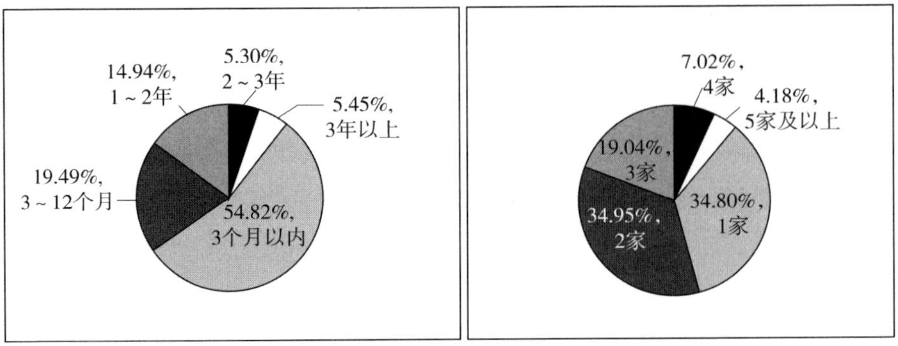

图6　外卖配送员从业时间（左）和从业平台数（右）

骑手取餐、骑手送达，每一个步骤都实现了电子化（见图7）。骑手需要随时通过手机 App 确认或反馈，平台、外包商、站长等各管理层级可通过后台系统进行订单协调管理。部分平台推出网络上岗培训和安全培训，要求骑手每隔一段时间进行交通安全培训，但访谈发现，骑手不愿花太多时间在培训上，多数只求通过培训。

图7　加入百度小飞侠的注册页面（左）和百度外卖订单界面（右）

同时，微信群成为劳动管理的新方式，也是外卖送餐员相互交流的主要途径。外包公司或平台会根据不同的站点，将外卖送餐员拉入微信群，在群里发布工作相关的消息、内容、公告等。据统计，38% 的外卖送餐员有 3 个以内有关外卖的微信群，31% 的外卖送餐员有 3 ~ 5 个外卖微信群。另外，有意思的是，有 2% 的人员仍旧不使用微信。

案例4 >>>

百度外卖技术研发部首席架构师，2017 年 12 月访谈

“比如说时光机系统，我们可以做到历史的任何一个时刻的一个回顾，回顾到那个时刻去分析，当时有哪些订单，骑士在哪个位置。就是说，一边是订单列表，一边是骑士的所在位置，你可以这样回到任何的一个时刻去分析每一个订单分配的具体的原因是什么，然后同时可以用可视化的方式去播放每个骑士每个时刻所在的位置，他身上的任务列表是什么……

“同时，我们还有一个系统叫实时监控系统，去监控当前的一个全局运转的情况。因为整个订单都是自动化的分配，那我们就需要有一个系统去监控，（来看）这个自动化的分配的系统是不是正常在运转，然后是不是有一些问题需要人工介入去解决。所以，我们的实时监控系统一方面全局监控一个城市的各个商圈的运转程度；另一方面，在需要人工介入解决一些问题的时候，我们会在这个系统里面进行人工干预。”

5. **工作过程中流动性和时效性要求高，外卖员多违反交通规则**

多数外卖员在访谈中表示，为在规定时间内送达订单，自己存在逆行、抢行、骑车打电话、骑车看手机等违反交通规则的行为，同时他们也多表示，实为无奈之举。有外卖员在访谈中解释自己为什么会闯红灯：“时间太紧，订单都太集中了，而且在北京一走就堵，根本没法完成，看见红灯说实话我们也不想闯，但是没办法，看着没车就赶紧过去。”

调查显示，28% 的骑手表示自己有出现交通事故的经历，几乎占到调查人数的三分之一。例如，在采访美团外卖员（众包）时发现，3 公里以内的订单时间要求从 70 分钟缩短为 50 分钟，又缩短至 30 分钟，高峰时段为 45 分钟，但很多送餐员表示，餐厅出餐慢，只能等，同时新订单不断派来，叠加后每个订单分派的时间缩短，非常容易超时、被罚款。

案例5 >>>

男，山西临汾人，饿了么外卖送餐员

（问是否闯红灯）“闯啊，时间赶啊，确实有压力。订单太多而且集中在同一个时间，根本没法在限时内完成。其实，我每时每刻都在拼命地赶时间，系统给你规定的时间。”

“以前我们公司要求里面有一个‘九五’，就是准时率必须达到95%，40分钟送达。不管是多少个单子，8个单子也好，10个单子也好，你都完成了，但是你有些时候不可能都完成。”

（三）劳动关系和劳动保障

1. 平台用工形式杂乱，劳动合同签订率低

平台经济重塑了餐饮业的服务模式，平台企业的管理升级也使得外卖配送员的用工形式越来越多元化。根据问卷和访谈的数据显示，目前外卖员参与用工的形式主要分为五大类：直营、自营、外包/团队、众包、其他。截至2018年5月，直营外卖员占比32.64%，自营占比19.87%，外包/团队外卖员占比28.68%，众包占比7.17%，其他种类占11.65%（见图8）。从目前来看，每种用工形式的雇佣方、劳动合同和劳务协议的签订、底薪、社保缴纳情况不尽相同（见表1）。

表1　外卖送餐员的用工形式和基本劳务权益

	雇佣方	是否签订劳动合同	是否签订劳务协议	是否有底薪	社保缴纳情况
直营	外卖平台	是	否	是	平台与个人共同缴纳
众包	自雇佣	否	否，签订服务协议	否	个人缴纳
外包/团队	劳务派遣公司	否（大部分情况下）	是	否（大部分情况下）	个人缴纳
自营	餐馆	否（大部分情况下）	是	是（大部分情况下）	个人缴纳

直营指的是直接受雇于外卖平台的劳动者，全部为全职，他们与平台

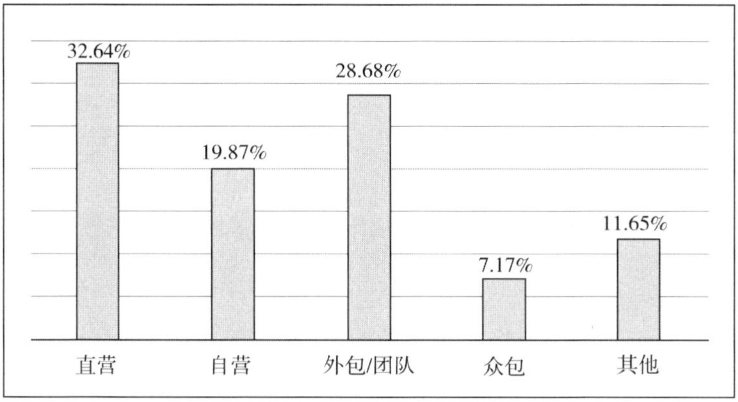

图 8　北京市外卖员用工形式比例

签订劳动合同，占问卷调查数量的 32.64%。自营指为特定餐厅送餐的外卖员，他们多未签订劳动合同，大部分有劳务协议，与所在餐厅或者餐厅所找的劳务派遣公司签订劳务协议，占问卷调查数量的 19.87%。外包/团队实际上指的是在劳务派遣公司工作的外卖员，大部分为全职，他们大多未签订劳动合同，仅与派遣公司签订劳务协议，占问卷调查数量的 28.68%。众包是指通过平台抢单、自主进行零散送单的外卖员，这些外卖员未签订劳动合同，仅与平台委托的单一劳务公司签订劳务协议，占问卷调查数量的 7.17%。与外包/团队相比，众包的劳动形式基本为兼职，劳动时间灵活，自由度高，与劳务公司的关系不太紧密。另还有 11.65% 的调查者表示自己的用工形式为“其他”。调查显示，目前只有直营的外卖员与平台签订了劳动合同，约占 31%，与上述直营用工模式比例基本吻合；其他用工形式基本未签订劳动合同；也有 19% 的外卖配送员表示，不知道自己是否有签订过劳动合同。

随着平台企业的飞速发展和经营策略调整，直营模式一方面无法保证外卖企业在行业竞争中雇佣及时、足量的外卖配送员，另一方面也抬高了企业的用工成本，因此，直营转外包成为平台用工大趋势。在 2018 年 4 月的走访过程中，研究团队了解到，有一批美团直营全职外卖员收到通知，他（她）们的原直营合同（指跟美团直接签的合同）将在三个月内全面移交和转签第三方（外包）公司，称“加盟商”。这将导致劳动合同签订率持续走低，正规的劳动关系难以实现。同时，外卖员的基础工资、薪酬报偿、五险、工作时长等都有很大改变，而且管理方面也变得更严苛。直营转外包后，原有的底薪、五险、社保、奖励大多被取消，基本上班时间由8小时延长至9小时。

2. 平台采用数字化、多元化、精细化评价体制，情感劳动和规训劳动严苛

在管理上，平台推出多样化的评价体系，按照个人送单量、顾客好评率、上岗时间、准时送达率等指标进行综合考评，直接挂钩外卖员收入。例如，三大主要送餐平台都将骑手的送单量、所得积分、补贴金联系在一起，并将骑手分为不同等级（见表2、表3、表4）。

表2　××外卖送餐员补贴金（2018年4月份访谈数据）

骑士等级	每单补贴（元）	所需积分
神骑士	1.5	6000
圣骑士	1.2	4100
钻石骑士	1.0	2800
黑金骑士	0.8	1800
黄金骑士	0.5	900
白银骑士	0.3	400
普通骑士	0.1	—

表3　××骑手送单量与奖励金（2018年5月份访谈数据）

普通骑手无要求无奖励
铜牌骑手（7天内，完成35单，配送准时率0.95，评分4.5）奖励0元
银牌骑手（7天内，完成80单，配送准时率0.97，评分4.7）奖励70元
金牌骑手（7天内，完成160单，配送准时率0.97，评分4.7）奖励150元
钻石骑手（7天内，完成280单，配送准时率0.97，评分4.7）奖励280元

表4　××送餐员单量补贴金与峰值数

等级	每单补贴（元）	所需峰值（即积分）
王者荣耀	0.5	10000
钻石蜂鸟	0.4	5000
铂金蜂鸟	0.3	3000
黄金蜂鸟	0.2	1500
白银蜂鸟	0.1	500
青铜蜂鸟	0	0

各平台对外卖员的送餐要求规定详细，以顾客为中心，将好评率作为重要评价准则。如果出现差评，平台会对外卖员进行20~50元罚款。顾客与外卖员的权利不对等使得后者不得不付出更多的情感劳动，同时受到严苛的约束。例如，百度外卖推出的《骑士指南》中对联系顾客、交接仪态和结束语有明确规定：

（1）联系：若联系不上用户，通过小度骑士短信功能发送短信，报备站长后离开。敲门无人应，通过小度骑士拨打顾客电话，若顾客说等15分钟，则看有无完成订单，若有其他订单，回复顾客稍后回来补送；若无其他订单，则继续等待。

（2）交餐：双手交叉与肩同宽、自然垂直手臂，挺胸抬头等待顾客，禁止进入顾客家中，需面带微笑，禁止收取小费，将提前准备好的找零金双手交给顾客。

（3）结束语：感谢您订购百度外卖，请您对我的服务进行评价，谢谢。

3. 社会保障覆盖率低，交通事故频发，成为外卖行业劳动争议爆发区

随着直营用工模式的式微，社会保险的缴纳率也继续走低。1339位受访者中，17.55%的外卖员与单位共同缴纳社保，34.95%表示自行购买社保，另有35.92%没有社会保障，11.58%的外卖员并不清楚自己的社保情况（见图9）。其中在兼职人员中，80%的受访者表示并未签订劳动合同，32.60%的受访者表示自己没有社保，36.30%的受访者表示自己缴纳社保，18%的受访者表示与单位共同缴纳，另有13.10%的受访者表示自己不知情。在访谈中发现，如果平台企业未与劳动者签订劳动合同，而是将外卖用工外包的话，外卖配送员几乎无法负担以自雇佣标准缴纳的社会保险。多数的外卖配送员或选择不缴纳社保，或选择回到家乡参加新农合。

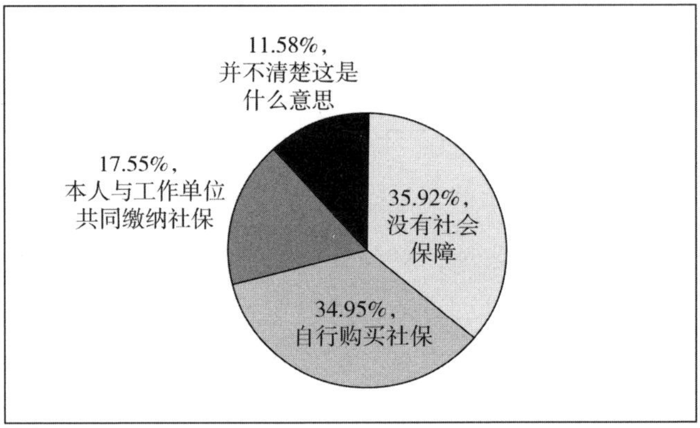

图9　外卖员的社保缴纳情况

问卷调查中，有37%的受访人员表示，因为送外卖导致身体劳损或受伤。虽然劳务协议方会委托保险公司，并强制外卖员购买保险（例如，美团的众包骑手每天接的第一单用于购买意外险），但访谈发现，因保险金额低、赔付范围窄、流程繁复，外卖员的保险申请成功率低，即便遇到交通事故，只要不是特别严重，大部分不愿意走申请流程。据北京市三中院的调研统计，2014—2017年，北京市法院判决生效的涉外卖行业案件共计28件，其中12件（占42.86%）是因送餐发生交通事故导致的人身损害赔偿案件。

案例6>>>

张师傅，男，河北邯郸，年龄未详

采访者：你的合同是跟外包公司签，是吧？你现在签的是什么合同？（实为劳务协议）

外卖员：合同我现在手上都没有。都是在公司存着。

采访者：那你了解内容吗？

外卖员：对，那会儿看了一下，但是合同对我们而言，并没有带来实质性的利益。

采访者：为什么？

外卖员：怎么说呢，单方面的维护它（指公司）自己的利益。你必须得服从它管理的那个制度，比如什么安全方面，公司有一个（安全）保险一年300多元，好像是。一个月有一次保险，但是这个钱是自己出。

采访者：我昨天访谈一个外卖小哥，他说协议里面有一条是“我自动放弃五险一金”。就那个合同上有的，确实是这么写的，是不是？

外卖员：他这个是这么写的。

4. 劳动关系不明，职业发展不稳定，加入工会比率低

外卖行业作为新兴行业，吸引了大量年轻劳动力。但是，外卖行业的发展前景并不明朗。调查显示，外卖员对送外卖最担心的问题（多选题）排名前三位的包括收入不稳定（50.11%），交通事故、工伤事故等意外（49.89%）、差评或者被投诉（35.47%）。尽管外卖行业可以提供工资水平尚可的就业，但是传统法律不适应新型劳动关系，无法为外卖员提供长期稳定的就业形式。同时，由于外卖行业属于新兴数字产业，仅有25.84%的外卖员加入工会。

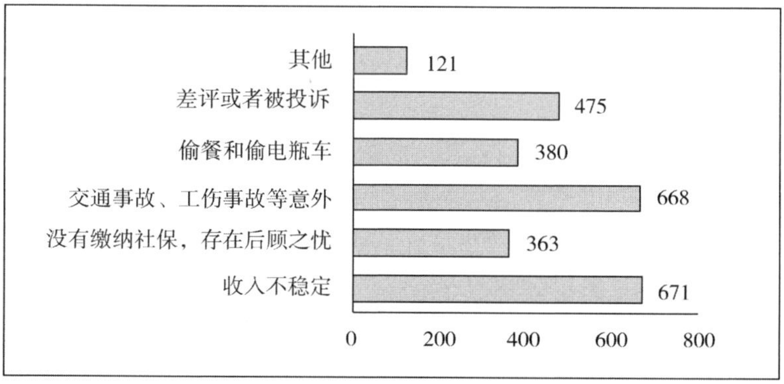

图10　外卖员最担心的议题（多选）

三、面临的问题与挑战

（一）现有劳动法律难以界定外卖员与平台、外包公司的法律关系，外卖员权益保障成为主要难题

传统劳动法律不适应外卖员的用工现状成为目前无法解决其面临劳动问题的根本原因。目前，劳动学界、法学界对于外卖员的法律身份、平台和外卖员的法律关系并无清晰、统一的答案。众包、外包、自营等形式的外卖员是否应该与用工单位签订劳动合同、享有社会保险、享有最低工资保障和加班费、享有工伤险和解雇保护等问题目前亟待解决。

平台为规避用工风险，委派第三方或称“外包公司”与外卖员建立劳动关系。但目前的问题是，大多数外包公司并未与外卖员签订劳动合同，仅以劳务协议或服务协议替代。而“外包公司”的实质则为劳务派遣公司。2013 年新的《劳动合同法》对劳务派遣的规范明确指出，劳务派遣单位必须与劳动者签订劳动合同后，方可将劳动者派遣至实际用工单位。而派遣公司借“外包”名义与劳动者签订劳务协议，未签订劳动合同，逃避“派遣”义务，属于违反劳动法的行为。

无法确认平台与外卖员的劳动关系令后者的权益保障极为困难。大部分未确认劳动关系的外卖员自认为是“编外人员”，对工作没有认同感，对劳动条件安于现状，对安全培训和工作要求缺乏学习积极性，表达诉求无法受到重视。从现有的劳动争议案件看，虽然欧美国家已出现认定新型劳动形式为劳动关系的趋势，但我国司法机关对于新经济形态下的劳动关系确认仍旧比较谨慎。如果仅涉及确认劳动关系，法院倾向于支持非劳动关系；若案件涉及人身安全事故和赔偿，法院出于保护劳动者的目的，会判定其为劳动关系。2018 年6 月 6 日，北京海淀法院审结了一起新型劳动案件，闪送员李某在工作过程中发生车祸，起诉北京同城必应科技有限公司，要求其确认劳动关系，获法院支持。

（二）平台与外卖员之间存在诸多权益、信息、数据等方面的不对等

平台与外卖员之间的利益不对等主要体现在以下三个方面。

一是在消费者和劳动者的权益平衡中，平台过于倚重消费者而忽视劳动者的诉求。例如，在送餐过程中，顾客享有催单、查看骑手位置、打电话、退单的权利，而外卖员只有在接单后才可以查看顾客信息，后期送餐中，外卖员需要通过联络店家、与顾客确认等多项情感劳动以确保订单安全送达。同时，顾客的好评与差评直接关乎外卖员的个人收入。

二是平台占有外卖员的生产数据，用于自身的市场拓展和业务盈利。利用平台 App 的后台管理系统，外卖员在送餐过程中的时间分配、交通情况、路线采纳等大量数据被平台占有，平台利用累积的数据来实现人工智能的深度学习和精准预测，从而进一步拓展业务市场，挤压其他竞争对手。数据所有权成为平台经济下的争议问题。

三是外卖员的劳动管理层级复杂，平台监管信息不透明，享有最终定价权。外卖员反映，平台、外包公司、站点都可在后台操作订单管理，在系统自动派单出现问题时，人工才会介入，目前平台派单存在派单混乱、派单不公平、黑箱操作等问题。同时，各个外包公司的管理运营方式不同，订单的配送金额、奖励、补贴政策花样繁多，且不停地变化，订单管理和数据信息不透明，外卖员无法知晓算法“黑箱”的操作机制。

（三）外卖员基本生活权益得不到保障，社会风险不断增加

外卖员工作受时段、季节和天气影响大。高峰工作时间多集中于夏季炎热、冬季寒冷时节或者雨雪天气，多数外卖员存在饮食不规律、膝盖劳损、手脚冻伤、晒伤等问题。同时，特殊天气也会增加交通事故的发生率。

自备生产资料的磨损、维护和丢失成本高，增加了劳动者的生活负担。采访中发现，外卖员上岗前的主要装备，包括电瓶车、保温箱、餐

包、智能手机等要自行购买。电瓶车的价格在1500～4000元，保温箱和餐包200～500元，手机800～3000元。很多外卖员在送餐过程中，电瓶车和保温箱频繁被偷。

在“二手”或“黑市”上，小电瓶卖100～200元一个，而大电瓶卖400～500元一个。大多数外卖员会配备两个电瓶以备工作的需求，有的外卖员表示“一天两组电瓶根本不够”。而轻便的锂电池电瓶对部分外卖员来说，成本太高了。“锂电池的成本更高，一组电瓶下来就快2000块钱了。对我们来说，更消费不起。而且那种电瓶最多也就（能用）半年多。”正是因为电瓶是日常必备，一旦电瓶被偷，遭受经济损失的同时，也会直接影响工作进程。例如，在潘家园东里南城香站点工作的马女士，在2018年7月份，3天内被偷一辆电瓶车和两组电瓶，报警后无果。

部分外卖员居住环境差，电瓶车无法充电，工作稳定性差。自2017年冬天的安全检查以来，北京地区加大房屋电力安全检查，彻查违建房屋，致使部分外卖员的电瓶被没收或无法充电，工作难以为继。站点多建在公园等露天场所，并不提供充电服务。虽然平台与部分餐厅建立了合作关系，可以允许外卖员在餐厅充电，但充电插头少、人数多、供不应求。

受户籍制度及社保政策影响，无法形成长期稳定生活。高房价和人口限制使得在北京购房、定居对于外卖配送员来说并不可行。同时因为劳动用工模式的多样化，多数外卖配送员无法被社会保障体系覆盖，因而无法享受城市内的基本公共服务需求，如医疗服务、子女就学等，进而无法实现在城市中长期稳定的生活。在访谈中，许多外卖配送员都表示在北京看不起病，如果身体有严重不适时会选择回家乡看病。而北京的高房租也使得许多外卖配送员不得不忍受与家人长期分离的痛苦，即妻子和孩子在老家，外卖员自己在北京租房生活工作。因此在调查中，几乎所有的外卖配送员都表达出不想在北京定居的意愿。

（四）外卖员交通事故频发，严重影响其人身财产安全

正如前述，大部分外卖员表示存在违反交通规则的行为，近三分之一

表示自己有过交通事故的经历。根据北京二中院的调研，网络购物和餐饮业的发展使北京电瓶车事故纠纷呈急速上升趋势，快递、外卖车辆违章情况多发，在2014—2017年审理的案件中，快递、外卖车辆负全责的达42件，占全部案件数量的82.3%。外卖员交通事故频发的原因主要有三点：首先，平台对外卖员的送餐时间要求严苛。尤其在高峰时段，单量大、时间紧，送餐员易违反交通规则，发生事故。其次，多数平台自认为是提供信息服务、居间服务的中介组织，对外卖员的交通意识培训投入少、培训不到位（见案例7）。最后，外卖员自身交通意识弱，违纪行为多。由于交通事故的发生多因外卖员抢道、闯红灯的行为，外卖员常被判负全责。除了要承担对方的人身医疗费用和车辆维修费用外，外卖员自己的人身健康也受到了很大的伤害，长时间高额的医疗和误工费用令大部分外卖员承受不起。

案例7 >>>

耿师傅，男，河南信阳，24岁，美团众包兼职骑手

"交通问题的话，队长说的多，早上训话的时候会说注意安全，别闯红灯啥的。平台的话，在注册的时候有交通培训，网上的，做完了才能开始送单。其他的也没啥，我们也不是直营，没那么多人管。有时候App上也会有定期的交通培训啥的，很简单，照着别人的答一答就行了。"

（五）生产与再生产时间界限模糊，外卖员生活枯燥，精神情感需求无法得到满足

传统产业中，工人的生产与再生产时间分隔，工人有自己的专属休息时间。但平台经济下的外卖人员，再生产时间被严重剥夺，几乎全部变为生产时间。在非高峰时段，部分外卖员仍保持在线等单状态。这种"随时待命"的状态，迫使大部分外卖员以手机为伴。其等单过程中，主要利用手机上网，包括与人聊天、浏览微信公众号、打游戏、看直播、看短视频等。

因工作周期长，外卖配送员每天自己可控时间较少，接触面较窄，他们普遍处于想休闲没时间，想倾诉没对象的状况。再加上居住条件普遍一

般，周边公共娱乐文化休闲设施不足，社会人文关怀欠缺，在北京市的外卖配送员面临“感情孤独”“无聊”以及下了班“无处可去、无事可做、无处可消遣”的问题。在访谈中，一些外卖员反映在北京工作，却无处“生活”，想运动没场地，想出去玩消费不起。

四、对策与建议

（一）建全落实新型劳动关系下的法律体系，明确外卖员与平台、外包公司的法律关系，有效保障外卖员的劳动权益

针对现有劳动法律不适应新型劳动关系的情况，相关部门应联合提请《劳动法》的修改及落实，以保证新业态下的新就业有法可依，劳动者的权益得到基本保障。

应明确外卖员与平台、外包公司的劳动合同、劳动关系确认的条款，明确不同用工形式下由谁来承担用人单位的法律责任，明确工资、加班、工伤等劳动情况的处理办法，并对平台、外包公司必须承担的社保、工伤保险进行明确规定，使平台外卖员的劳动关系保障有法可依。

首先，在外包情况下，应确立平台、外包公司、外卖员之间为劳务派遣关系。政府相关部门要加强对外包方面的立法、监管，防止新兴行业借“外包”之名行“派遣”之实，逃避派遣公司作为用人单位的义务。其次，可尝试建立基于工作关系的社会保障体制，这主要针对众包外卖员，如若兼职外卖成为该劳动者的主要劳动时间和收入来源，外包公司应与其建立劳动关系，签订劳动合同并缴纳社保，依法保障劳动者的权益。对于数字经济下平台与工人劳动关系的确定层面，丹麦工会解决平台劳动关系的例子值得借鉴。2018 年，丹麦工会与网约清洁工平台 Hilfr 签订协议，在劳动关系的认定上规定，当兼职网约工在该平台上工作时间累计超过 100 小时后，即承认平台与网约工人的劳动关系，从而保障了兼职和自由职业人在平台工作的劳动权利。

（二）强化对平台公司和中介公司的管理监督，促进平台运营的信息透明化管理

交通部门、劳动监察部门、网信办等相关部门要形成联动机制，制定相关信息透明的规定，推进外卖市场的规范化和透明化管理。

首先，相关部门要与外卖行业领头公司协商，将外卖平台的定价政策公之于众，包括对外卖员的计时标准、派单体制、奖励补贴政策等，将其劳动管理纳入监管范围，使“黑箱”暴露在阳光下。

其次，开通平台经济的劳动者监察督查机制，为平台外卖员、商家、买家等开通多向透明渠道，尤其要为外卖员提供诉求表达和信息知情的渠道，使其了解平台的资源调配、成本核算、收入分配等切身利益问题。维护市场公平竞争的同时，让监管部门能及时有效地预防、发现、介入、惩罚扰乱市场公平的行为。

最后，要落实平台外包和劳务派遣公司的规范和管理。从公司的注册、招标、招工、管理等层面展开纵深监督，打击违法招工、克扣工资、随意罚款、派单不公、无监督机制的行为，加强政府部门的介入监管，争取对外卖领域的外包公司实现统一化、规范化管理。

（三）工会要引导建立外卖员工会，定期与外卖平台开展法律、社会责任督导会

平台经济冲击了既有的产业结构，也对工会的组织工作提出新的挑战。工会要打开大门，吸纳包括外卖员在内的新就业群体入会；应积极鼓励、引导平台外卖员工会的建立，倾听外卖员的声音，组织外卖员依法展开集体谈判；要打破平台单方制定规则的局面，保障外卖员劳动者的话语权。工会可以定期与外卖平台进行提高法律责任和社会责任意识的交流，并针对分红机制展开集体谈判，对平台外卖员进行相关劳动权益保护知识的培训，保证平台外卖员能拥有发声渠道。

开展对外卖员的法律援助和生活服务。新媒体环境下，工会要充分利

用媒体空间帮助实现外卖员的劳动权益。例如，可利用微信公众号、微博平台等多渠道进行工会服务传播，为发生劳动争议的外卖员提供法律援助；建立工会服务站定期定点活动，形成系列帮扶机制，切实做到为外卖员提供精准服务。

（四）强化电瓶车管理办法，督促平台建立统一型号的外卖专用电瓶车

交通部门应联合北京市就业服务部门，与各大外卖平台协商，强化电瓶车的管理规范，推进电瓶车上牌政策，建立统一型号的外卖专用电瓶车。交警部门要对各大外卖平台制定相应的网络联动考核制度，有效控制交通风险。

为增加使用时间，电瓶车的违法改造、改装盛行，导致电瓶车出现电力猛、速度快、超负荷作业的情况。建立外卖专有电瓶车和电瓶车牌，一方面，可以大幅减少违规车辆，减少交通事故发生频率；另一方面，也使交通违规行为受到大幅约束。如果外卖专用车辆出现交通违规，平台和外卖员要承担相关负责和处罚，倒逼外卖平台重新制定送餐时间要求，同时加强对外卖员的交通课程培训。

（五）外卖行业组织要坚持“有监管”和“送温暖”并重

鼓励外卖行业组织、社会公益组织或 NGO 开展针对外卖行业的各种活动，包括知识讲座、团体旅行、公益阅读、运动健身等，帮助提升外卖员的生活质量，丰富精神生活。鼓励外卖员大胆发声，书写自己的故事和人生经历，发出自己的声音和诉求。

鼓励、号召外卖平台和中间组织尽力做好外卖员的生活保障问题。在社会层面积极培育尊重劳动、互信友善的工作和消费文化。北京就业服务部门与社区管理部门应协商解决，允许外卖员电瓶车进小区、外卖员乘坐客梯等，以实现外卖业的安全高效发展。

参考文献

[1] 中国互联网络信息中心．第 41 次中国互联网络状况发展统计报告 [OL]. http://www.cac.gov.cn/2018-01/31/c_1122347026.htm.

[2] 饿了么．饿了么 2017 企业社会责任报告 [OL]. http：//www.cinic.org.cn/zg-zz/zr/431825.html.

[3] 北京市统计局．北京统计年鉴 2019 [OL]. http：//nj.tjj.beijing.gov.cn/nj/main/2019-tjnj/zk/indexch.htm.

“互联网+”下快递员劳动权益保障情况的调研报告

安徽省总工会课题组*

摘　要： 为贯彻落实习近平总书记重要讲话精神，安徽省总工会课题组赴合肥等地进行快递业发展与快递员权益保障专题调研，在深入分析快递行业发展和快递员权益保障问题的基础上，从加强引导，进一步完善快递行业相关法律政策；加强用工规范管理，提升快递员队伍素质；优先落实工伤保险，扩大社保参保覆盖面；加强建会入会，充分发挥工会组织积极作用四个方面提出对策和建议，为促进快递行业健康发展，维护快递员合法权益献计献策。

关键词： “互联网+”　快递员　劳动权益

习近平总书记赞扬快递小哥是美好生活的创造者、守护者，称赞快递小哥是勤劳的小蜜蜂。近年来，随着“互联网+”、电子商务的快速发展，我国快递行业保持快速发展态势，在推动流通方式转型、促进消费升级、拉动经济增长等方面发挥着重要作用。与此同时，快递员队伍不断发展和壮大，成为现代产业工人的重要组成部分和新就业形态的典型代表群体之一。为贯彻落实习近平总书记重要讲话精神，深入了解快递行业转型发展进程中的企业劳动关系、用工形式和快递员的社会保险、权益维护等情

* 本报告执笔人：闫彬。

况，安徽省总工会自2019年5月以来组成调研课题组，赴合肥等地分别通过问卷调查、查阅资料、座谈访谈和实地调研等方式进行调查研究，形成报告如下。

一、快递行业和快递员群体发展情况

（一）快递业务增长迅速

据2020年全国邮政管理工作会议，近10年来，我国快递业务量连续6年居世界第一，快递业务收入和业务量年均增长率分别达到31.6%和42.2%，快递行业对GDP增长的贡献率高达1%。2019年，安徽省快递业务量完成15.45亿件，同比增长37.59%；业务收入完成138.38亿元，同比增长24.65%。其中，同城业务量完成2.36亿件，同比增长23.32%；异地业务量完成13亿件，同比增长40.48%；国际及港澳台业务量完成0.087亿件，同比增长46.39%。合肥市快递业务量完成6.52亿件，同比增长37.87%，占全省比重42.19%；业务收入59.7亿元，同比增长28.41%，占全省比重43.15%。快递业“井喷式”发展，为促进消费扩大、增加就业岗位、丰富百姓生活发挥了积极作用。

（二）经营模式和用工形式多样发展

目前，国内快递企业经营模式分为直营和加盟两种。直营模式企业较少，但规模较大，其代表为顺丰、京东和中国邮政，企业与快递员直接签订劳动合同，为其缴纳各项社会保险，快递员合法权益得到较好保障。加盟模式企业较多，其代表为“三通一达”（中通、申通、圆通、韵达），企业与合作伙伴和管理者签订劳动合同，与快递员签订劳动合同的比例不是很高，快递员社保等权益保障落实不到位。用工分为全日职工、非全日职工和劳务派遣工。

合肥市快递企业共有114家，主要包含国企、民营、外资等，民营企业占该市快递行业的85%，为申通、顺丰、中通、韵达等，除顺丰等少数品牌直营外，大多采取加盟制经营方式，在市、区、县均设有加盟商。国企和外资企业所占比例较少，国企主要是EMS（邮政特快专递服务）等，外资企业主要是联邦、DHL（中外运敦豪）、Fedex（联邦快递）等。

（三）快递员队伍年轻有活力

据《2019年全国快递员职业调查报告》统计数据显示，2016—2018年，我国快递员数量增长了50%，达到300万人，这一庞大的群体支撑着57%的快递业务量变化和49%增速的网络零售市场。与此同时，快递员年轻化的特点明显，主要集中于“80后”“90后”，学历以高中、中专为主。

截至2019年底，安徽省共有快递企业512家，其中，国企1家、民营507家、外企4家，共有快递员7.96万人。合肥市共有快递从业人员2多万人，90%以上为中青年，学历以初、高中为主，大专以上占比约24.8%。相比而言，国企和外资企业快递员的学历整体高于民营企业快递员（李素萍，2020）。特别是2020年疫情期间，快递员冒着疫情风险坚持送快递，为保障人们日常生活需要，坚守岗位默默奉献，也是最美的逆行者。

（四）快递员权益保障工作不断加强

快递员与制造业工人相比，工资收入较高，社保参与面不断扩大。近年来，中华全国总工会、安徽省总工会力推包括快递员在内的“八大员”入会工作，为快递员权益维护提供组织保障，2019年全省快递行业组建工会424家，会员数34789人，入会率达45%以上。各级工会积极指导快递企业开展平等协商、签订集体合同，在制度上维护快递员各项权益。全省共建立县级及以上“幸福驿站”1820家，累计投入资金535.05万元。为解决快递员“如厕难、饮水难、吃饭难、休息难”等生产生活现实问题提供服务。

二、存在的主要问题

（一）快递行业竞争激烈，管理标准不够细化

一是快递价格战激烈。快递包裹单价运价不断降低，快递行业利润微薄。2019 年，快递平均单价继续下降，前三季度，快递业务整体平均单价为 12 元，比上半年下降了 0. 20 元。同城、异地、国际/港澳台快递业务平均单价分别为 6. 90 元、8 元和 52. 30 元，均比去年同期有所下降。2010 年，整个快递行业净利润高达 30% 左右，2019 年快递行业净利润不足 10%，各大快递企业都在挤压自身利润，以获得市场份额，也促使快递企业进行新的整合兼并。

二是电商平台对快递行业冲击较大。电商平台与快递行业关系密不可分，然而，电商平台对快递行业发展影响较大。电商平台和配送方式的变化会影响快递行业市场格局，为争得市场份额，快递企业对各类业务进行渗透、竞争，加之行业监管薄弱，部分企业相互压价，影响了行业的健康发展。例如，电商平台常以“包邮”等方式进行宣传。而快递企业内部的“包仓价”（大批量发货）远低于正常寄件，导致快递行业内部的低价竞争，影响服务质量。

三是快递标准规定不够细化。快递行业属新兴业态，目前，《劳动法》在制度层面对其劳动关系尚未予以明确界定，主要依据《邮政法》和《快递市场管理办法》对快递市场进行规范管理，但是缺乏对快递行业的具体业务、市场监管、延误损坏赔偿等细节明确的规定，导致出现业务纠纷时维权被动。《快递暂行条例》是全方位调整快递业法律关系的专门法规政策，为快递业健康发展提供制度保障。但针对“快递员是否可以拒绝送货上门”“快递丢失后如何索赔”“寄件人隐私保护”“快递车辆通行”“进小区难”等末端服务落实仍问题较多。另外，从调研的情况来看，还存在有的县监管力量不足、快递行业监管主体部门不明确等问题。

（二）劳动用工不够规范，劳动关系认定复杂

一是快递员流动性大、归属感低。快递员经常出现干一段时间或几天就走人的情况。部分快递员认为，不签订劳动合同可减少工作关系束缚，便于自己跳槽，但给个人合法权益的保障也带来隐患。对快递企业而言，管理难度也会相应上升，不利于业务规模扩大和企业升级发展，更不利于整个行业持续稳定健康发展。部分快递企业用工制度不完善，与快递员没签劳动合同，且奖励少、罚款多、人文关怀欠缺等造成快递员对单位归属感低。

二是有时存在结构性用工短缺。“双11”、“618”、春节等购物节期间，各家快递企业都会出现“爆仓”现象，仓库堆满待送件，人手严重短缺，快递企业就会临时招聘部分快递员。这部分快递员身份多样，有附近农民工、大学生、退休人员、兼职人员等，一般是旺季过后就会离开，工作时间只有十几天甚至几天，关于这些人与快递企业之间关系如何界定，是属于劳务关系、雇佣关系、帮工关系还是承揽关系，观点不一。一旦出现纠纷，维权较难。

三是加盟派件劳务关系复杂多样。快递员与加盟模式快递企业之间无直接法律关系，与加盟商之间的法律关系多样化，对此，劳动关系认定存在异议。加盟商是直接用工主体，为压缩人力成本，规避用人风险，往往不与快递员签订书面劳动合同，而是以劳务合同、承揽合同等其他形式的合同替代。通过对合肥11家快递企业500名快递员进行抽样调查，韵达和圆通下属加盟商的签订率为74%，其他各家签订率均不足50%，有的各加盟商企业下面还设有二、三级营业网点，双方一旦发生劳动纠纷，维权会因缺乏证据陷入困境。

（三）快递员参保率较低，社会保障还需加强

一是社会保险参保率低。抽样数据显示，合肥市11家快递企业员工参保率看似达到90%，但是，真正由快递企业为快递员缴纳社会保险的仅有

60%，多数快递员是通过其他形式参保。如果扣除直营模式的顺丰、中国邮政等，其他快递企业为员工缴纳社会保险的只占22%。

二是相关意外保险缴纳少。在调研中发现，由于快递行业的特殊性，快递员对意外保险的需求较大，但为其缴纳意外保险的企业少。快递员没有固定工作场所，工作时间多数耗在送快递路上，交通工具多为电动三轮车，车身轻、制动性能差、载货量大，极易发生交通事故。由于未签订劳动合同，且没有参加工伤保险，工伤认定比较困难，难以得到相应赔偿，如果缴纳了交通意外险等商业保险，企业赔付压力会大大减轻。

（四）快递员劳动强度大，工作时间比较长

一是工作量大、工作时间长。数据显示，快递员每天派件量在50～100件的占38.4%，100～150件的占11.8%，150件以上的占19.2%。“双11”等快递服务高峰期，有的日送快递达200件以上。快递行业的加班加点情况较为普遍，快递员每天工作8～10小时的占46.85%，每天工作10～12小时的占33.69%，近两成从业人员工作12小时以上。到快递派送旺季时，有时甚至要通宵分拣快递，超负荷工作，长此以往，必然影响快递员的身心健康。

二是劳动收入和劳动强度不成比例。快递员主要根据派件量多少来获得劳动报酬。为增加劳动收入，快递员会通过增加工作时间和工作量来换取相对较高报酬，但扣除应缴纳的社会保险以及承担的丢件、消费者投诉赔偿等，拿到手的收入实际不是很高。统计数据显示，快递员月收入在3000元以下的占比3%，3000～4000元的占比20%，4000～6000元的占比67%，6000元以上的占比10%（中国邮政快递报社，2020）。可见，合肥市大部分快递员的月收入在4000～6000元。快递企业对快递员加班工资的发放上存在不及时、不足额的情况，快递员对这方面工资的诉求较多。

三、对策和建议

（一）加强引导，进一步完善快递行业相关法律政策

一是制定法律法规及配套实施细则。一方面，强化顶层设计，加快快递行业立法工作，进一步完善相关法律法规和政策，如规范快递行业的劳动关系、完善工伤保险政策、推进快递包装绿色环保等，从法律政策上引领快递行业健康发展。另一方面，制定配套实施细则，如针对《快递暂行条例》服务末端执行细化问题，进一步细化工作措施，明确任务分工，充分实现快递末端服务更加规范。

二是进一步规范电商平台和快递企业关系。一方面，要加快快递与电子商务数据互联互享，避免对用户数据的垄断和违规使用，更好地进行行业监管，促进企业公平竞争、依法合规从事经营发展。另一方面，电商平台商品的售价与快递服务要定价分离，促进快递行业面向消费者进行增值服务，保障服务质量。

三是加强管理，保障快递员的交通行驶安全畅通。制定快递专用机动车辆系列标准，及时发布和修订车辆生产企业公告，研究出台快递专用电动三轮车国家标准以及生产、使用、管理规定，各地可结合实际，制定快递专用三轮车安全通行管理办法，解决配送车辆通行难、停靠难、进小区难问题。加强交通安全的宣传培训，建立交通安全信用惩戒机制，倒逼个人遵章守法、企业加强安全管理，有效控制交通事故发生。推广使用智能包裹柜、建立末端投递“超市”等方式打通快递投送“最后 100 米”。

（二）加强用工规范管理，提升快递员队伍素质

一是依法签订劳动合同，建立和谐劳动关系。督促快递企业健全用工制度，依法与快递员签订劳动合同，规范工资发放制度和社保缴纳制度，提高企业自身的凝聚力和快递员对企业的归属感。探索推行快递行业集体

协商制度，重点围绕劳动报酬、工作时间、劳动定额和奖惩办法、劳动安全、保险福利等事项订立集体合同；就加班工资、劳动保护、女职工特殊保护等事项，订立专项行业性集体合同。在“双 11”、“双 12”、春节等特殊时期，考虑以工资集体协商的方式适当提高快递员的工资待遇和福利待遇，营造人性化用工环境，缓解用工难、用工荒的困境。

二是加强用工监管，规范业务管理。健全快递行业监管机制，明确外卖行业主管部门，压实主体责任，促进快递企业建立规范的用工制度，加强行业监管和劳动监察执法力度，加快推进制定快递行业劳动定额定员标准、快递员在不同岗位的用工标准、定额适当的工作量，推动快递行业规范化运营，更好地构建和谐劳动关系环境。

三是加强技能培训，提升队伍素质。畅通快递员职业发展通道，建立“培训、选树、晋升、使用”的用人机制，加大培养快递行业高技能人才与快递工程技术人才。邮政主管部门要牵头联合财政、人社等部门认真实施《关于提升快递从业人员素质的指导意见》，引导企业加强快递员职业能力和职业道德建设，提供必要的就业指导和职业技能培训，发放就业补贴。开辟网上业务学习课堂，把理论知识、工作业绩考核等进行量化，建立人才储备库，为快递员职业发展搭建管理、专业两条晋升通道，引导快递员依靠素质和技能的提升实现人生价值。

（三）优先落实工伤保险，扩大社保参保覆盖面

一是参照建筑业做法，优先落实工伤保险。2014 年，人力资源社会保障部、住房城乡建设部、安全监管总局、全国总工会制定印发《关于进一步做好建筑业工伤保险工作的意见》，做出工伤优先、项目参保、概算提取、一次参保、全员覆盖的制度安排。快递行业与建筑业在很多方面具有相似点，如工伤风险较高，从业人员流动性大等，因此，建议参照建筑业做法，优先落实快递员工伤保险问题，由国家制定政策，统一征收，快递企业以单位工资总额的 0.50% ~2% 优先为快递员缴纳工伤保险。

二是扩大社保参保面。推进快递配送行业制定合理的参保方案，根据

职业环境和行业特性，扩大快递员参加职工养老、医疗等五险一金参保覆盖面，打通城乡间、地区间的社会保险转接平台。鼓励快递企业积极为快递员购买意外人身伤害保险、重大疾病险等，建立完善的快递员社会保障体系。

三是建立健全工伤认定机制和互助互济制度。建议采取相对灵活的劳动关系工伤认定方式，快递员的日常快递收发时间应当认定为工作时间，完成单位派发工作任务的路途应当认定为工作场所。鼓励企业和快递行业建立困难帮扶互助保障基金，对快递员的重大疾病、安全事故、意外伤害等给予一定的互助保障或互助互济等帮扶，为快递员再筑起一道风险防御屏障。

（四）加强建会入会，充分发挥工会组织的积极作用

一是加强思想政治引领和工会组织建设。指导快递企业工会深入学习贯彻习近平总书记关于工人阶级和工会工作的重要论述，大力宣传社会主义核心价值观和有关法律法规政策，将职业道德建设内容纳入快递员入职教育、岗前培训和业务考核，引导快递员听党话、跟党走，积极践行社会主义核心价值观。加大快递员等“八大群体”建会入会力度，扩大工会对快递企业的覆盖面，探索快递行业工会联合会建设，推进工会组织向小微快递企业和加盟网点覆盖。同时，创新入会形式，引导快递员通过手机、网络等多种途径了解工会、加入工会。

二是加强对快递员的维权关爱工作。认真宣传和贯彻《劳动法》《劳动合同法》和《快递暂行条例》等法律法规，增强快递企业守法经营意识和快递员依法维权能力。建立以职工代表大会（职代会）为基本形式的民主管理制度、集体协商制度和法律援助制度，推广蚌埠网约送餐服务行业集体协商经验，推进快递企业建立健全维权机制建设，开展工会劳动法律监督，加强对快递企业劳动纠纷的事前预防和协商化解工作，切实维护快递员的合法权益。通过开展“四季送”，推广困难帮扶和赠送意外伤害互助保障计划，扩大幸福驿站的创建面等，为快递员送去更多更好的普惠服务。

三是大力开展技能培训和劳动竞赛。工会组织要根据快递员和行业发展的需求，广泛开展具有快递行业特点的劳动和技能竞赛，推动行业革新、管理创新、服务创新和提质增效。加大宣传力度，选树快递员优秀典型，并纳入各类评选表彰，弘扬劳模精神、劳动精神和工匠精神，在全社会营造尊重关爱快递员的良好氛围。

参考文献

[1] 李素萍．关于在推进快递业发展中加强快递员权益保障的建议 [OL]. http：//www. logclub. com/articleInfo/MjIxMjMtYzc3OTg2ZjA.

[2] 中国邮政快递报社．2019 年全国快递从业人员职业调查报告 [OL]. http：//www. cea. org. cn/content/details_ 10_ 19726. html.

关于湖北省网约外卖员劳动权益实现情况的调查报告

蒋　萍*

摘　要： 伴随我国在线餐饮外卖的快速发展，网约外卖员这一就业群体开始大规模涌现，但该从业群体劳动权益现状堪忧，劳动关系松散、组织程度较低、社会保障不足、面临较高的职业安全和健康风险。为了适应“互联网 +”时代的企业组织形态和新就业形态的变化，最大限度地保障和发展职工权益，湖北省总工会在全省范围内对网约外卖员权益保障情况进行了调查，对该群体劳动关系现状、劳动经济权益实现状况及存在的问题进行了深入分析，并提出了加强工会建设、完善工会维权服务、加强部门联动规范管理、推动相关劳动法律体系完善等对策建议。

关键词： 网约外卖员　劳动权益

一、湖北省网约外卖员基本情况

伴随我国“互联网 +”的发展，以美团、饿了么为代表的中国外卖O2O平台开发出“外卖 + 配送”的“双轮驱动”模式，快速提升了中国外卖市场的线上化率，实现爆发性增长。2016 年，全国网上外卖用户 1.14 亿人，截至 2019 年 6 月，我国网上外卖用户规模达 4.21 亿人，占网民整

---

* 蒋萍，湖北省经贸工会副主席，主要研究方向为职工权益、劳动关系与工会工作等。

体的49.3%（中商产业研究院，2019）。经过多轮激励竞争，随着资本深度介入，行业格局进入美团外卖、饿了么两强的争霸时期。

目前湖北省的在线餐饮外卖市场基本上也处于美团和饿了么两强抗衡的状况，美团大约占三分之二，饿了么占三分之一。两家企业在湖北的餐饮外卖业务主要通过第三方平台或外包公司招聘外卖员（也称骑手）完成，并设立服务站点。据不完全统计，全省从事餐饮外卖的骑手有2万余人，主要分布在武汉市。据本次调查了解，武汉市共有餐饮外卖服务站点400余个，外卖骑手1.5万人左右，分别以站点为依托分布在市内各城区。从1.5万余名外卖员群体分布情况看，青年男性占绝大多数，以省内外周边地区来汉打工者、下岗失业人员和农民工居多。大中专毕业生少，特别是高学历更少。从业人员文化层次较低、业务技能等就业方面的能力相对较弱。以武汉市总工会对“踢踢实业”的调查为例：该公司为美团在武汉最大的加盟公司，拥有外卖骑手794名，其中大多为青年男性。女骑手占3%；35岁以下的年轻骑手占80%（25岁以下的占28%）；文化程度在高中、中专以下的占83%（初中及以下占28%；高中、中专、职技校占55%）；大专以上的占17%（本科占1%）；无一人具有技术等级和职称。据“踢踢实业”公司介绍，由于该行业的工作环境和劳动强度问题，招募骑手并不容易，选择余地小，人员素质难以保证，就业能力相对弱。

二、劳动关系现状及存在的问题

据调研，美团所隶属的三快科技有限公司的快餐派送业务遍布全国，三快科技有限公司一般不直接对外招聘外卖员工，而是与全国各地的外卖业务公司签订《美团外卖配送服务协议》，委托外卖业务公司进行美团外卖配送服务，协议约定外卖配送人员为外卖业务公司的员工，与三快科技公司不建立劳动或劳务关系；饿了么的外卖配送业务由其隶属的上海拉扎斯信息科技公司负责，情况与美团情况大体一致。

本次调研的45家外卖企业均为第三方平台或委托代理商，其中湖北本域企业占 40%。企业用工基本上分为两种模式：

一是专送模式，属于专职类型。外卖平台与代理签订协议，由代理商负责招募骑手、与骑手签订协议、支付骑手工资、购买社会保险。工资主要为保底工资，但必须完成保底单数，另外按超过保底单数的业绩增加提成。

二是众包骑手，属于兼职类型。个人在线申请并与平台签订配送合作协议，外卖平台直接通过 App 将费用打给骑手，不为骑手购买社会保险。

调查显示，湖北省网约外卖员劳动合同签订率偏低。只有接近 50% 的受访者与第三方平台企业或委托代理商签订了劳动合同，仍有 50% 以上的网约外卖员没有签订劳动合同。从已签订劳动合同的数据来看，本域企业好于外域企业。考虑到此次调查中对自行在平台注册的网约外卖员进行问卷调查时难度较大、覆盖有限，仅占受访网约外卖员的 10%，由此推测，网约外卖员未签订劳动合同的实际比例应该更高。

同时，受访网约外卖员就业流动性较大，更换工作较为频繁。以宜昌市为例，在 130 名受访网约外卖员中，半年内换工作的占 23.8%，两年内更换工作的占 47.7%，3～5 年的仅占 6.9%。据武汉市总工会调查，“踢踢实业”公司骑手的平均职业寿命只有 4 个月，骑手月流失率在 10% 以上，该公司旗下 794 名骑手中，工作两年以上的只有 20 人。从业人员的频繁流动也导致了劳动关系的不稳定。

作为依托互联网产生的新业态，网约外卖平台为从业者提供了大量多元灵活的就业岗位。与此同时，劳动关系建立的虚拟性和劳动关系运行的灵活性，导致劳动关系难以确定，目前，对于外卖员与网约外卖平台之间的劳动关系性质究竟是劳动关系还是劳务关系还没有具体的法律规定。随着网络订餐服务需求的不断扩大，众包骑手因其用工成本等方面的优势，在网约外卖企业用工中所占的比例不断提高，这种松散劳动关系的大量存在必然导致劳动关系矛盾的较大隐患，影响劳动关系的和谐稳定。

三、劳动经济权益实现状况及存在的问题

（一）整体收入水平较好，但缺乏归属感

据调查，专职网约外卖员的劳动报酬基本构成为“底薪+提成+燃料补贴+好评奖励+单王奖励-超时差评罚款”。与2016年相比，2017年网约外卖员的收入水平总体上有所提高，主要原因是接单任务量有所增加。在被调查的网约外卖员中，98%表示每月能按时领取报酬。以武汉市为例，饿了么代理商湖南一驰物流有限公司骑手的底薪为3000元/月，责任500单，加上超额提成和评价奖励，每个骑手基本可以保障月收入5000~8000元；美团加盟商“踢踢实业”公司骑手一般情况下每人每月送单量为550~650单，可以保障月收入5000~6000元，接单量增加，收入会更高。该公司负责人还透露，2017年，美团在夏季三个月出资70%、加盟公司出资30%给旗下全勤骑手发放了1000元高温补贴。尽管网约外卖员的收入普遍高于当地社平工资，但受访的外卖员普遍感到没有归属感和安全感，随时面临被解聘，也随时准备离开。半数以上外卖员认为没有温暖和依靠，有的外卖员感叹：收入全凭跑单量，所有的动力就是拼命赚钱。工作灵活、自由，却依然无法从这份工作中获得除劳动报酬以外的任何权益。

（二）社会保险缺失

数据显示，在所调查的45家外卖企业中，除宜昌、襄阳两地的部分企业为网约外卖员购买了社会保险外，其他地区、大部分企业均未参保。宜昌市的受访外卖员中，表示企业按月足额缴纳社会保险的占45.4%；表示企业按缴纳比例发放到工资中由本人缴纳的占8.5%；表示企业没缴纳社会保险也没给钱的占23.8%；表示不清楚的占19.2%。襄阳市受访外卖员中，表示企业按月足额缴纳了社会保险的占58.2%，表示在老家购买了城乡居民社会保险的占48.1%。调查中，大部分受访外卖员反映，企业仅为

外卖人员购买了人身意外伤害保险或工伤团体保险，如遇到交通事故，根据责任划分，由保险公司进行理赔。“工作不稳定、没有社会保障”是受访外卖员目前最不满意的生活状况。他们往往受到委屈无处诉说，权益受到侵害无人维护。骑手小王因拒绝客人帮扔垃圾的要求，而遭到客人差评投诉，他虽多次向平台申诉，但仍受到处罚。他心灰意冷，打算离开外卖行业。接受走访的一家公司负责人透露，虽然有申诉机制，但多数时候没什么作用。因为顾客投诉对送餐外卖员来说是绝对成立的，不管这个投诉是否真实、有何客观原因。可是，当骑手遇到问题时就另当别论了。外卖员们常常只能自己承受委屈和不公平待遇。

（三）普遍超强工作，面临较高的职业安全和健康风险

调查显示，受访网约外卖员的工作时间超出法律规定成为常态，普遍存在为提高收入而延长工作时间的现象，除一个月 2 ~4 天休息外，没有年休假及节假日加班费，每天工作时间超过 9 小时的占 40%。外卖员入职初期有保底工资，由于后期主要收入与接单数挂钩，“多劳多得”的工作模式导致外卖员劳动强度较大，高强度和超长工作时间对外卖员的身体危害很大，疲劳奔波也极易发生交通意外。许多外卖员为了多接单多挣钱“拼命干”，为了避免延误和超时，外卖员闯红灯、超速、逆行等交通违法行为时常发生。一名受访的外卖员反映，仅在入职前接受了 2 小时的岗前培训，几乎没有什么安全意识。这些常年奔波于城市大街小巷的外卖员面临较长的劳动时间、较高的劳动强度和更多的职工健康风险，同时劳动安全风险大大增加。

四、工会组建和职工入会情况

调查显示，湖北省网约外卖企业工会组建率和职工入会率均较低。参与调查的 45 家网约外卖企业中已建工会的只有 2 家，正在筹建工会的有 3 家，工会会员不足 200 人。一方面，企业对工会认识不足，加之人员流动

性强，工会组织的稳定性得不到保障。被调查外卖员大都对工会组织没有清晰认识，仅仅知道工会组织，但对工会的具体职能和工作内容知之甚少，加入过工会组织的人寥寥无几。因为对工会组织不了解，约占50%的受访外卖员不愿加入工会组织或抱无所谓态度。另一方面，网约外卖员群体文化程度普遍较低，法律意识比较淡薄，维权意识不强，在工作中出现劳动纠纷或发生顾客投诉问题时，由于不知道采取何种方式或通过何种途径维权，多数外卖员都被动选择了自认倒霉。在发生纠纷时，通常都是采取私下解决的形式，外卖员对维护自己的合法权益普遍表示无奈和无力。被调查的外卖员大都不知晓工会维权，认为工会在维护职工权益方面有很大作用的仅占19.2%，工会组织在外卖员群体中的认知度和认可度不高。

值得欣慰的是，本次调查发现，一些地方工会已经开始着手新就业形态群体入会工作。天门市总工会早在2019年3月就已启动网约外卖企业等新业态经济组织工会组建和职工入会工作，市总工会成立工作专班，企业所在地街道办事处工会精心制定工作方案，实地走访美团和饿了么两家外卖企业在天门的委托代理商，约谈企业经营者，宣传有关政策和法律，打消建会顾虑，取得企业对建会工作的支持。目前，美团在天门的委托代理商天门小冉网络科技有限公司已建立工会组织，现有工会会员127人，饿了么在天门的代理商天门市鑫军尧配送服务部工会组织正在筹建之中。为支持已建会企业开展工会工作，市总工会下拨专项工会工作经费，还为新入会工会会员每人赠送了包含一份工伤意外伤害保险的职工福利大礼包，充分调动了企业建会和职工入会积极性。

五、关于工会组织加强网约外卖员劳动权益保障的对策与建议

（一）加强对新业态经济组织的工会建设

围绕工会组织全覆盖的要求，需结合新行业、新业态、新经济的特

点，在工会体系中探索新业态工会组织建设新路径。积极尝试网约外卖员这一新型劳动关系建会入会新模式，加大工会组织地位、作用的宣传，推动平台企业职工实现网上入会登记、网下属地化确认会员身份，推动网约外卖行业工会联合会建设，以订餐平台建会为突破口，将工会建到各送餐站点，吸纳更多的网约外卖员加入工会组织。在提升职工归属感的同时，助推网约外卖企业健康稳定发展。

（二）完善工会维权服务工作

主动适应新形势，创新服务手段和载体。以增强职工的法治意识和法律素质为目标，推动开展服务网约外卖员为重点对象的职工法治宣传等系列活动，切实加强网约外卖员法治宣传教育，提高其依法维护自身合法权益的能力。进一步畅通法律服务渠道，优化服务流程，为网约外卖员提供方便快捷的法律咨询、法律援助、法律监督“一站式、零距离”服务。延伸工会维权工作领域和手臂，密切关注网约外卖员等新业态新行业职工权益保障现状，当其合法权益受到侵害时，第一时间提供维权服务。依托各级工会户外职工爱心驿站建设外卖员休息站，为他们提供一个可以休息的场所，让工会所能提供的服务无处不在。

（三）加强部门联动规范管理

工会应加强与人社、食药监、财政、民政、公安、司法等部门的工作衔接，积极联合有关部门开展劳动保障执法检查，督促政府职能部门强化行政监察，监督企业行政落实劳动保障法律法规，切实解决职工权益保障中存在的社会保险缺失、超时工作、安全健康风险突出等问题。针对网约外卖员等灵活用工形式，强化劳动合同管理，明确双方权利义务，防止灵活用工无序蔓延；针对互联网经济、平台经济关联企业用工秩序混乱问题，以相关行业协会为平台，研究制定行业自律规范，明确平台管理方、代理第三方、劳动者等三方责任；针对灵活就业重点人群所在行业企业，定期开展专项或联合执法检查，加大劳动监察力度，督促企业合法经营、切实履行社会责任；针对处置化解涉及新型就业群体矛盾纠纷较为困难棘手的现实状况，建立相关部门联手协同工作机制，尽可能地将有关矛盾纠纷化解在基层和萌芽状态，维护社会和谐稳定。

（四）推动相关劳动法律体系完善

由于缺乏完善的法律支撑，对于“互联网＋”经济模式下平台经济的用工关系是否纳入劳动关系，目前还存在争议。工会组织应在相关法律制定过程中，加大源头参与力度，积极反映职工诉求，推动相关法律体系的完善，促进相关部门逐步解决职工收入增长、社会保障、劳动安全等权益的实现。

参考文献

［1］中商产业研究院．外卖行业市场格局稳定 2019 上半年我国网上外卖用户数据分析［OL］．https：//www. askci. com/news/chanye/20190831/1456461152117. shtml.

［2］关博．加快完善适应新就业形态的用工和社保制度［J］．宏观经济管理，2019（4）：30－35.

本书编辑后记

《中国新就业形态劳动关系研究》是中国工运研究所编辑的《中国职工权益与劳动关系研究丛书》的首部图书。近年来，随着新技术新业态新模式的持续快速发展，平台就业等新就业形态越来越成为劳动力市场常见的就业方式，以网约工等为代表的新就业形态群体规模越来越大。新就业形态的涌现对于促进经济创新、缓解就业压力、提高劳动生产率发挥出积极作用。同时，由于其用工方式与传统就业迥然不同，而我国现行劳动法律法规基本上建立在传统用工方式之上，这就使新就业形态劳动者的劳动权益维护面临一系列新情况、新问题。如何既能促进新就业形态规范发展，使其充分发挥作用，又能切实保障新就业形态劳动者的合法权益，使其共享经济社会发展成果，不仅是一个亟待深入研究的重大理论课题，也是一个关乎发展与稳定的重大现实问题。

习近平总书记指出，让人民群众过上更加幸福美好的生活是我们党始终不渝的奋斗目标；要坚持以人民为中心的发展思想，维护好工人阶级和广大劳动群众合法权益。他强调，对新就业形态要顺势而为，补齐短板；要适应新技术新业态新模式的迅速发展，采取多种手段维护好快递员、网约工、货车司机等就业群体的合法权益。这为我们深入研究新就业形态问题，维护好新就业形态劳动者合法权益，促进新经济持续健康发展提供了根本遵循。为了客观全面地了解新就业形态的总体面貌，更好地将新就业形态劳动者组织起来、做好维权服务，各级工会组织陆续开展了一系列理论和实践研究，对新就业形态的特点、群体规模、权益保障、劳动关系、工会组建等领域给予了重点研究，对典型群体进行了社会调查，一些成果和对策建议引起了相关部门的高度重视，相关问卷调查数据为社会各界引用，较好地发挥了作用。

《中国新就业形态劳动关系研究》基于中国工运研究所及工会系统有代表性的研究成果重新整理、补充修改和撰写而成。全书分为总体研究篇、典型地区篇、重点群体篇三大部分，着重反映和探讨了新就业形态群体概貌、就业特质、权益实现、劳动关系、入会建会等重点问题。

全国总工会领导同志对《中国职工权益与劳动关系研究丛书》的编撰出版工作非常重视。全国总工会书记处书记、党组成员张茂华担任丛书编委会主任，具体指导丛书的编撰工作。全国总工会研究室主任吕国泉、中国劳动关系学院党委书记刘向兵、工人日报社社长孙德宏、中国工人出版社社长王娇萍担任该丛书编委会成员，对丛书编辑出版工作给予大力支持和帮助。中国工运研究所所长闫宇平、副所长关明、职工权益研究室主任汪雁，分别担任本书的主编、副主编和执行主编。职工权益研究室丁玲、中国工人出版社罗荣波承担了大量具体的编校工作。北京市总工会、上海市总工会、广东省总工会、浙江省总工会、江苏省总工会、湖北省总工会、安徽省总工会、北京市总工会工运史和劳动保护研究室、上海市工会干部管理学院等地方工会组织和研究机构为本书的编撰工作给予了热情帮助。在此深表感谢！

目前，我们关于新就业形态相关问题的认识和研究仍处于初步阶段，囿于水平和视角所限，本书编撰工作中难免存在不足之处，望阅者不吝赐教。感谢长期以来社会各界对工会研究工作的广泛关注和大力支持，希望未来能进一步加强交流合作，共同书写劳动关系和工运理论研究的新篇章。

本书编者
2021 年 2 月

图书在版编目（CIP）数据

中国新就业形态劳动关系研究 / 闫宇平主编.
—北京：中国工人出版社，2021.4
ISBN 978-7-5008-7632-8

Ⅰ.①中… Ⅱ.①闫… Ⅲ.①劳动关系—研究—中国
②劳动就业—研究—中国 Ⅳ.①F249.26 ②D669.2

中国版本图书馆CIP数据核字（2021）第050148号

中国新就业形态劳动关系研究

出 版 人　王娇萍
责任编辑　罗荣波　黄冰凌
责任印制　栾征宇
出版发行　中国工人出版社
地　　址　北京市东城区鼓楼外大街45号　邮编：100120
网　　址　http://www.wp-china.com
电　　话　（010）62005043（总编室）　（010）62005039（印制管理中心）
　　　　　（010）82075935（工会与劳动关系分社）
发行热线　（010）62005996　82029051
经　　销　各地书店
印　　刷　北京市密东印刷有限公司
开　　本　710毫米×1000毫米　1/16
印　　张　19.5
字　　数　290千字
版　　次　2021年5月第1版　2021年5月第1次印刷
定　　价　114.00元